铁路职工岗位培训教材

货运核算员

铁路职工岗位培训教材编审委员会

中国铁道出版社

2018年·北京

内 容 简 介

本书按照货运核算员国家职业标准和职业技能培训规范编写。全书分为两部分:基本知识和职业技能。基本知识部分主要内容包括:职业道德及铁路基础知识、铁路货物运输的基本条件和作业组织、铁路货物运价、保价货物运输、国际铁路货物联运、铁路货物收入管理、货票信息管理系统等。职业技能部分包括了货运核算员的技能要求,共分为中级工、高级工、技师三级。

本书针对铁路职工岗位培训、职业技能鉴定进行编写,是各单位组织职工进行各级各类岗位培训、技能鉴定的必备用书,对各类职业学校师生也有重要的参考价值。

图书在版编目(CIP)数据

货运核算员/《铁路职工岗位培训教材》编审委员会编.—北京:中国铁道出版社,2011.7(2018.5重印)
铁路职工岗位培训教材
ISBN 978-7-113-13751-9

Ⅰ.①货… Ⅱ.①铁… Ⅲ.①铁路运输:货物运输—经济核算—岗位培训—教材 Ⅳ.①U294

中国版本图书馆CIP数据核字(2011)第239185号

书　　名: 铁路职工岗位培训教材 **货运核算员**

作　　者: 铁路职工岗位培训教材编审委员会

责任编辑: 杨　哲　聂宏伟　　**电话:** 010－51873055
编辑助理: 李慧君
封面设计: 薛小卉
责任校对: 胡明锋
责任印制: 陆　宁

出版发行: 中国铁道出版社(100054,北京市西城区右安门西街8号)
网　　址: http://www.tdpress.com
印　　刷: 三河市兴博印务有限公司
版　　次: 2011年7月第1版　2018年5月第4次印刷
开　　本: 787 mm×1 092 mm　1/16　**印张:** 15.5　**字数:** 362千
印　　数: 9 001～10000册
书　　号: ISBN 978-7-113-13751-9
定　　价: 38.00元

铁路职工岗位培训教材
编 审 委 员 会

前 言

党的十六大以来，铁路事业蓬勃发展，大规模铁路建设全面展开，技术装备现代化实现重大跨越，尤其在高原铁路、机车车辆装备、客运专线、既有线提速和重载运输技术方面达到了世界先进水平。铁路职工队伍素质得到了相应提高，但距离铁路现代化发展的要求还有一定差距，铁路人才队伍建设和职工教育培训工作任重道远。

教材是劳动者终身教育和职业生涯发展的重要学习工具，教材建设是职业教育培训工作的重要组成部分，是提高教育培训质量的关键。加快铁路职工岗位培训教材建设，已成为加强和改进铁路职工教育培训工作的当务之急。为适应铁路现代化发展对技能人才队伍建设的需要，加快铁路职工岗位培训教材建设，铁道部决定按照铁道行业特有职业（工种）国家职业标准，结合铁路现代化发展的实际，组织开发铁路职工岗位培训教材。

本套教材由铁道部劳动和卫生司、运输局共同牵头组织，相关铁路局分工负责，集中各业务部门的专家和优秀工程技术人员编写及审定，多方合作，共同完成，涵盖了铁路运输（车务、客运、货运、装卸）、机务、车辆、工务、电务部门的77个铁路特有职业。教材坚持继承与创新相结合，充分体现了近几年来铁路新技术、新设备的大量运用及其发展趋势，特别是动车组系列教材填补了教材建设的空白，为动车组司机和机械师等铁路新职业员工提供了岗位培训教材；教材坚持科学性与规范性，依据铁道行业国家职业标准中的基本要求和工作要求编写，力争准确体现国家职业标准和有关作业标准、安全操作等规章、规范的要求；教材坚持实用可行的原则，重点突出实作技能、应急处理和新技术、新设备、新规章、新工艺等四新知识，对职业技能部分按照技能等级分层编写，便于现场职工的培训与自学。

本套教材适用于工人新职、转职（岗）、晋升的岗位资格性培训，也适用于各类岗位适应性培训，同时为职业技能鉴定提供参考。

《货运核算员》一书由成都铁路局负责主编，主编人员：张纯，参加编写人员：段俊、詹奇俊，主要审定人员：温克学、马树峰、李春山、孙博瑞、袁立学。本书在编写、审定过程中得到了有关单位的大力支持，在此一并表示感谢。

铁路职工岗位培训教材编审委员会

2009年8月

目　录

基本知识

职业技能(分级部分)

职业技能(通用部分)

基本知识

第一章 职业道德及铁路基础知识

第一节 职 业 道 德

一、铁路职工职业道德的基本内容

1. 社会道德

社会道德属于人类社会的一种特殊的意识形态。它是在一定社会范围内调整人与人之间以及个人与社会之间的行为准则和规范的总和。所谓道德，它是依靠内心信念、传统习惯和社会舆论的力量，以正义和非正义、公正和偏私、诚实和虚伪、权利和义务等道德观念来评价每个人的行为，从而调整人与人之间，以及个人与社会之间的关系。

道德的真正含义是以善、恶为标准来约束人们行为的规范。它规定着人们应该做什么和不应该做什么。每个人按照一定的准则来支配和约束自己，道德就形成了强大的舆论导向，以此来干预生活，规范人们的行为，调节各种社会关系，具体含义包括以下几个方面：

(1)道德是依靠人们内心信念、社会舆论和传统习惯等力量起作用的。道德在实施时，不是靠强制手段，而是借助内心信念来实现的。社会舆论的压力和指责只是外在“裁判”，良心的谴责才是内在的“法庭”。

(2)道德也是评价人的行为的标准。它总是通过善与恶等道德观念作出评价、褒贬，至于善恶的标准不是由国家、团体制定或规定出来的，而是处于同一社会环境中的人们在长期生产过程中，逐渐积累形成的共同的要求、愿望和理想，它表现在人们视听言行之上，深藏于品格、习性、意向之中。

(3)道德更是人自身的一种情感、意识，而且还包含着个人品质。个人品质与个人的道德行为有着密切的联系，反映了一个人多方面的素质和修养，是一个人在社会实践基础上对社会和人生的理解。个人品质是道德行为的重要内在依据，而个人的道德行为又是个人品质的外在表现。

2. 职业道德

职业道德是同人们的职业活动紧密联系的，具有自身职业特点的道德原则和行为规范的总和。职业道德萌芽于原始社会末期。生产力的发展引起了社会分工，出现了各行各业的职业活动，而每一种职业都分别承担着一定的社会职能，人们在从事各种职业的活动中，为了保证各种职业活动的正常进行，制定了各种规章制度、道德规范和行为准则。以此形成了职业道德的基本概念，其含义包括两个方面：

(1)每个行业都有各自的道德准则，所以说行业的道德就是职业道德，从商者应守“商德”，从医者应守“医德”，从师者应守“师德”等。所谓职业道德，就是指从事一定职业的人们在其特定的职业活动过程中应遵循的处理人和人、人和社会之间利益关系的特殊行为规范，以及与之相适应的观念、情操和品质。

(2)职业道德的特定内涵是在和各种专业工作紧密联系并通过专业领域表现出来的,是在专业范围内的特殊道德要求,一方面它体现了一般社会道德对于职业活动的基本要求,另一方面,又带有鲜明的行业特色。例如:热爱本职、忠于职守、为人民服务等是各行各业道德的基本规范。但每一种具体职业,又都有它独特的不同于其他职业道德的内涵。

3. 铁路职业道德与铁路职工行业规范

铁路职业道德是通过一系列职业道德基本规范来制约每个铁路从业人员的职业行为,调节铁路与社会、铁路内部集体与个人之间、个人与个人之间的道德关系。所谓铁路职业道德规范,就是明文规定的铁路各职业行业的道德准绳或道德要求,也可以说铁路职业道德就是铁路部门一系列道德规范的体系。

铁路职业道德体系是多层次的,但“人民铁路为人民”是铁路职业道德的基本原则或总的道德要求,也是规范体系中根本性的最高行为规范。铁路内部各部门之间必须遵循这一原则,制定出适应各工种岗位的职业道德规范,从“人民铁路”这个整体概念出发,更好地为人民服务。

铁路职工行业规范是铁路员工在职业活动中应该共同遵循的最基本的职业行为准则,是铁路行业鲜明特色的充分体现。各部门各工种应明确具体的制定出行业规范的内容,在实际工作中约束每一名员工,提高每一名员工的道德素质,推动铁路事业的发展。

铁路职工道德行业规范的主要要求是遵章守纪、保证安全,这是铁路职工首先必须遵守的道德规范,它要求全体职工严守规程,严格纪律,确保铁路运输安全生产,具体要求:一是遵章,即自觉遵守铁路的各项规章制度;二是守纪,即要求职工严格自律,不许有违反各部门、各工种、各岗位的职业纪律的行为发生。

二、货运人员职业道德的基本内容

1. 货运人员职业道德与基本规范

铁路运输在国民经济中占有重要的地位。铁路货运战线上的广大职工养成良好的职业道德习惯,对铁路事业的迅速发展,促进全路两个文明建设起着重要的作用。货运部门的工作性质决定了其职业道德规范,对于他们的工作对象,对于铁路企业的形象,对于全社会精神文明建设都有着重要的意义。

货运职工职业道德的基本原则是与铁路货运工作的特点紧密相联的,它同样以“人民铁路为人民”为根本原则。全体货运职工生产服务过程中应当体现全心全意地为货主服务,为货物负责,对货主、对社会高度负责的道德要求。

货运部门的职业道德规范很多,在其体系中,诚心地对待货主是核心内容,也是货运职工在长期的运输生产经营活动中形成的职业行为准则。“诚心相待”是货运职工对服务对象的态度和情感,也是在工作岗位上确立自己与货主服务与被服务关系的观念。在职业行为上以诚恳之心对待货主,并以端庄的仪表、文明的语言、娴熟的技能,周全的服务达到全心全意、无私奉献的职业道德境界。

货运部门与客运部门职工一样,是服务工作的窗口。个人在这窗口中表露出的喜怒哀乐代表的是货运职工的精神面貌,如何良好地体现出“人民铁路为人民”的宗旨,就要求货运职工必须胸怀全局、克己奉公，时刻勇于承担重大责任，把货主的利益放在首位。

2. 货运人员职业道德的修养与基本要求

职业道德修养，是指每个货运职工为了培养良好的职业道德品质，针对货运职工的服务理念和要求，所进行的自我锻炼，自我约束，自我改造，自我陶冶，自我要求，自我教育的过程。职业道德修养的培养不是一朝一夕能够完成的，需要正确的指导，教育的灌输，加上受教育者的不断自我完善。

职业道德修养的内容很广泛，根据不同岗位，不同工种，有其不同的要求，但主要的有：职业理想、职业态度、职业技能、职业责任、职业纪律、职业良知、职业荣誉等，同时还包含着文明礼貌、着装举止、语言艺术等方面。职业道德修养是一定的道德观念、道德情感、道德意识在自我意识中的统一，也是在履行职业义务过程中形成的道德责任感和自我评价能力。

铁路企业的服务宗旨是全心全意为人民服务，对货运职工而言货主就是服务的对象，要自觉维护货主的利益。货运人员职业道德的基本要求就是尽职尽责地为货主服务。尽职尽责是对本职事业热爱的体现，它内含着踏踏实实、任劳任怨，不计个人名利得失，为货主负责的道德风范，它又是职业责任、职业纪律、职业义务的集中体现，它要求货运工作者要具备强烈的责任心和使命感，因此尽职尽责的道德要求是货运道德起码的准则。

尊客爱货、安全完整的运输货物，这就要求货运职工在工作中对待货主要热情诚恳，它也是“人民铁路为人民”这一宗旨在货运窗口的具体体现。热情诚恳包含着对本职工作的热爱，对货主的理解、关心和周到的服务。在工作中，货运职工必须具备廉洁奉公的道德准则，不拿、摸、索、要，尽最大的努力保护好运输物资，当货物遭受侵害时，尽全力减少货主的损失，通过我们的优质服务，能够“安全、迅速、经济、便利”地把货物送达目的地。

三、货装职工守则

1. 认真执行党和国家的路线、方针、政策，遵守法纪，弘扬正气，提高思想素质，崇尚社会公德。

2. 爱岗敬业，恪尽职守。以主人翁姿态积极参与经营管理，增强市场营销意识，安全、迅速、经济、便利地组织货物运输。

3. 讲究职业道德，廉洁奉公。不徇私情，不以权以车谋私，不刁难货主，不敲诈勒索，不贪污受贿，不盗窃货物。

4. 着装规范，佩戴标志，仪容端庄，举止文明，保持个人良好形象。

5. 尊客爱货，主动热情，耐心周到，虚心听取货主意见，积极为货主排忧解难，提供优质服务。

6. 严格遵守规章制度和劳动纪律，杜绝违章违纪行为，消除隐患，确保货物和运输安全。

7. 顾全大局，服从领导，听从指挥，团结互助，加强联劳协作。

8. 勤奋学习，钻研业务，不断提高理论水平和实际操作技能。

第二节 铁路线路及限界

一、铁路线路

铁路线路是机车车辆运行的基础。线路质量的好坏，对于提高运输能力，保证行车安全具有重要意义。

铁路线路根据其用途分为正线、站线、段管线、岔线及特别用途线。

1. 正线是指连接车站并贯穿或直股伸入车站的线路（图 1-1）。正线上不准停留车辆。

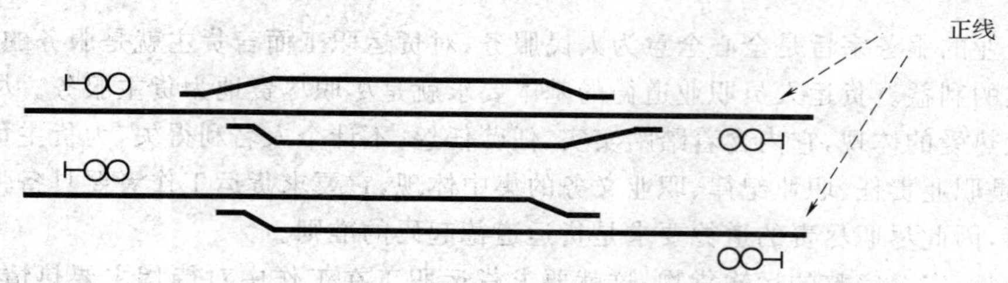

图 1-1 车站正线示意图

2. 站线包括车站到发线、调车线、牵出线、货物线及站内指定用途的其他线路。站内指定用途的其他线路包括：救援列车停留线、机车走行线、机待线、禁止溜放车辆停留线、轨道衡线及车辆站修线等。

3. 段管线是指机务、车辆、工务、电务、供电等段专用并由其管理的线路。

4. 岔线是指在区间或站内接轨，通向路内外单位的专用线路。

5. 特别用途线是指安全线和避难线。

岔线、段管线与正线、到发线接轨时，均应铺设安全线。岔线与站内到发线接轨，当站内有平行进路及隔开道岔并有联锁装置时，可不设安全线。

在进站信号机外制动距离内进站方向为超过 6‰ 下坡道的车站，应在正线或到发线的接车方向末端设置安全线。

合资铁路、地方铁路及专用铁路与国家铁路车站接轨，其接轨处或接车末端应设隔开设备（设有平行进路并有联锁时除外）。

安全线向车挡方向不应采用下坡道，其有效长度一般不少于 50 m。

为防止长下坡道上失去控制的列车发生冲突或颠覆，应根据线路情况，计算确定在区间或站内设置避难线。

二、铁路限界

我国现行的铁路限界包括铁路的建筑限界和机车车辆限界。在实际应用中还有《铁路货物装载加固规则》规定的货物装载限界和特定区段装载限制。各种限界都是衡量铁路货物运输中能否保证安全的尺子，均应按照其规定严格遵守。

1. 铁路建筑限界

《铁路技术管理规程》规定：一切建筑物、设备，在任何情况下均不得侵入铁路的建筑限界（以客货共线铁路建筑限界 $v \leqslant 160$ km/h 时的基本建筑限界图为例，如图 1-2 所示）。除与机车车辆有直接互相作用的设备，在使用中不得超过规定的侵入范围。

在设计建筑物或设备时，距钢轨顶面的距离应附加钢轨顶面标高可能的变动量（路基沉落、加厚道床、更换重轨等）。

靠近铁路线路修建各种建筑物及电线路时，须经铁路局批准。

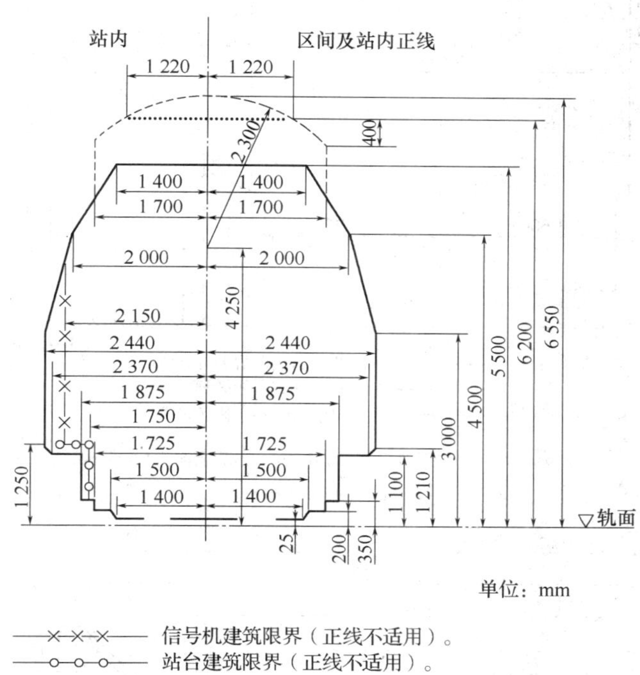

图 1-2　客货共线铁路基本建筑限界（$v \leqslant 160$ km/h）

2. 机车车辆限界

机车车辆无论空、重状态，均不得超出机车车辆限界。

现行《铁路技术管理规程》中公布执行的机车车辆限界（$v < 200$ km/h）如图 1-3 所示。

3. 货物装载限界

《铁路货物装载加固规则》规定：货物的装载高度、宽度和计算宽度，除超限货物外，不得超过货物装载限界如图 1-4 所示。

货物装载限界中，斜坡面部位的高、宽尺寸的速算方法如下：

(1)高度在 4 300～4 800 mm 部位法则为：

一侧宽度＝(5 050－装载高度)×1.8

＝(5 050－装载高度)×2－(5 050－装载高度)×0.2

即 5 050 与装载高度之差的 2 倍减去其差的 1/5。

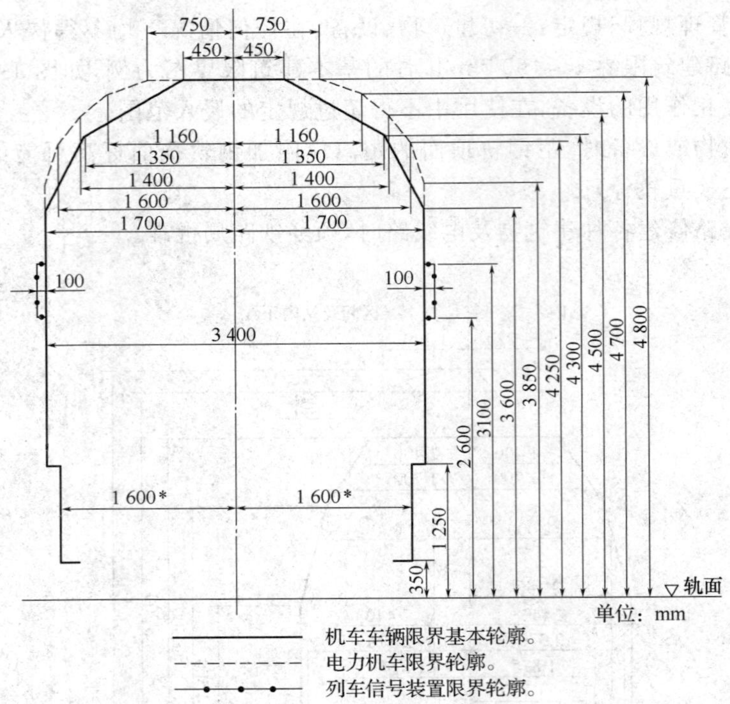

（a）上部限界

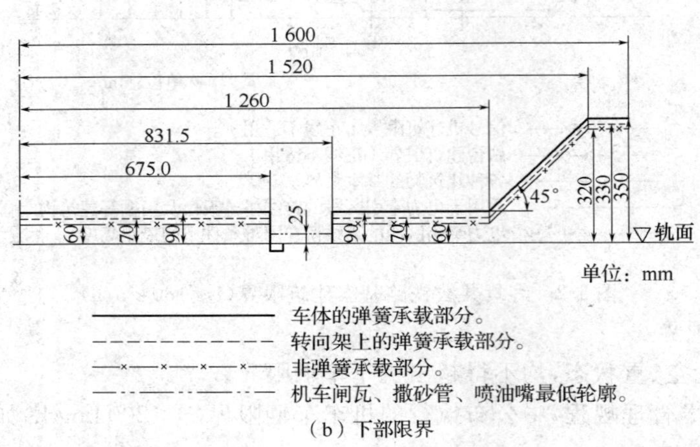

（b）下部限界

图 1-3　机车车辆限界（v<200 km/h）

【例 1-1】 求高度 4 700 mm 处的一侧限界宽度。

解：(5 050－4 700)×1.8 ＝(5 050－4 700)×2－(5 050－4 700)×0.2

＝350×2－350×0.2

＝700－70＝630(mm)

(2)高度在 3 600～4 300 mm 部位法则为：

高度加全宽等于常数：7 000 mm。

【例 1-2】　求高度 4 000 mm 处的一侧限界宽度。

解：全宽＝7 000－高度＝7 000－4 000
＝3 000(mm)

即一侧宽度＝3 000÷2＝1 500(mm)

【例 1-3】　求一侧宽度为 1 450 mm 处的限界高度。

解：全宽＝2×一侧宽度＝2×1 450
＝2 900(mm)

高度＝7 000－全宽＝7 000－2 900
＝4 100(mm)

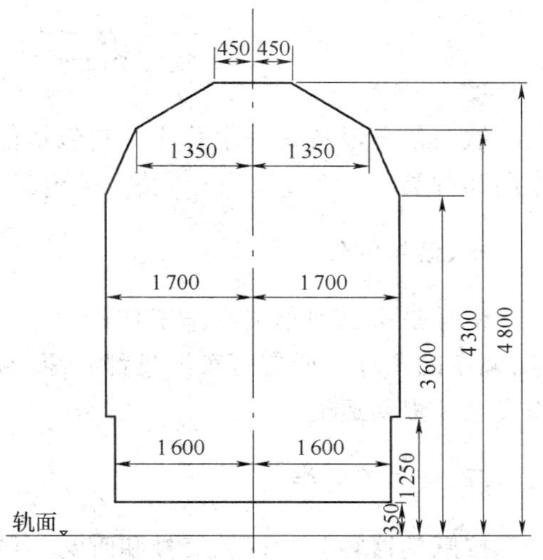

图 1-4　货物装载限界(单位：mm)

4. 特定区段装载限制

我国铁路有个别区段的建筑限界小于《铁路技术管理规程》所规定的建筑限界，为保证货物和行车的安全，对通过或到达这些特定区段的货物，应严格遵守《铁路货物装载加固规则》中公布的"特定区段装载限制"，见表 1-1。

表 1-1　特定区段装载限制

序号	线名	区　段	限制事项		附记
			装载限界	车体自重加实际载重最大吨数(t)	
1	京包线	南口—西拨子间	装载货物高度和宽度按下附表①规定		
2		运往朝鲜的货物	按货物装载限界装载，但最高不得超过4 750 mm		
3	广九线	经深圳北运往九龙的货物	装载货物中心高度由钢轨面起 360 mm 至 3 600 mm 处左右宽度不得超过 1 550 mm，其他部位按货物装载限界		
4	京广线	坪木线		90	坪石站出岔
5	丰沙线	沙城—三家店间上行线	装载货物中心高度由钢轨面起不得超过4 600 mm		

表 1-1 附表

由钢轨面起算的高度(mm)	由车辆纵中心线起算每侧的宽度(mm)	全部宽度(mm)
4 300	1 050	2 100
4 200	1 150	2 300
4 100	1 250	2 500
4 000	1 350	2 700
3 900	1 450	2 900
1 250 以上至 3 600	1 600	3 200

第三节　铁路信号设备

铁路信号设备是一个总称。它包括信号、联锁和闭塞设备三部分。在这里主要讲信号的作用和种类。

一、信号的作用

信号是指示列车和调车工作的命令。它通过颜色、形状、灯光或音响等不同方式指示行车、调车的条件。所有行车人员都必须严格按信号显示的有关要求执行，不得违反，以保证运输安全和提高运输效率。

二、信号的分类

按感觉器官分为视觉信号和听觉信号两大类。

1. 视觉信号的基本颜色和要求

红色——表示停车；

黄色——表示应注意或减低速度；

绿色——表示可按规定速度运行。

2. 听觉信号

用号角、口笛、响墩发出的音响和机车、轨道车的鸣笛发出的音响，都是听觉信号。

按设置的位置及用途又分为：手信号、移动信号、固定信号、机车信号、信号标志和信号表示器等。

手信号灯、信号旗或直接用手臂发出的信号叫手信号，是现场有关行车人员之间机动地指挥列车运行和调车作业以及作为联系用的一种旗语。

将信号设备(如信号机、信号标志、信号表示器等)固定地设置在一定的地点，一定的位置来指示列车运行和调车作业，这类信号叫固定信号。是铁路的主要信号。

在线路上临时设置为起防护作用的叫移动信号。响墩与火炬是一种临时要求紧急停车的信号。

三、信号表示器和信号标志

信号表示器设置于铁路线路旁的某些固定地点，与信号机不同的是，它没有防护的作用，只是用来表示与行车有关设备的位置和状态，表示信号机显示的是某种附加含义或表示行车人员的某种意图。

信号表示器主要有道岔表示器(说明线路开通位置)、脱轨表示器、进路表示器、发车表示器、发车线路表示器、调车表示器及车挡表示器等。

信号标志主要有警冲标、站界标、预告标、司机鸣笛标、作业标等。警冲标设于两线路会合线间距为 4 m 的中间位置，其作用是防止停留在一线上的机车车辆与邻线上移动的机车车辆发生侧面冲撞。机车车辆在线路停留时除特殊情况是不准越过警冲标的。

第四节 铁路货车

铁路货车是运送货物的工具。在铁路上必须经常保持数量充足和质量良好的车辆，才能满足不断增长的货物运输任务的要求。

一、铁路货车按用途分类

铁路上运送的货物种类很多，性质不同，在运送中的要求也不一样，货车就有不同的类型，如棚车、敞车、平车、罐车、冷藏车等。货车按其用途分为通用货车、专用货车。按属性分为铁路货车、自备车。

1. 通用货车

(1)敞车

敞车车体设有固定的墙板，侧面设有车门可装运不怕湿的货物，如装货后苫盖货车篷布，也可装运怕湿损的货物。

(2)棚车

棚车车体具有顶棚、车墙及门窗，用于装贵重、怕日晒和怕潮湿的货物。车内有的有安装火炉的烟囱座，床托等装置，必要时可运送人员和牛马等牲畜。

(3)平车(包括集平两用车)

平车车体为一平板或设有活动的矮侧墙板和端侧墙板，装运货物必要时可将端侧板放下，主要用于装运钢轨、汽车、拖拉机、军用物资及长大、笨重货物等。

2. 专用货车

专供运送某些货物的车辆，包括下列几种：

(1)罐车：车体为一圆罐筒，专门用于装载液体状态的货物，也有少数用于装载粉状货物。罐车的卸货装置分为上卸式、下卸式两种。轻油罐车、酸碱类罐车采用上卸式；黏油类罐车采用下卸式(液化气罐车、酸碱类罐车，为企业自备车)。

(2)冷藏车：冷藏车又称保温车。车体夹层装有隔热材料，车内有冷却和加温装置，使车内能保持一定温度，车体外部涂以银灰色，对阳光起反射作用，减少太阳辐射热传入车内。专供装运易腐货物，如鲜鱼、肉类、水果、蔬菜及冻结的易腐货物。

(3)长大货物车：长大货物车是铁路运输中使用的一种特殊平车，主要装运各种长、大、重型货物。一般载重 90 t 以上，长度在 17 m 以上。根据车底板的形式可分为，凹型平车、长大平车、落下孔车、双支承平车、两节平车、钳夹车等。

(4)集装箱专用平车。

(5)家畜车。

(6)活鱼车。

(7)水泥车。

(8)散装粮食车。

(9)小汽车专用平车。

二、车辆的基本构造

铁路上的车辆种类虽然很多,但它们的构造基本上是相似的,每一辆车都是由车体、车底架、走行部、车钩及缓冲装置和制动装置五个部分所组成。

1. 车体

铁路货车车体是车辆装载货物的部分,货车车体按其结构和外形分为棚车、敞车、罐车、平车及特种用途车等。

2. 车底架

车底架是车体的基础。它承受车体和所装货物的重量,并通过上、下心盘将重量传给走行部。在列车运行时,它还承受机车牵引力和列车运行中所产生的各种冲击力及其他外力。

车底架由中梁、枕梁、横梁、端梁、侧梁及地板横梁等组成,如图 1-5 所示。

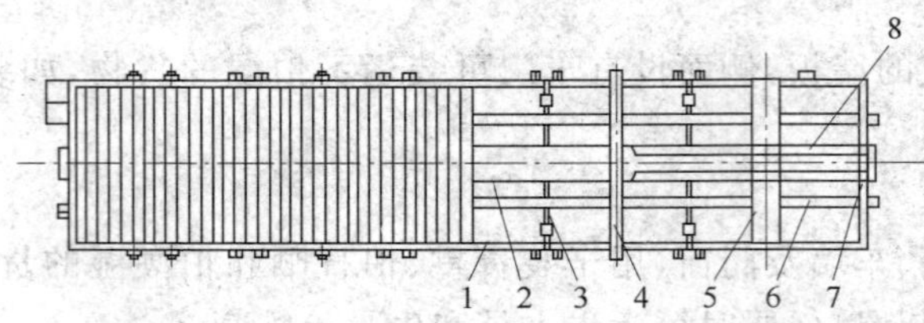

图 1-5 货车车底架

1—侧梁;2—中梁;3—地板横梁;4—横梁;5—枕梁;6—补助梁;7—端梁;8—牵引梁。

3. 走行部

走行部的作用是引导车轮沿轨道运行,并把车辆的全部重量传给钢轨。在四轴车上,四组轮对分成两部分,每两组轮对分别和侧架、摇枕、弹簧减振装置,轴油润装置组成一个转向架。每个转向架通过摇枕上的下心盘、中心销和车底架上的上心盘相连。转向架相对于车体底架能自由转动,这样便于车辆顺利地通过曲线。

下心盘和装在摇枕上的上心盘相对,车体重量集中于心盘传递到摇枕,再顺序传给枕簧、侧架、车轴、车轮,直到钢轨。反之车辆在运行中,来自钢轨的冲击力亦按上述反顺序传递到车体和货物。

车辆的下旁承装在摇枕两端的旁承盒内,上、下旁承之间空隙叫做旁承游间。旁承作用是当车辆通过曲线时,车体向内倾斜那一侧的上下旁承互相接触,以限制车体过分倾斜和摇动,以实现运行的平稳。

4. 车钩及缓冲装置

车钩及缓冲装置,包括车钩和缓冲器两部分,安装在车底架中梁的两端。它不仅能使车辆和车辆、车辆和机车间相互连挂,而且承受着机车的牵引力和列车运行及调车中的各种冲击力,所以它具有连接、牵引、缓冲三种作用。

车钩及缓冲装置如图 1-6 所示,由钩头、钩身、钩尾三个部分组成。在钩尾上装有钩尾框。框内装有缓冲器,缓冲器两侧装有从板,它和车底架上的从板座相贴合。

缓冲器的作用于是缓和两辆车连挂时或列车运行中因速度增减而产生的冲击力,提高列车运行的平稳性,延长车辆的使用寿命,保证所装货物的安全。

5. 制动装置

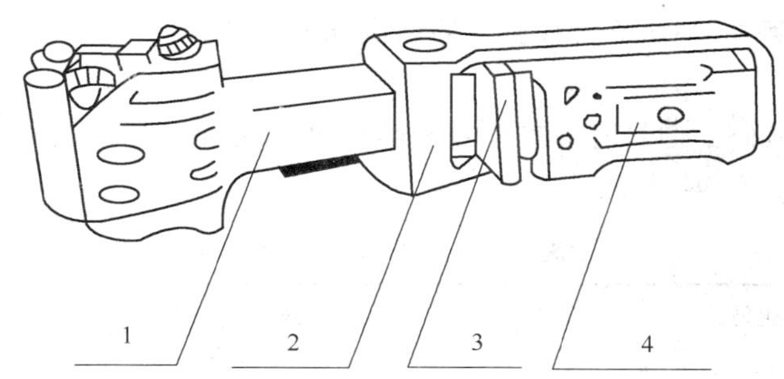

图 1-6 车钩及缓冲装置

1—车钩；2—钩尾框；3—从板；4—缓冲器。

制动装置是用外力迫使运行中的机车车辆减速或停车的一种设备。是车辆的主要组成部分之一。它不仅是列车运行安全正点的重要保证，而且也是提高列车重量和运行速度的前提条件。因此，制动装置的好坏，直接影响着铁路的运输能力。

车辆上的制动装置由制动机和基础装置两部分组成。我国铁路车辆上一般都同时装有空气制动机和人力制动机。

(1)空气制动机

空气制动机的设备，一部分安装在机车上，一部分安装在车辆上，安装在车辆上的有下列设备：

① 制动主管及折角塞门：是传送压缩空气的管路。安置在车底架下面，贯通各车的全长，称制动主管，在每辆车制动主管两端装有折角塞门，以便在摘挂车辆时关闭或开通压缩空气通路。在制动主管的中部连接有制动支管。

② 截断塞门：安装在制动支管上，用以开通或遮断制动支管的压缩空气的通路，它平时总是在开放位置，只有当车辆的所装货物按规定应停止制动机作用时，或当车辆制动机发生故障，才将它关闭，以便停止该制动机作用或对制动机进行检修。通常把关闭截断塞门，停止制动机作用的车辆叫“关门车”。

③ 空重车调整装置：因车辆的空重状态的重量相差较大，如果空重车使用同样制动，空车就嫌太大，容易损坏车辆，因此车辆上装有制动机空重调整装置，它包括空重车转换手把、空重车转换塞门和降压风缸。

另外空气制动机还有离心集尘器、三通阀及副风缸和制动缸等设备。

(2)人力制动机

在每辆车的一端，装有人力制动机，可用人力来使单节车辆或车组车辆停车或减速。

(3)基础制动装置

基础制动装置是利用杠杆原理，将空气制动机或手制动机产生的力量，扩大适当倍数，再向各个闸瓦传递力的装置。它由拉杆、闸瓦组成。

三、车辆标记

为了表示车辆的类型和特征，满足使用，检修和统计的需要，每一辆铁路车辆应具有规定的各种标记。铁路货车的标记包括如下几种。

1. 路徽

凡铁道部所属车辆上，一律涂打人民铁路路徽和产权牌。

2. 车号

车号包括型号及号码。型号有基本型号和辅助型号两种。基本型号代表车辆种类，用汉语拼音表示，如 P、N、C、G 等，见表 1-2。

表 1-2　货车基本型号表

车种	代码	车种	代码	车种	代码
棚车	P	集装箱车	X	水泥车	U
敞车	C	矿石车	K	粮食车	L
平车	N	长大货物车	D	特种车	T
罐车	G	毒品车	W		
冷藏车	B	家畜车	J		

辅助型号：同一种车辆，因有不同的构造形式，故采用辅助型号来区别，写在基本型号的右下角表示，如 P_{62}、P_{61}、C_{64}、N_{16}、N_{17} 等。

号码为车辆的顺序号码，按车种和标记载重量来编号，每一辆车均有自己的号码。

3. 制造厂名标牌

标明该车制造的厂名及制造年、月。

4. 定检修理标记

定检修理标记包括厂修、段修、辅修（制动检查）和滑动轴瓦的轴箱检查标记等。标明检修时间和单位，以便明确检修责任。

段、厂修标记：横线上为段修标记，横线下为厂修标记，左侧为下次检修年、月，右侧为本次检修年、月及检修单位简称。

10.10—09.10 哈齐
―――――――――――
12.10—07.10 齐厂

段修标记中表示在 2009 年 10 月由哈尔滨铁路局齐齐哈尔车辆段施行段修，应在 2010 年 10 月进行下一次段修。

厂修标记中表示在 2007 年 10 月由齐齐哈尔车辆厂施行厂修，应在 2012 年 10 月进行下一次厂修。

5. 自重

自重即车辆本身的重量，以吨（t）为单位。

6. 载重

载重即车辆的装载重量（简称标重），以吨（t）为单位。

7. 容积

容积表示货车（平车除外）可供装载货物的容量，以立方米（m^3）为单位，取小数一位。并在括号内列（长×宽×高）尺寸，以米（m）为单位，保留小数一位；平车以长宽标记（长×宽）代替容积标记；罐车在容积标记下涂打容量计表的标记，标明容量计算表示的号码。

8. 换长

为编组列车时统计工作和行车指挥人员掌握运行的需要，规定货车长度 11 m 为标准，为一辆，换算成车辆的辆数，简称换长。

9. 其他标记

(1)车辆定位标记

车辆定位标记分别表示车辆的第一位端和第二位端，如图 1-7 所示。

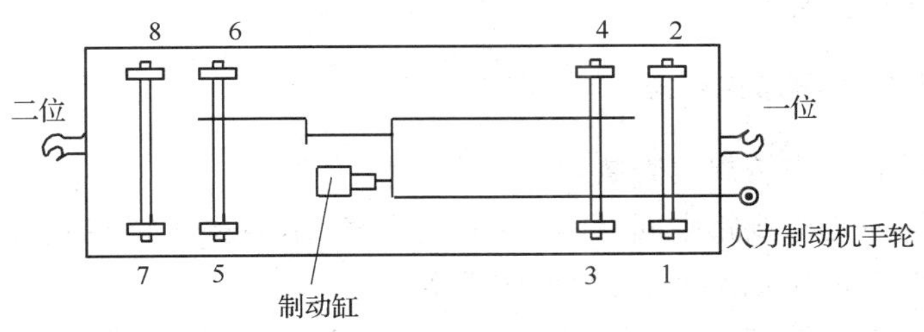

图 1-7　车辆定位示意图

车辆定位标记是车辆方向的称呼，车辆以制动缸活塞杆推出方向(即人力制动机一端)为第一位，另一端为第二位。

车辆的车轴、车轮、轴箱、车钩、转向架和其他零件的位置都是由第一位端数起，左右对称的从左向右，左为单数，右为双数，顺次数到第二位车端。

棚车车门按人力制动机位置分为 1 门(与制动机同侧)、2 门，相应车窗分为 1、3、5、7 号窗(上部车窗为×号上窗)，对侧为 2、4、6、8 号窗。敞车同样分为 1、2 号侧门(或中门)，底开门(小门)对应分为 1、3、5、7、9、11 号小门，对侧为 2、4、6、8、10、12 号小门。凡拍发电报及编制记录需说明车辆方向和车体各部件位置以及车内货物装载位置时，均应按定位图说明。

(2)特殊标记

根据货车构造及设备的特征，在车辆上还应涂打各种特殊标记。

① ㊇:表示具有床托可以运送人员的棚车。

② Ⓜ︎Ⓒ:表示可以用于国际联运过轨运输的车辆。

③ ㊔:表示车内具有拴马环或其他拴马装置，可以装运马匹的货车。

④ ㊄:表示在侧梁端部装有卷扬机挂钩的车辆。

⑤ ㊅:表示禁止进入设有车辆减速器的驼峰的车辆。

⑥ 集中载重标记：载重≥60 t 的平车、长大货物车和需要标明集中载重的车辆，应有集中载重标记，标明车辆中部一定尺寸内的允许载重量。

⑦ 装运危险货物的罐车罐体中部四周涂有 300 mm 的颜色带。

第五节　安全作业常识

为了保证铁路运输任务的完成，任何有关行车运输的人员必须树立安全第一的思想，严格执行有效的规章制度和作业标准。

一、人身安全的一般要求

1. 铁路货运职工在岗位上执行职务时，必须穿着规定的服装，佩戴易于识别的证章。

2. 铁路货运有关人员于接班前须充分休息，以保证工作中精力集中，要根据工作需要正确着用防护用品，并且不准饮酒上岗和擅离工作岗位，如有违犯，立即停止其工作。

3. 铁路货运职工必须在择自己的职务范围内，以对国家和人民财产和对自己人身安全极端负责的态度，保证安全生产。

二、行车作业人身安全通用标准

1. 班前禁止饮酒，班中按规定着装，佩带防护用品。

2. 顺线路走时，应走两线路中间，并注意邻线机车、车辆和货物装载状态。严禁在道心、枕木头上行走，不准脚踏钢轨面，道岔拉杆、尖轨等。

3. 横越线路时，应一站、二看、三通过，注意左右机车、车辆的动态及脚下有无障碍物。

4. 横越停有机车、车辆的线路时，先确认机车、车辆暂不移动，然后在该机车、车辆较远处通过。严禁在运行中的机车、车辆前面抢越。

5. 必须横越列车、车列时，应先确认列车、车列暂不移动，然后由通过台或两车钩上越过，勿碰开钩销，要注意邻线有无机车、车辆运行，严禁钻车。

6. 不准在钢轨上、车底下、枕木头、道心里坐卧或站立。

7. 严禁扒乘机车、车辆，以车代步。

三、手推调车的规定

在货物装卸时，由于某种原因需要手推调车作业，必须遵守《铁路技术管理规程》的有关规定，下列情况禁止手推调车作业：

1. 超过2.5‰坡道的线路上（确需手推调车时，须经铁路局批准）。

2. 遇暴风雨雪车辆有溜走可能或夜间无照明时。

3. 接发列车时，能进入接发列车进路的线路上无隔开设备或脱轨器。

4. 装有爆炸品、压缩气体、液化气体的车辆。

5. 电气化区段，接触网未停电的线路上，棚车、敞车类的车辆。

四、装卸车作业人身安全注意事项

1. 装卸作业前安设防护信号。

2. 开关车门时，应用拉门绳，迎面禁止站人，以防车门脱落和货物倒塌，溜下砸伤。

3. 电气化区段，装卸作业时，必须在指定的线路上安全区域内停电进行。

五、票据安全

1. 设立铁路货物运输票据库，配置专（兼）职管理人员，并实行票、账分管制度。

2. 建立严格的票据领取、保管、交接、使用、报送、进款汇缴等管理制度。

3. 货物运输票据入库、领发、出库，均要建立交接清点、登记、签收制度，交接时必须办理交接手续，严禁信用交接。

4. 货物运输票据使用前，必须逐张(联)清点，经确认无误后启封使用。

5. 票据库必须配备铁门、铁窗、专用的票柜、票架，并有防火、防盗、防湿、防虫蛀、防鼠咬设施，有条件的要设置自动报警装置。库内不准存放与票据无关的其他物品，严禁无关人员出入，保证票据的绝对安全。

六、运输进款的安全

1. 运输进款必须专人专柜保管。

2. 存放地点要有必要的安全设施，铁门、铁窗、保险柜必须齐备。

3. 现金、转账支票和款袋随时放入保险柜，离人必须加锁，建立严格的值班和保管制度。

4. 应在结账的次日上午送交银行。

5. 达一万元以上的款额送往银行的过程中，应由公安人员护送，严防发生运输进款丢失、被盗和被抢劫事故，确保运输进款的绝对安全。

6. 代缴委托站的运输进款时，代缴站送款人应与银行出纳员当面共同开封。

第六节 铁路货运发展概况及展望

一、铁路重载

1. 重载铁路

铁路重载始于 20 世纪 20 年代，至今已经在世界上很多国家广泛采用，特别是对于幅员辽阔的大陆国家，具有尤为重要的现实意义。年运量为 2 000 万 t 的铁路、单元或组合列车达到或超过 5 000 t、车辆中车轴轴重为 25 t，具备以上条件之二者，可视为重载。我国东部平原地区的国家Ⅰ级干线都可以视为重载铁路。(我国规定，Ⅰ级干线年运量不少于 2 000 万 t。)

2. 我国重载线路

以大秦铁路为标志的中国铁路重载运输创造的奇迹，赢得了世界同行的广泛赞誉。作为我国新建的第一条双线电气化重载运煤专线，大秦铁路于 1992 年年底全线通车，2002 年运量达到 1 亿 t 设计能力。2008 年，大秦铁路实现煤炭运量 3.4 亿 t，2010 年运量超过 4 亿 t，是原设计能力的 4 倍。

如今，大秦铁路是世界上年运量最多的铁路，突破了单条铁路年运量 2 亿 t 世界重载铁路的理论极限。科学论证表明：年运量由设计能力 1 亿 t 提高到 4 亿 t，与新建一条重载线路相比，可以节约 2/3 的投资，节约 2.4 万亩土地。

目前，我国京广、京沪、京哈、陇海等繁忙铁路干线在列车速度大幅提升、密度大幅增加的同时，已普遍开行 5 000～6 500 t 重载货物列车。这种客货共线运行，速度、密度、重载三者并举的运输组织模式，是世界铁路运输的一项重大创举，也是中国铁路赢得世界铁路同行赞叹的一大亮点。

中国主要的四条晋煤外运通道(山西南北各两条，山西大同—河北秦皇岛，山西朔州—河北黄骅港，山西—河北邯郸—山东济南—山东青岛，山西—河南焦作—山东日照)也都是重载铁路。

3. 货车载重标准

“安全、准确、快速、方便、舒适”已成为货主和旅客对铁路运输的共同要求，而机车车辆及相关制造业通过对国外先进技术和装备的引进、消化、吸收和再创新，不断提升设计与制造水平，使这几年铁路的发展速度较快。自 1997 年以来，铁路先后经历的六次大提速，均在通过对既有线路上的改造基础之上达到的，其规模和力度之大在世界上也少有。从 2006 年起，新造通用货车载重标准已从 60 t 提高到 70 t，运煤专用货车载重 80 t，并研制开发了载重 100 t 的钢铁矿石专用货车，基本完成了我国铁路货车的升级换代。

4. 重载列车类型

重载列车运输方式可以分为三种。

(1)单元式重载列车

单元式重载列车起源于美国，是由装车地到卸车地固定机车车辆，固定发站和到站，固定运行线，运输单一品种货物的列车，在装、卸站间往返循环运行，中途不拆散，不进行改编作业。这种列车只占用铁路正线和到发线，不占用调车设备。中途不进行其他作业，单元列车车辆固定编挂，固定回空，而且两端车站运卸设备必须配套，形成矿区—港口(电厂)的一条龙运输组织。

(2)整列式重载列车

整列式重载列车是由单机或多机牵引，机车挂于列车头部，在站线有效长为 1 050 m 的铁路线上开行的货物列车。这种列车采用普通列车的作业组织方法，与普通货物列车完全一样，只是牵引重量达到 5 000 t 以上。

(3)组合式重载列车

这种列车是把两列符合运行图规定的重量和长度、开往同一方向的单个列车首尾相接连成一列，占用一条运行线，运行到前方某一车站再分解作业的重载列车。组合式列车在车底的组合与分解以及调度指挥等作业上也有一些与普通货物列车不同之处，因此需要制定相关的规章与办法。

开行重载列车需要大功率的内燃或电力机车，提高轴重，改善线路结构，生产自重轻容量大载重大的货车，采用新型轨道基础以及行车调度指挥和运营管理自动化等等。

二、多式联运

1. 国际多式联运

国际多式联运是一种以实现货物整体运输的最优化效益为目标的联运组织形式。它通常以集装箱为运输单元，将不同的运输方式有机组合在一起，构成连续的、综合性的一体化货物运输。通过一次托运、一次计费、一份单证、一次保险，由各运输区段的承运人共同完成货物的全程运输，即将货物的全程运输作为一个完整的单一运输过程来安排。它率先采用于北美、欧洲和远东地区的货物运输，随后逐步在全球实行。国际多式联运很大程度上不同于传统的单一运输方式。根据 1980 年《联合国国际货物多式联运公约》以及 1997 年我国交通部和铁道部共同颁布的《国际集装箱多式联运管理规则》的定义，国际多式联运是指“按照多式联运合同，以至少两种不同的运输方式，由多式联运经营人将货物从一国境内接管货物的地点运至另一国境内指定地点交付的货物运输”。

2. 我国铁路联运

铁路和地方水路以及铁路和公路等干、支线联运，是在许多沿线、沿海、沿河城镇，以铁路车站或港口码头为中心，组织许多外接干线、内连社队的地区性的联运线，既为车站、港口集散货物，又通过代办中转业务，以及办理送货到家、取货上门、电话受托等联运服务业务，方便货主。

图 1-8　多式联运

我国铁路联运主要以集装箱为主，铁路集装箱运输是现代化铁路货物运输发展的方向。由于集装箱运输易于机械装卸，安全可靠，方便火车、汽车、轮船交接转运的特点，深受用户欢迎，在我国也已初具规模。随着我国国民经济飞速发展，国际贸易不断扩大，国内外对集装箱运输需求越来越大。铁路集装箱运输这几年虽然发展较快，但仍不能满足国民经济发展需要。因此要求建立完整的物流体系和大力推进铁路参与集装箱多式联运(图 1-8)，以使铁路集装箱的发展能够适应市场经济的发展速度。

三、铁路物流运输

铁路发展现代物流是满足社会经济发展、实现铁路产业升级和可持续发展的重要途径。在全国现代物流业快速发展的这些年，我国铁路货运也在加快改革步伐，探索发展现代物流，并取得显著成效。

1. 我国铁路物流的发展状况

2003 年以来，铁路陆续推行了一系列货运改革和发展现代物流的新举措，包括组建三个专业运输公司，实施大客户战略，推行“两整合、一建设”，试点“集中受理，优化装车”，实施“路企直通运输”，规划建设铁路物流中心等等，并取得了一系列显著的成果。

(1)实施铁路挖潜提效，推进运营组织改革

针对铁路运输能力紧张的局面，在新增运力有限的情况下，按照“生产规模化、经营集约化、服务物流化”的理念，铁路实施内涵扩大再生产，不断向优化运输组织和推进货运组织改革要能力、要效率，走出了一条挖潜提效的成功之路。

(2)优化物流节点布局，构建铁路物流网络

2002 年以来，铁道部规划了 18 个大型集装箱中心站，以此推进铁路集装箱运输与现代物流的发展。2007 年初铁道部将全国 18 个集装箱中心站修编为综合物流中心，重点经营集装箱、特货、行包和部分整车业务。目前，上海、昆明等铁路物流中心已建成并运营，大连、郑州、重庆、青岛、成都等铁路物流中心也陆续建成并逐步投入运营。

(3)培育物流市场主体，拓展现代物流服务

铁路发展现代物流，必须加速传统运输企业向现代物流企业转型，扶持和培育一批市场化程度高、网络覆盖面广、竞争能力强的物流服务供应商，为客户提供功能齐全、快捷准时的现代物流服务。受经营范围、地理区域等因素所限，传统的铁路运输企业显然难以实现这一目标。

(4)丰富货运物流产品，打造铁路客户关系

物流产品是铁路物流服务的核心。近年来，随着客户对传统货运需求不断向专业化、快捷化和多样化方向的转变，铁路以大面积提速调图为契机，在原有货运产品的基础上扩充产品种类，逐步形成了组合优化的货运产品系列。

(5)加快先进技术应用，提高信息服务水平

信息技术的广泛应用是现代物流区别于传统物流的主要标志之一。信息服务不仅是现代物流的一项基本功能，也是整合其他物流服务功能的基本技术手段。铁路发展现代物流，也必须开发应用现代信息技术并努力提高技术装备水平。近几年来，铁路在信息化建设和应用方面做了大量艰苦细致的工作。在货运站段推广应用货运营销及生产管理系统，实现了部、局、站段及部分客户的计算机联网，为简化货运计划办理手续、提高货运计划审批效率、适应货运市场需求提供了技术支持。开发了货运大客户信息系统，目前大客户的所有月计划、日请求车提报以及参考运价、运输条件查询全部经由互联网进行，统一结算系统已开始运行，极大地方便了大客户。铁路和海关共同开发了口岸信息平台系统，实现了铁路与海关间的联网互通、进口货物信息的电子传送和共享等功能，通关效率大大提高，适应了物流国际化发展的需求。

2. 我国铁路物流现存的主要问题

我国铁路物流实践虽然取得一定成绩，但目前还存在许多问题，如设施能力不足、信息技术落后、货运生产仍然比较粗放、社会物流需求得不到完全满足等。

3. 铁路发展现代物流系统的必要性

交通运输作为国民经济发展的基础行业现在已逐渐转变为物流系统，这已在越来越多的国家得到了承认和高度重视。我国铁路在国家综合运输体系的重要作用决定其向现代物流发展的必然性。我国正处于国家综合物流运输结构面临重大转型的关键时期，铁路积极融入社会现代物流体系中，充分发挥铁路的比较优势和实现运输链条各环节的紧密衔接，才能更好为经济社会持续快速发展提供高质量的物流运输服务。

继铁路第六次大面积提速和部分客运专线投入运营使铁路运输能力初步缓解之后，近年铁路改革与发展的步伐明显提速，未来几年铁路基础设施建设的投资将极大地改善铁路运输现状，2012 年铁路客货分线基本完成后铁路运输能力有望得到大幅释放，这将从根本上改变客货混跑导致运能紧张的现状，并可快速扩充我国铁路运能、提升技术装备水平，使铁路基本具备全面发展现代物流的条件。

为此，铁路部门正积极推行铁路货运向现代物流改革，不少铁路运输企业如中铁集装箱、中铁特货、中铁快运等公司也在尝试铁路物流服务，但从总体发展水平上看，铁路与公路、水运、民航相比较发展现代物流的进程差距较大。与经济社会发展和市场需求相比，铁路物流发展中还存在许多不容忽视的问题。

(1)货运产品不满足市场需求，市场占有率不高。

(2)货运节点发展物流合力不足，分工不合理。

(3)基于现代物流理念的运输组织方式开发不力。

(4)铁路资源优势发挥欠缺,整合力度不足。

(5)物流企业竞争能力不强。

4. 铁路发展现代物流系统的紧迫性

为谋求更大发展空间,铁路目前存在的诸多问题使其必须向现代物流转型才得以解决,而当前铁路系统内外的发展形势促使铁路必须尽快实现转型。

(1)国家综合运输结构的转型为铁路现代物流的发展提供了难得的契机。

(2)国内物流市场的激烈竞争使铁路现代物流的发展面临着严峻的形势。

(3)铁路货运改革的大力推进给铁路现代物流的发展准备了较好的基础。

由此可见,铁路现在正处于发展现代物流的大好时机,但同时也正处于市场竞争最为激烈的时期,铁路必须充分利用自身优势及政策、环境优势,改革现有作业方式及服务功能,提供全方位的现代物流服务,占据优势市场的同时尽量扩大市场份额,从而在未来的市场上占据更多的主动优势。

5. 铁路发展物流的市场定位

随着我国加入 WTO 和国民经济快速发展,市场需求更加多元化,国内外物流市场竞争日益激烈。近年来我国铁路大规模路网建设,客货分线逐步实现,运输能力得到释放,为铁路物流企业的发展带来了巨大的机遇和空间。铁路物流企业要在激烈的市场竞争中处于不败之地应具备较强的综合能力,而企业的综合能力不仅体现在产品服务上和地域优势上,更体现在市场的营销能力和服务品质。因此,铁路物流企业应立足于自身熟悉和专业的物流领域,开展广泛的市场调查和客户行为分析,根据客户的物流需求为其设计物流服务。以客户为中心,以物流资源链为服务手段,以市场占有率和建立客户忠诚度为导向,制定和开展有针对性的市场营销策略,实现客户的规模化、个性化物流服务,提高物流综合服务水平,构筑自身的核心竞争力,从而与客户建立长期的、双赢的合作关系,成为客户物流供应链中具有独特核心能力的一环。

(1)从货物品类来看,铁路物流的目标市场将主要集中于快速消费品、图书、家电产品、建材产品、电子产品等日常生活用品和高附加值货物,即为"白货市场",为其提供集装箱运输服务、流通加工服务、仓储服务、金融服务等现代物流理念下的物流服务,进而改善铁路货物运输结构,提升铁路在整个运输物流体系中的地位和作用。

(2)从客户结构来看,铁路物流主要为生产制造企业、加工企业、零售企业等上下游生产贸易提供集仓储、运输、配送等一体化物流服务,与公路货运枢纽、港口、机场等交通节点合作提供多式联运服务,与物流配送企业、传统运输仓储企业、代理企业联盟合作开展门到门全程物流服务。

(3)从服务范围来看,铁路物流在有条件的地区可以积极开展国际物流服务,并提供海铁联运、国际运输、综合报关、金融服务等国际物流综合性服务;在内陆地区将铁路借助先进的铁路现代物流中心可发展成为区域内重要的物流集散地。

总之,铁路物流市场主要定位于高附加值货物,为大型生产制造企业、加工企业等提供国际国内物流服务,并通过与其他运输方式的联合运输实现铁路现代物流从两根钢轨到"门到门"服务的根本性转变。

复习思考题

1. 货装职工守则的内容是什么？
2. 铁路线路的等级是如何划分的？
3. 铁路线路的种类是如何划分的？站线都包括哪些？
4. 铁路限界基本有哪几种？
5. 货物的装载限界是如何规定的？如何进行计算？
6. 货车按用途分为哪几类？
7. 货车由哪几部分组成？
8. 车辆定检标记的含义如何？
9. 车辆的定位标记是如何规定的？
10. 车辆上的特殊标记有哪些？其表示的含义如何？
11. 货车按用途分为哪几类？通用货车有哪些？
12. 写出 10 种货车的基本型号。
13. 车辆定检标记的含义是什么？
14. 行车作业人身安全通用标准的规定是什么？
15. 手推调车作业应遵守哪些规定？
16. 禁止手推调车作业的情况有哪些？
17. 重载列车有哪几种运输方式？
18. 铁路发展现代物流系统的必要性有哪些？

第二章　铁路货物运输的基本条件和作业组织

第一节　货物运输基本条件

铁路货运工作是铁路运输工作的主要组成部分和铁路运输组织工作的基础。

货运工作的任务是根据铁路法的规定，铁路与托运人、收货人紧密配合，搞好协作，爱护运输物资和铁路运输设备，严格履行货物运输合同，安全、迅速、经济、便利地运送货物，完成运输计划中规定的货物运输任务。

一、货物运输种类及办理条件

根据托运人托运的货物重量、数量、性质、体积、形状和铁路设备等情况，铁路货物运输的种类分为整车、零担、集装箱。办理条件如下：

(1)一批货物的重量、体积或形状需要以一辆以上货车运输的，应按整车办理。

(2)符合集装箱运输条件的，可按集装箱办理。按集装箱办理的货物，每批必须是同一箱型，至少一箱，最多不得超过铁路一辆货车所能装运的箱数。

二、按一批托运的条件

1. 何谓“一批”

“一批”是铁路承运货物和计算运输费用的一个单位。指使用一张货物运单和一份货票，按照同一运输条件运输的货物。

2. 按一批托运的条件

按一批托运的货物，必须托运人、收货人、发站、到站和装卸地点相同(整车分卸货物除外)。

3. 一批的划分

(1)整车货物

每车为一批，跨装、爬装及使用游车的货物，每一车组为一批。

对准、米轨直通运输的整车货物，为了接运方便和充分利用运输能力。重质货物一批的重量应为 30 t、50 t、60 t(不适用货车增载的规定)；轻浮货物一批的体积应为 60 m^3、95 m^3、115 m^3。

(2)集装箱

以每张货物运单为一批，每批必须同一箱型，至少一箱。最多不得超过铁路一辆货车所能装载的箱数，且集装箱总重之和不得超过货车的容许载重量。

4. 不得按一批托运的货物

铁路运输的货物性质各不相同，在运输中需要采取不同的运输和保管措施。为了保证货物的安全质量，对下列货物规定不能按一批托运（特殊情况，报请铁路局承认者除外）：

(1)易腐货物与非易腐货物。

(2)危险货物与非危险货物（另有规定者除外），但按危险货物配装表规定可以直接配装的危险货物和非危险货物，以及可以按普通条件运输的危险货物和非危险货物，可作一批托运。

(3)根据货物的性质不能混装运输的货物。如液体货物与怕湿货物，食品与有异味的货物，配装条件不同的危险货物等。

(4)按保价运输的货物与不按保价运输的货物。

(5)投保运输险的货物与未投保运输险的货物。

(6)运输条件不同的货物，如冷藏温度要求不同的易腐货物；按件数和重量承运的货物与散堆装货物等。

三、整车分卸

整车分卸是整车运输的一种特殊的运输方式，是铁路为解决托运人能经济地运输其数量不足一车，而又不能按零担办理的货物。由于运输途中需要分卸，对铁路运输组织工作影响较大，因此铁路对整车分卸也规定了必要的限制条件。

1. 必须是限按整车办理的货物，第一分卸站的货物数量不足一车，装在同一货车内作为一批运输。

2. 分卸站必须在同一径路上，且最多不超过三个。

3. 应在站内公共装卸场所卸车，不能在专用线、专用铁路卸车。

4. 蜜蜂、使用冷藏车装运需要制冷和保温的货物和不易计算件数的货物，不得按整车分卸办理。

四、站界内搬运和途中装卸

因特殊原因或当地没有合适的搬运工具，对按整车运输的货物，托运人可要求站界内搬运或途中装卸。

途中装卸是指在两个车站之间的区间或在不办理货运营业的车站或区间装卸车。

站界内搬运是指站界内铁路营业线上的运输，包括同一车站的两条专用线间经过铁路营业线的运输。

途中装卸的发站或到站，可根据托运人要求，以装卸车地点的前方或后方办理货运业务的车站为发到站。但其运价里程，装车一律按后方站，卸车一律前方站计算。

途中装卸车的组织工作，由托运人、收货人负责。但车站应派人至装卸车地点进行防护和检查装卸车堆放货物的安全距离是否符号要求。（根据《铁路技术管理规程》第312条，列车在区间装卸车时，装卸车负责人应指挥列车停于指定地点。装卸车完毕后，其负责人应负责检查装卸货物的装载、堆码状态，确认限界，清好道沿，关好车门，通知司机开车。）

途中装卸车的组织工作，由托运人收货人负责。但车站应派人至装卸车地点进行防护和检查装卸车堆放货物的安全距离是否符合要求。

站界内搬运或途中装卸，只按规定核收运费，不另收取送车费。

站界内搬运和途中装卸的办理条件如下：

(1)按整车运输的货物。

(2)必须经月度要车计划核准后。

(3)只限在铁路局管内办理。

(4)危险货物不得办理。

五、货物快运

为加速货物运输，提高货物运输质量，适应商品经济发展和市场调节的需求，铁道部在总结供应港澳快运货物经验的基础上，在全路主要干线上开行快运货物列车。从 1986 年 8 月 15 日起全面开办了货物快运业务。

货物的快运，分为必须按快运办理和按托运人要求办理两种。办理快运货物的车站由铁路局指定。铁道部在“运价里程表”内公布。

托运人托运的整车、集装箱运输的货物，除不宜按快送办理的煤、焦、矿石、矿建等品类的货物外，托运人要求快运时，经铁路同意，可按快运办理。

托运人托运按快运办理的货物，应在铁路月度要车计划表内用红色戳记或红笔注明“快运”字样。经批准后，向车站托运货物时，必须提出快运货物运单，车站填写快运货票。

六、准、米轨直通运输

为了方便物资单位，减少在不同轨距换装地点提货和托运的手续，加速货物的运送，对跨及准、米轨两种轨距运输的货物，可使用一份运输票，从发站直运至到站。

但由于货物的性质、运输条件以及铁路设备条件的限制，下列货车不办理直通运输：

(1)鲜活货物及需要冷藏、保温或加温运输的货物。

(2)罐车运输的货物。

(3)每件重量超过 5 t(特别商定者除外)，长度超过 16 m 或体积超过米轨装载限界的货物。

七、按特定运输条件运输的货物及优先运输货物

对各国驻华使馆公用或个人用物品、外交用品、灵柩运输，以及罐车装运油料卸净标准，应按特定运输条件办理，见表 2-1。

表 2-1　特定运输条件

顺号	名　称	特定运输条件
1	各国驻华使馆公用或个人用品运输	1. 托运人：中国对外贸易运输公司所属各机构，中国外轮代理公司。 2. 收货人：中国驻华大使馆、领事馆或商务代办处，或受各机构、个人委托收货的国内其他单位。 3. 发站：广州南、黄埔、吉山、深圳北(笋筒)、湛江、北郊、连云港、青岛、烟台、北京东、天津、天津南、新港、塘沽、塘沽南、秦皇岛、大连东。 4. 到站：哈尔滨、长春、沈阳、大连东、北京东、呼和浩特、连云港、北郊、上海南、南宁、广州南、深圳北(笋筒)。 5. 货物名称：凡是托运人提不出具体品名的货物，在货物运单内货物名称栏。可以填写“使领馆用品”字样，不必填写物品清单。但能提出具体品名的货物，仍须填写具体品名，按一般规定办理。 6. 承运人负责范围：由承运人确定重量时，承运人对货物的重量和货物的包装完整状态负责；由托运人确定重量时，承运人只对货物的包装完整状态负责

续上表

顺号	名　称	特定运输条件
2	外交用品运输	1. 托运人:中国对外贸易运输公司所属各分支机构或国际旅行社深圳支社。中国外轮代理公司。 2. 收货人:外交部驻外机构供应处、外贸部、新华社、对外经济联络部和总参谋部。 3. 发站:深圳北、广州南、北郊、连云港、青岛、烟台、大连东、塘沽南、秦皇岛、湛江。 4. 到站:北京东、北郊、广州南、深圳北、沈阳。 5. 办理种别:限按零担办理,免附物品清单。 6. 承运人负责范围:发站承运外交用品时,必须认真过秤,不适用托运人确定重量的规定。每件货物包装上应由托运人施以铅封,承运人对托运人所施的铅封负责
3	罐车装运油料卸净标准	1. 原油、燃料油(裂化残油)、重油和常渣油在罐体底部,中心线深度不超过 20 m。 2. 其他油料必须卸净
4	灵柩运输	1. 在 4 月 1 日至 10 月 31 日的期间内,木馆外部用铁皮包好,各接缝处焊严。 2. 在 11 月 1 日至次年 3 月 31 日的期间内,木馆内外用黄蜡或油漆密封,并须气味不致散发。 3. 由于南方天气较暖,发送和到达京广线小李庄站、津浦线高家营站、宝成线任家湾站以南各站不适用第 2 项不包铁皮的规定

对于抢险、救灾物资、直接用于农业生产的物资、鲜活货物、文艺演出用品、搬家货物以及其他需要集运的物资,应优先运输。

第二节　铁路货物运输合同及其变更、解除和运输阻碍的处理

一、货物运输合同的性质

货物运输合同是由当事人约定由一方收取报酬将他方的货物运到约定地点的合同。其中,收取报酬并完成货物运输的一方为承运人,交运货物的一方为托运人。

托运人以铁路运输货物,应与承运人签订货物运输合同,货物运输合同是明确铁路运输企业与托运人之间的权利和义务关系的协议。

二、货物运输合同的签订

托运人与承运人在按季度、半年度或更长期限签订的整车大宗物资运输合同时,还须提出铁路货物运输服务订单;其他整车货物可用铁路货物运输服务订单作为运输合同,经双方在合同上签认后合同即告成立。在交运货物时还须向承运人递交货物运单,作为运输合同的组成部分。零担货物和集装箱运输的货物使用货物运单作为运输合同,当承运人在货物运单上加盖车站承运日期戳后,合同即告成立。

三、铁路货物运输服务订单

铁路货物运输服务订单在铁路运输企业办理货物运输服务时使用,是铁路货物运输合同的组成部分,具有运输服务项目选择、报价和运力安排的功能。

铁路货物运输服务订单由铁路承运人提供。

托运人要求货物运输和货物运输服务时,填写铁路货物运输服务订单一式两份。车站对内容进行审核,按订单所提要求计算,各项收费并填写报价金额。托运人对报价无异议的,对整车货物的铁路货物运输服务订单按铁路货运计划管理有关规定办理,对集装箱、班列货物,

车站根据货场能力、运力安排和班列开行日期随时受理，自主决定是否承运，在集装箱、班列货物的铁路货物运输服务订单上加盖车站日期戳，交与托运人一份，留存一份。在实施铁路货物运输时，托运人还应按批向铁路车站递交货物运单。

四、货物运单的性质

货物运单是承运人与托运人之间，为了运输货物而签订的一种运输合同。对整车运输，运单作为货物运输合同的组成部分。运单体现了在货物运输过程中承、托双方的权利、义务和责任，双方都应对所填的内容负责。

货物在运输过程中，如果发生事故或运输费用计算错误时，货物运单是处理承运人与托运人、收货人之间责任的根据。因此，货物运单既是办理铁路货物运输最原始的依据，又是划清承运人与托运人、收货人之间责任的重要依据。

托运人对运单内的所填记事项的真实性应负完全责任。匿报、错报货物品名、重量时，因按照规定支付违约金。货物运单如图 2-1 所示。

货物指定于　月　日搬入
货位：
计划号码或运输号码：
运到期限　日

××铁路局

货物运单

承运人/托运人装车
承运人/托运人施封

托运人→发站→到站→收货人　　货票第　号

托运人填写						承运人填写			
发站		到站(局)				车种车号		货车标重	
到站所属省(市)自治区						施封号码			
托运人	名称					经由	铁路货车篷布号码		
	住址			电话					
收货人	名称					运价里程	集装箱号码		
	住址			电话					
货物名称	件数	包装	货物价格	托运人确定重量(公斤)	承运人确定重量(公斤)	计费重量	运价号	运价率	运费
合计									
托运人记载事项：					承运人记载事项：				

注：本单不作为收款凭证，托运人签约须知见背面。	托运人盖章或签字 年　月　日	到站交付 日期戳	发站承运 日期戳

规格：350 mm×185 mm

领货凭证

车种及车号
货票第　号
运到期限　日

发站		
到站		
托运人		
收货人		
货物名称	件数	重量
托运人盖章或签字		
发站承运日期戳		

注：收货人领货须知见背面。

图　2-1

领货凭证（背面）	货物运单（背面）
收货人领货须知 1. 托运人应及时将领货凭证寄交收货人。收货人接到领货凭证后，及时向到站联系领取货物。 2. 收货人领取货物已超过免费暂存期限时，应按规定支付货物暂存费。 3. 收货人在到站领取货物，如遇货物未到时，应要求到站在本证背面加盖车站日期戳证明货物未到。	**托运人须知** 1. 托运人持本货物运单向铁路托运货物，证明并确认和愿意遵守铁路货物运输的有关规定。 2. 货物运单所记载的货物名称、重量与货物的实际完全相符，托运人对其真实性负责。 3. 货物的内容、品质和价值是托运人提供的，承运人在接收和承运货物时并未全部核对。 4. 托运人应及时将领货凭证寄交收货人，凭以联系到站领取货物。
（注：本须知排印时，应放在凭证背面下端）	（注：本须知排印时，应放在运单背面右下端）

图 2-1　货物运单

五、货物运单的填写

货物运单（以下简称运单）是承运人与托运人之间，为运输货物签订的一种运输合同。

因此托运人对其在运单和物品清单内所填记事项的真实性，应负完全责任。

托运人托运货物时，应向承运人按批提出《铁路货物运输规程》规定格式的货物运单一张。使用机械冷藏列车运输的货物，同一到站、同一收货人可以数批合提一份运单；整车分卸的货物，对每一分卸站应增加两份运单（到站、收货人各一份）。

运单粗线以左各栏和领货凭证由托运人用钢笔、毛笔、圆珠笔或用加盖戳记的方法填写。运单和货票都必须按规定填写正确、齐全，字迹要清楚，使用简化字要符合国家规定，不得使用自造字。

运单内填写各栏有更改时，在更改处，属于托运人填记事项，应由托运人盖章证明；属于承运人记载事项，应由车站加盖站名戳记。承运人对托运人填记事项除《铁路货物运输规程》第15条规定者外不得更改。

（一）托运人填写部分

1.“发站”栏和“到站（局）”栏，应分别按《铁路货物运价里程表》规定的站名完整填记，不得简称。到达（局）名，填写到达站主管铁路局名的第一个字，例如：（哈）、（上）、（广）等，但到达北京铁路局的，则填写（京）字，到达南宁局的则填（宁）字。

“到站所属省（市）、自治区”栏，填写到站所在地的省（市）、自治区名称。

托运人填写的到站、到达局和到站所属省（市）、自治区名称，三者必须相符。

2.“托运人名称”和“收货人名称”栏应填写托运单位和收货单位的完整名称，如托运人或收货人为个人时，则应填记托运人或收货人姓名。

3.“托运人地址”和“收货人地址”栏，应详细填写托运人和收货人所在省、市、自治区城镇街道和门牌号码或乡、村名称。托运人或收货人装有电话时，应记明电话号码。如托运人要求到站于货物到达后用电话通知收货人时，必须将收货人电话号码填写清楚。

4.“货物名称”栏应按《铁路货物运价规则》附表二“货物运价分类表”或国家产品目录，危险货物则按《危险货物运输规则》附件一"危险货物品名索引表"所列的货物名称完全、正确填写。托运危险货物并应在品名之后用括号注明危险货物编号。"货物运价分类表"或"危险货物品名索引表"内未经列载的货物，应填写生产或贸易上通用的具体名称。但须用《铁路货物运价规则》附件一相应类项的品名加括号注明。

按一批托运的货物，不能逐一将品名在运单内填记时，须另填物品清单一式三份，一份由发站存查，一份随同运输票据递交到站，一份退还托运人。

需要说明货物规格、用途、性质的，在品名之后用括号加以注明。

对危险货物、鲜活货物或使用集装箱运输的货物，除填记货物的完整名称外，并应按货物性质，在运单右上角用红色墨水书写或用加盖红色戳记的方法，注明"爆炸品"、"氧化剂"、"毒害品"、"腐蚀物品"、"易腐货物"、"×吨集装箱"等字样。

5."件数"栏，应按货物名称及包装种类，分别记明件数，"合计件数"栏填写该批货物的总件数。

承运人只按重量承运的货物，则在本栏填记"堆"、"散"、"罐"字样。

6."包装"栏记明包装种类，如"木箱"、"纸箱"、"麻袋"、"条筐"、"铁桶"、"绳捆"等。按件承运的货物无包装时，填记"无"字。使用集装箱运输的货物或只按重量承运的货物，本栏可以省略不填。

7."货物价格"栏应填写该项货物的实际价格，全批货物的实际价格为确定货物保价运输保价金额或货物保险运输保险金额的依据。

8."托运人确定重量"栏，应按货物名称及包装种类分别将货物实际重量(包括包装重量)用 kg 记明，"合计重量"栏，填记该批货物的总重量。

9."托运人记载事项"栏填记需要由托运人声明的事项。例如：

(1)货物状态有缺陷，但不致影响货物安全运输，应将其缺陷具体注明。

(2)需要凭证明文件运输的货物，应将证明文件名称、号码及填发日期注明。

(3)托运人派人押运的货物，注明押运人姓名和证件名称。

(4)托运易腐货物或"短寿命"放射性货物时，应记明容许运输期限；需要加冰运输的易腐货物，途中不需要加冰时，应记明"途中不需要加冰"。

(5)整车货物应注明要求使用的车种、吨位、是否需要苫盖篷布。整车货物在专用线卸车的，应记明"在××专用线卸车"。

(6)委托承运人代封的货车或集装箱，应标明"委托承运人代封"。

(7)使用自备货车或租用铁路货车在营业线上运输货物时，应记明"××单位自备车"或"××单位租用车"。使用托运人或收货人自备篷布时，应记明"自备篷布×块"。

(8)国外进口危险货物，按原包装托运时，应注明"进口原包装"。

(9)笨重货件或规格相同的零担货物，应注明货件的长、宽、高度，规格不同的零担货物应注明全批货物的体积。

(10)其他按规定需要由托运人在运单内记明的事项。

10."托运人盖章或签字"栏，托运人于运单填记完毕，并确认无误后，在此栏盖章或签字。

11. 领货凭证各栏，托运人填写时(包括印章加盖与签字)应与运单相应各栏记载内容保持一致。

12. 货物在承运后，变更到站或收货人时，由处理站根据托运人或收货人提出的“货物变更要求书”，代为分别更正“到站（局）”、“收货人”和“收货人地址”栏填记的内容，并加盖站名戳记。

（二）承运人填写部分

1. 发站对托运人提出的运单经检查填写正确、齐全，到站营业办理范围符合规定后，应在“货物指定于×月×日搬入”栏内，填写指定搬入日期，零担货物并应填记运输号码，由经办人签字或盖章，交还托运人凭以将货物搬入车站，办理托运手续。

2.“运到期限××日”栏，填写按规定计算的货物运到期限日数。“货票第××号”栏，根据该批货物所填发的货票号码填写。

3. 运单和领货凭证的“车种、车号”和“货车标重”栏，按整车办理的货物必须填写。运输过程中，货物发生换装时，换装站应将货物运单和货票丁联原记的车种、车号划线抹消（使它仍可辨认），并将换装后的车种、车号填记清楚，并在改正处加盖车站戳记，换装后的货车标记载重量有变动时，并应更正货车标重。

4.“铁路货车篷布号码”栏，填写该批货物所苫盖的铁路货车篷布号码。使用托运人自备篷布时，应将本栏划一“⊗”号。“集装箱号码”栏，填写装运该批货物的集装箱的箱号。

5.“施封号码”栏，填写施封环或封饼上的施封号码，封饼不带施封号码时，则填写封饼个数。

6.“承运人/托运人装车”栏，规定由承运人组织装车的，将“托运人”三字划销，规定由托运人组织装车的，将“承运人”三字划消。

7.“经由”栏，货物运价里程按最短径路计算时，本栏可不填；按绕路经由计算运费时，应填记绕路经由的接算站名或线名。

8.“运价里程”栏，填写发站至到站间最短径路的里程，但绕路运输时，应填写绕路经由的里程。

9.“承运人确定重量”栏，货物重量由承运人确定的，应将检斤后的货物重量，按货物名称及包装种类分别用“kg”为单位填记。“合计重量”栏填记该批货物总重量。

10.“计费重量”栏，整车货物填记货车标记载重量或规定的计费重量；零担货物和集装箱货物，填记按规定处理尾数后的重量或起码重量。

11.“运价号”栏按“货物运价分类表”规定的各该货物运价号填写。

12.“运价率”栏，按该批货物确定的运价号和运价里程，从“货物运价率表”中找出该批（项）货物适用的运价率填写。运价率规定有加成或减成时，应记明加成或减成的百分比。

13. 实行核算、制票合并作业的车站，对运单内“经由”、“运价里程”、“计费重量”、“运价号”、“运价率”和“运费”栏，可不填写，而将有关内容直接填记于货票各该栏内。

14.“承运人记载事项”栏，填记需要由承运人记明的事项，例如：

（1）货车代用记明批准的代用命令。

（2）轻重配装，记明有关计费事项。

（3）货物运输变更，记明有关变更事项。

（4）途中装卸的货物，记明计算运费的起讫站名。

（5）需要限速运行的货物和自有动力行驶的机车，记明铁路局承认命令。

(6)需要由承运人记明的其他事项。

15."发站承运日期"和"到站交付日期"栏，分别由发站和到站加盖承运或交付当日的车站日期戳。

16. 运单上所附的领货凭证，由发站加盖承运日期戳后，连同货票丙联一并交给托运人。

六、货物运输合同变更及解除

托运人或收货人由于特殊原因，对承运后的货物运输合同，可按批向货物所在的中途站或到站提出变更到站、变更收货人。

承运人不办理下列变更：

(1)违反国家法律、行政法规、物资流向、运输限制和蜜蜂的变更。

(2)变更后的货物运到期限大于容许运输期限。

(3)变更一批货物中的一部分。

(4)第二次变更到站。

货物运输合同在承运前变更办法另行规定。

承运后发送前托运人可向发站提出取消托运，经承运人同意，货物运输合同即告解除。

托运人或收货人要求变更或解除运输合同时，应提出领货凭证和货物运输变更要求书，提不出领货凭证时，应提出其他有效证明文件，并在货物运输变更要求书内注明。

货物运输变更由车站受理，但整车货物变更到站，受理站应报主管铁路局同意。

车站在处理变更时，应在货票记事栏内记明变更的根据，改正运输票据、标记(货签)等有关记载事项，并加盖车站日期戳或带有站名的名章。变更到站时，并应电知新到站及其主管铁路局收入主管部门和发站。

办理货物运输变更或取消托运，托运人或收货人应按规定支付费用。

七、运输阻碍的处理

因不可抗力的原因致使行车中断，货物运输发生阻碍时，铁路局对已承运的货物，可指示绕路运输。或者，在必要时先将货物卸下，妥善保管，待恢复运输时再行装车继续运输，所需装卸费用，由装卸作业的铁路局负担。因货物性质特殊，绕路运输或卸下再装，可造成货物损失时，车站应联系托运人或收货人请其在要求的时间内提出处理办法。超过要求时间未接到答复或因等候答复将使货物造成损失时，比照无法交付货物处理，所得剩余价款，通知托运人领取。

第三节 货物的托运、受理和承运

一、托 运

1. 托运人向承运人交运货物，应向车站按批提出货物运单一份。使用机械冷藏车运输的货物，同一到站，同一收货人可以数批合提一份运单。整车分卸货物，除提出基本货物运单一份外，每一分卸站应另增加分卸货物运单两份(分卸站、收货人各一份)。

托运人按一批托运的货物品名过多，不能在运单内逐一填记或托运搬家货物以及同一包装内有两种以上的货物，须提出物品清单一式三份。加盖车站承运日期戳后，一份由发站存查；一份随同运输票据递交到站；一份退还托运人。除个人托运的物品外，可以使用具有物品清单内容的其他单据代替物品清单。

托运人对其在货物运单和物品清单内所填记事项的真实性应负完全责任，匿报、错报货物品名、重量时还应按照规定支付违约金。

2. 托运易腐货物、"短寿命"放射性货物时，应记明货物的容许运输期限。容许运输期限至少须大于货物运到期限三天。

3. 托运人托运的货物，分为保价运输和不保价运输两种，按哪种方式运输，由托运人确定，并在货物运单托运人记载事项栏内注明。

按保价运输的货物，铁路核收货物保价费。

4. 根据中央或省（市）、自治区法令，需凭证明文件运输的货物，托运人应将证明文件与货物运单同时提出，并在货物运单托运人记载事项栏注明文件名称和号码。车站在证明文件背面注明托运数量，并加盖车站日期戳，退还托运人或按规定留发站存查。

对办理海关、检疫手续及其他特殊情况的证明文件以及有关该批货物数量、质量、规格的单据，可委托承运人代递至到站交给收货人。

托运人对委托承运人代递的有关文件或单据，应牢固地附在货物运单上，并在货物运单托运人记载事项栏内记明名称和页数。

需凭证明文件运输的货物，托运人未按规定提出证明文件，承运人应拒绝受理。

托运人对其提出的证明文件的真实性应负责任。

承运人对托运人委托代递的证明文件或单据，在代递过程中要注意保管，遇有遗失时，到站应编制普通记录，予以证明。

5. 托运人托运货物，应根据货物的性质、重量、运输种类、运输距离、气候以及货车装载等条件，使用符合运输要求、便于装卸和保证货物安全的运输包装。有国家包装标准或部包装标准（行业包装标准）的，按国家标准或部标准（行业标准）进行包装。

货物的运输包装不符合前款要求时，应由托运人改善后承运。

对没有统一规定包装标准的，车站应会同托运人研究制定货物运输包装暂行标准，共同执行。对于需要试运的货物运输包装，除另定者外，车站可与托运人商定条件组织试运。

承运人同托运人应积极开展集装化运输，保证货物安全。

货物状态有缺陷，但不致影响货物安全，可以由托运人在货物运单内具体注明后承运。

6. 托运人托运货物，应在每件货物上标明清晰明显的标记（货签）。标记应用坚韧材料制作。在每件货物两端各粘贴或钉固一个，包装不适宜粘贴或钉固时，可使用拴挂的办法。不适宜用纸制标记的货物，应使用油漆在货件上书写标记或用金属、木质、布、塑料板等材料制成的标记。

托运行李、搬家货物除使用布质、木质、金属等坚韧材料的货签或书写标记外，并应在货物包装内部放置标记（货签）。

托运人应根据货物性质，按照国家标准，在货物包装上做好包装储运图示标志。

货件上与本批货物无关的运输标记和包装储运图示标志，托运人必须撤除或抹销。

二、受　理

铁路接受托运人提出的货物运单，经车站审查符合运输要求，在货物运单上签证货物搬入日期或装车日期后，即为受理。

车站对托运人提出的货物运单必须认真地逐项审查。

1. 整车货物有无批准计划号码。

2. 对到站、到局和到站所属省、市、自治区各栏内容应相互核对，三者必须相符。

3. 确认到站的营业办理限制（包括临时停、限装）。到站营业办理范围可查看《货物运价里程表》中“营业办理限制”栏。其中营业办理限制符号说明见表 2-2。

表 2-2　营业办理限制符号说明

办理限制符号	说　明
货（三角形）	不办理货运营业，没有专用线、专用铁路货运作业
专（圆圈）	仅办理专用线、专用铁路货运作业，具体办理内容另查《铁路专用线专用铁路名称表》
路（圆圈）	站内仅办理路用货物发到
牲（三角形）	站内不办理活牲畜到达
湿（三角形）	站内不办理怕湿货物发到
散（三角形）	站内不办理散堆装货物发到
蜂（三角形）	站内不办理蜜蜂发到
危（方框）	站内办理危险货物运输，具体办理内容另查《铁路危险货物运输办理站（专用线、专用铁路）办理规定》

注：以上符号中，货（三角形）和专（圆圈）是对车站货运营业范围的总体描述，适用于零担、集装箱和整车。

4. 到站如果仅办理专用线货物发到时，运单内应记明在××专用线卸车。对途中装卸的货物，应记明途中装卸车的地点。

5. 受理时按运单和货票的填写要求具体办理。

车站应根据批准的货物运输计划或运输合同受理货物运单。在受理零担、集装箱或按特定条件运输的货物时，还必须按照有关规定办理。

车站办理货物运输票据的手续实行一次办理。除托运人在现场与货运员办理的货物交接手续外，其余各种手续均由货场人员办理。

车站受理货物运单时，应确认托运的货物是否符合运输条件，各栏填写是否齐全、正确、清楚，领货凭证与运单相关栏是否一致。对营业办理限制（包括临时停限装）、起重能力、专用线专用铁路办理范围、证明文件等有关内容进行审查。对到站、到局和到站所属省、市、自治区各栏内容应相互核对。

对货物运单确认无误后，应指定进货日期或装车日期。

临时停限装，车站应按照《货物运价里程表》规定的营业范围办理货运业务。遇有特殊情况必须临时加以限制时，属铁路局管内的，由铁路局批准，跨局的须经铁道部批准。

由于设备大修、改建等原因限制整车货物到达时，应提前一个月办妥报批手续。

对临时停限装事项，车站应在营业场所对外通告。

按规定由铁路确定重量的货物，要认真过秤。由托运人确定重量的货物，车站应组织抽查。抽查的间隔时间，每一托运人(大宗货物分品种)不超过一个月，零担和集装箱货物不超过一个月。对按密度计算重量的货物，应以定期测定的密度作为计算重量的依据。

货物应稳固、整齐地堆码在指定货位上。整车货物要定型堆码，保持一定高度。集装箱货物，要按批堆码，货签向外，留有通道。需要隔离的，应按规定隔离。货物与线路或站台边缘的距离必须符合规定。

货物进齐验收后，车站应予签证，及时办理承运。

三、承　　运

集装箱运输的货物，由发站接收完毕，整车货物装车完毕，发站在货物运单上加盖车站日期戳时起，即为承运。

铁路运输货物按件数和重量承运。但下列货物，按整车运输时，只按重量承运，不计算件数：

(1)散堆装货物。

(2)成件货物规格相同(规格在三种以内的视作规格相同)，一批数量超过 2 000 件；规格不同，一批数量超过 1 600 件。

下列整车货物，无论规格是否相同，按一批托运时，每件平均重量在 10 kg 以上，托运人能按件点交给车站的，承运人都按重量和件数承运：

(1)针、纺织品，衣、袜、鞋、帽。

(2)钟表、中西成药、卷烟、文具、乐器、工艺美术品。

(3)面粉、肥皂、糖果、橡胶、油漆、染料、轮胎、罐头食品、瓶装酒类、医疗器械、洗衣粉、缝纫机头、空钢瓶、化学试剂、玻璃仪器、241 L 空铁桶。

(4)电视机、收音机、录音机、电唱机、电风扇、计算机、照相机。

托运人组织装车，到站由收货人组织卸车的货物，按托运人在货物运单上填记的件数承运。

整车货物和使用集装箱运输的货物，由托运人确定重量；零担货物除标准重量、标记重量或有过秤清单以及一件重量超过车站衡器最大称量的货物外，由承运人确定重量，并核收过秤费。

货物重量(包括货物包装重量)的确定，必须准确。

托运人确定重量的整车货物、集装箱货物和零担货物，承运人应进行抽查，重量不符，超过国家规定的衡器公差时，应向托运人或收货人核收过秤费。

活动物、需要浇水运输的鲜活植物、生火加温运输的货物、挂运的机车和轨道起重机以及特殊规定应派押运人的货物，托运人必须派人押运。押运人数，除特定者外，每批不应超过 2 人。托运人要求增派押运人或对上述以外的货物，要求派人押运时，须经承运人承认。

对押运人应该核收押运人乘车费。

派有押运人的货物，应由托运人在货物运单内注明押运人姓名和证明文件名称及号码，经发站审核后发给押运人须知，并在货票甲联注明，由托运人签收。

押运人应乘坐所押运的货车，如该货车不适于乘坐时，可乘坐守车或车长、站长指定的车辆。

押运人对押运的货物应负责采取保证货物安全的措施，如发现货物有腐烂、变质、病伤、损坏等现象，应立即向车长或站长提出声明，由车长或站长协助适当处理。

押运人应遵守押运人须知中规定的事项和有关铁路货物运输的规定。

承运人对押运人应宣传安全注意事项并提供工作和生活上的便利条件。

押运人从承运人承运货物时起至交付完毕时止发生意外伤害时，比照《铁路旅客意外伤害强制保险条例》规定办理。

货物运输费用，按照《铁路货物运价规则》的规定计算。托运人应在发站承运货物当日支付费用。对18点以后承运的货物，车站应在货票承运日期戳记下注明“翌”字，其运输费用，可以在次日支付。由于临时发生抢险、救灾、防疫等情况，在发站支付确有困难，经发送铁路局同意，可以后付或由收货人在到站支付。经常托运或领取货物的托运人或收货人，可按日汇总支付运输费用，其时间在不影响运输费用送交银行的前提下，由站长根据具体情况同托运人或收货人商定。

托运人或收货人迟交运输费用时，应向承运人支付规定的运杂费迟交金。

实行承运前保管的车站，对托运人已全批搬入车站的整车货物，从接收完了时起，负承运前保管责任。

车站在承运货物时，应将领货凭证及货票丙联交给托运人。托运人应将领货凭证及时交给收货人，凭以向到站联系领取货物。

承运的整车货物要登记“货物承运簿”，见表2-3。集装箱货物登记“集装箱到发登记簿”。

表2-3 货物承运簿

顺序号码	搬入日期	计划号码	托运人	收货人	到站（局）	货物名称	件数	重量	货车装妥日期	车种车号	货车标重	货票号码	施封号码或布篷号码	记事

货物运单“承运人填写”部分和货票填制要符合《货物运单和货票填制办法》的规定，加盖的车站日期戳记要清晰、正确。

对于领货凭证，必须正确填写货票号码及各栏内容，并在领货凭证及货物运单与领货凭证接缝处加盖车站承运日期戳。

在作业环节之间，对货物和运输票据要进行严格交接。

货物运单和货票，使用“货运票据封套”（图2-2）的，应左右对齐折叠，不使用“货运票据封套”的，按上下对齐折叠。货运票据封套除加盖经办人章外，还应加盖监封人员章。货运票据封套封口前，经办人、监封人必须同时对票据封套记载的事项和实际运单、货票核对，保证运输票据齐全。

车站应建立货票自核、互核、总复核制度以及票据、现金管理制度，制票和收款不能由一人负责。发送存查及到达票据要装订整齐，妥善保管。计算机制票要使用规定的软件，货票各联必须一次复写打印，要建立计算机安全使用管理制度，保证货票原始信息的完整与安全。

货运票据封套

车种车号________________标记载重量________________

货物到站________________到局________篷布号码________________

运单号码________________________________

货物品名________________货物实际重量(吨)________________

收货人及卸车地点________________________________

施封号码________________________________

记　事________________________________

发站戳记

经办人章

180 mm

240 mm和290 mm两种

图 2-2　货运票据封套

“监封人”即经办人以外的货运人员或货运主管人员；“监封人员章”应为带有站名的人员章，与经办人员章并排加盖在封套“经办人章”内。

承运易腐货物时，车站要按照《铁路鲜活货物运输规则》的有关规定办理。对《铁路鲜活货物运输规则》未列品名而易于腐坏、变质的货物，车站应认真审定运输条件。

易腐货物装车时，要检查装载方法是否符合规定要求。以冷藏车装运的，应检查装车单位填写的冷藏车作业单是否齐全、正确。使用机械冷藏车的，应将该作业单交机械冷藏车乘务组递交到站。到站应负责检查冷藏车情况，在作业单上填记到站作业记录，并妥善保存。

承运危险货物时，车站要按照《铁路危险货物运输管理规则》的规定，对品名、编号、类项、包装、标志以及“托运人记载事项”栏的内容进行检查。对《铁路危险货物品名表》中未列载的危险货物或改变危险货物包装时，应按有关规定的运输条件办理。

办理危险货物的车站，应根据具体情况，制定承运、交付、包装检查、内部交接、装卸作业及存放保管等安全措施和管理制度。

第四节　货物的搬入、装车和卸车

一、货物的搬入

凡在车站公共装卸场所内装车的货物，托运人应在承运人指定的日期全部搬入车站，车站应及时组织装车。车站接收货物时，应对品名、件数、运输包装、标记及加固材料等进行检查。

对搬入货场的货物，车站要检查货物品名与运单记载是否相符，运输包装和标志是否符合规定。按件数承运的货物，应对照运单点清件数，要核对货签是否齐全、正确。对个人托运的行李、搬家货物，要按照物品清单进行核对，并抽查是否按规定在包装内放入标记(货签)。集装箱货物还要核对箱号、封号，检查施封是否正确、有效。需要使用装载加固装置和加固材料的货物，应按规定对装载加固装置和加固材料的数量、质量、规格进行检查。对超限、超长、集重货物，应按托运人提供的技术资料复测尺寸。

托运人托运整车货物，未在承运人指定日期内将货物全部搬入车站，自指定搬入之日起至再次指定搬入之日，或将货物全部搬出车站之日止，按车核收货物暂存费。

整车货物因车辆容积或载重量的限制，装车后有剩余货物时，托运人应于装车的次日起算，3 日内将剩余的货物全部搬出车站或另行托运。逾期未搬出或未另行托运时，对于超过的日数按车核收货物暂存费。

二、装车和卸车

货物装车和卸车的组织工作，在车站公共装卸场所以内由承运人负责；在其他场所，均由托运人或收货人负责。但罐车运输的货物、冻结易腐货物、未装容器的活动物、蜜蜂、鱼苗、一件重量超过 1 t 的放射性同位素，以及用人力装卸带有动力的机械和车辆，均由托运人或收货人负责组织装车或卸车。

其他货物由于性质特殊，经托运人或收货人要求，并经承运人同意，也可由托运人或收货人组织装车或卸车。

装运货物要合理使用货车，车种要适合货种，除规定必须使用棚车装运的货物外，对怕湿或易于被盗、丢失的货物，也应使用棚车装运。发生车种代用时，应按《铁路货物运输规程》的要求报批，批准代用的命令号码要记载在货物运单和货票"记事"栏内；装车时，应采取保证货物安全的相应措施。毒品专用车不得用于装运普通货物。冷藏车严禁用于装运可能污染和损坏车辆的非易腐货物。

铁路组织装车时，车站应做到：装车前，认真检查货车的车体（包括透光检查）、车门、车窗、盖阀是否完整良好，有无扣修通知、色票、货车洗刷回送标签或通行限制，车内是否干净，是否被毒物污染。装载粮食、医药品、食盐、鲜活货物、饮食品、烟草制品以及有押运人押运的货物等时，还应检查车内有无恶臭异味。要认真核对待装货物品名、件数，检查标志、标签和货物状态。对集装箱还应检查箱内装载情况，检查箱体、箱号和封印。

装车时，必须核对运单、货票、实际货物，保证运单、货票、货物"三统一"，要认真监装，做到不错装、不漏装，巧装满载，防止偏载、偏重、超载、集重、亏吨、倒塌、坠落和超限。对易磨损货件应采取防磨措施，怕湿和易燃货物应采取防湿或防火措施。装车过程中，要严格按照《铁路装卸作业安全技术管理规则》有关规定办理，对货物装载数量和质量要进行检查。

对以敞、平车装载的需要加固的货物，有定型方案的，严格按方案装车；无定型方案的，车站应制定装载加固方案，并按审批权限报批，按批准方案装车。装载散堆装货物，顶面应予平整。对自轮运转的货物、无包装的机械货物，车站应要求托运人将货物的活动部位予以固定，以防止脱落或侵入限界。

装车后，认真检查车门、车窗、盖、阀关闭及拧固和装载加固情况。需要填制货车装载清单（表 2-4）及标画示意图的，应按规定填制。需要施封的货车，按规定施封，并用直径 3.2 mm（10 号）铁线将车门拧紧。需要插放货车表示牌（图 2-3）的货车，应按规定插放。对装载货物的敞车，要检查车门插销、底开门搭扣和篷布苫盖、捆绑情况。篷布不得遮盖车号和货车表示牌。篷布绳索捆绑，不得妨碍车辆手闸和提钩杆。绳索、加固铁线的余尾长度应在 100～300 mm。

装载超限、超长、集重货物，应按装载加固定型方案或批准的装载加固方案检查装载加固情况。对超限货物，还应对照铁路局的批示文电，核对装车后尺寸。

要严格执行装车质量签认制度，建立档案管理。

表 2-4　货车装载清单

装车站

第一到站			第二到站			第三到站		
车种车号			标记载重		施封号码		篷布号码	
货票号码	运输号码	发站	到站	品名	件数	重量(kg)	包装	记事

装车货运员　　　　　　　　　　卸车货运员

装车工组　　　　　　　　　　　卸车工组

年　　月　　日

规格：16 开竖印

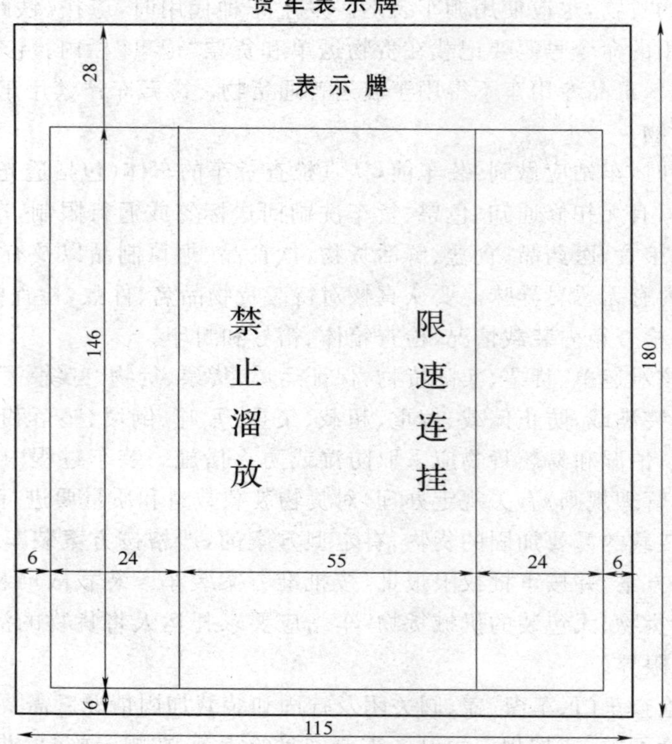

图 2-3　货车表示牌(单位:mm)

注：禁止溜放表示牌的“禁止溜放”栏印红底白字，其余各栏印白底红格字。
限速连挂表示牌各栏都印白底红格红字。

铁路组织卸车时，车站应做到以下方面。

卸车前，认真检查车辆、篷布苫盖、货物装载状态有无异状，施封是否完好。

卸车时，必须核对运单、货票、实际货物，保证运单、货票、货物“三统一”。要认真监卸，根据货物运单清点件数，核对标记，检查货物状态。对集装箱货物应检查箱体，核对箱号和封印。严格按照《铁路装卸作业安全技术管理规则》及有关规定作业，合理使用货位，按规定堆码货物。发现货物有异状，要及时按章处理。

卸车后，应将车辆清扫干净，关好车门、车窗、阀、盖，检查卸后货物安全距离，清理线路，将篷布按规定折叠整齐，送到指定地点存放。对托运人自备的货车装备物品和加固材料，应妥善保管。

卸下的货物登记“卸货簿”、“集装箱到发登记簿”或具有相同内容的卸货卡片、集装箱号卡片。在货票丁联左下角记明卸车日期。

按规定卸后须洗刷除污的货车，应在卸车站洗刷除污。如卸车站洗刷除污有困难时，须凭铁路局调度命令向指定站回送。对回送洗刷除污的货车，卸车站应清扫干净，并在两侧车门外部及车内明显处所粘贴“货车洗刷回送标签”各一张，货物如有撒漏，应在标签上注明。洗刷除污站应按规定要求洗刷除污后将标签撤除，并在车内外两侧车门附近粘贴“洗刷工艺合格证”各一张。

分卸货车按规定需要洗刷除污时，由分卸站在“货车装载清单”或整车分卸货票上注明原装货物品名及“需要洗刷除污”字样，由到站负责洗刷除污。未经洗刷除污的货车严禁排空或调配装车。

洗刷除污站对洗刷除污的货车应建立登记制度。

洗刷除污站的设置及分工由铁路局确定。

铁路货场内装卸组织工作由货运部门统一指挥，装卸组织管理由铁路装卸管理部门负责，监装卸由货运部门负责。

货物装车或卸车，应在保证货物安全的条件下，积极组织快装、快卸，昼夜不间断地作业，以缩短货车停留时间，加速货物运输。

车站应加强专用线(包括专用铁路，以下同)的管理，凡货主在运单上指明到达专用线的，不得强制在货场或其他专用线卸车。凡货主未指定专用线卸车的，不得强制送往专用线。专用线装卸车时，铁路要加强交接检查，确保装载质量。还要做好以下工作：

(1)定期与企业签订运输协议。

(2)掌握专用线内货源、货位、装卸劳力和设备情况，协助企业做好货车的取送、对货位、装卸车组织等工作。

(3)宣传铁路运输知识，协助企业改进货物包装，执行企业运输员业务培训合格持证上岗制度。

(4)掌握装卸车进度，按规定填写“货车调送单”，车站凭“货车调送单”正确核收货车延期占用费，做好货物码放安全距离、货车清扫、洗刷除污、门窗关闭、篷布使用和保管等情况的检查。

(5)提高专用线装车质量，严格货物(车)的交接检查，防止超重、偏重、集重、超限和坠落及匿报品名。

(6)正确填报有关统计资料，对合理使用货车和货物装载进行技术指导。

车站同各专用铁路、专用线所有人签订的运输协议，应报主管铁路局备案。协议内容由铁路局规定。托运人、收货人使用他人专用线装卸货车时，应与车站、专用线所有人签订运输协议。

由托运人或收货人组织装车或卸车的货车，车站应在货车调到前，将调到时间通知托运人或收货人。托运人或收货人在装卸车作业完了，应将装车完了或卸车完了时间通知车站。

托运人或收货人负责组织装卸的货车，超过规定的装卸车时间标准或规定的停留时间标准，承运人应向托运人或收货人核收规定的货车延期占用费。

地方铁路使用铁路车辆时，应按规定支付车辆使用费。

凡存放在装卸场所内的货物，应距离货物线钢轨外侧 1.5 m 以上，并应堆放整齐、稳固。

承运人应按照运输合同约定的车种拨配适当的车辆。承运人如无适当货车拨配，在征得托运人同意、保证货物安全、货车完整和装卸作业方便的条件下可以代用。以长大货物车、冷藏车代替其他车辆及改变罐车使用范围时，应经铁道部承认；其他车辆代替棚车时，应经铁路局承认。

车辆代用必须符合《铁路货物装载加固规则》中“货车使用限制表”的规定。

对保密物资、涉外物资、精密仪器、展览品，能用棚车装运的必须使用棚车装运，不得用其他货车代替。

装车前应正确选择车辆，遵守“货车使用限制表”及有关规定。未经铁道部运输局批准，各类货车装载的货物不得超出货车的设计用途范围。

货车的技术参数由铁道部运输局公布，常用敞车、平车、长大货物车技术参数参见《铁路货物装载加固规则》附录。凡货车车体上的标记技术参数与附录不一致时，以车体上的标记技术参数为准。货车制造、检修单位应确保货车车体上涂打的标记技术参数的准确性。

凡未经铁道部运输局公布的，技术参数不全的敞车、平车及长大货物车，一律不得使用。货车使用限制见表 2-5。

表 2-5 货车使用限制表

顺号	车种 / 限制条件 / 货物名称	棚车	敞车	底开门车	有端侧板平车	无端侧板平车	有端板无侧板平车	铁地板平车	共用车	备注
1	散装的煤、灰、焦、炭、砂、石、土、矿石、砖	×				×	×	×	×	无端侧板平车或有端板（渡板）无侧板平车（共用车除外），在使用围挡并安有支柱时，可装运煤、灰、砂、石、土、砖
2	金属块			×		×	×	×	×	无端侧板平车或有端板（渡板）无侧板平车（共用车除外），在使用围挡并安有支柱时，可装运散装的金属块
3	空铁桶				×	×	×	×	×	应加固并外罩绳网
4	木材				×	×	×	×	×	原木不得使用棚车装运
5	集装箱	×		×				×		1 吨集装箱可装棚车
6	超长货物	×	×	×				×		
7	超限货物	×		×				×		
8	钢轨	×		×						
9	组成的机动车辆	×	×	×				×		组成的摩托车、手扶拖拉机及小型车辆可使用棚车，在到站有起重能力时，可使用敞车

注：×为不准使用的车种。

承运人应拨配状态良好，清扫干净的货车装运货物。装车前，装车单位应对车厢的完整和清洁状况进行检查。

托运人组织装车的货车，在装车前，发现车内留有残货，应通知车站清扫或处理。如车站委托托运人代为清扫时，应向托运人支付规定的货车清扫费。

托运人对承运人拨配的货车要求洗刷消毒，由铁路办理时，向托运人核收货车洗刷消毒费。

承运人和托运人装载货物时，都应不断改进装载方法，充分利用货车的载重力或容积，但不得超过货车容许载重量。由于货物包装、防护物重量影响货物净重，或机械装载不易计算件数的货物装车后减吨确有困难时，可以多装，但不得超过货车标记载重量的2%；货物装载的高度和宽度，除超限货物和有特定者外，均不得超过机车车辆限界或特定区段装载限界。

整车货物装载超过货车规定的容许载重量，除补收运费外，并按规定核收违约金。

货物的装载加固应按《铁路货物装载加固规则》的规定办理。

罐车装运的货物应装到空气包底部或规定高度，并由装车单位负责将排油阀关严。

托运人组织装车的货物，使用铁路货车篷布时，核收货车篷布使用费，并对篷布的完整状态应进行检查，保证篷布良好。

托运人使用自备篷布时，应在货物运单托运人记载事项栏内记明“自备篷布××张”。

专用线内装车使用的铁路货车篷布或到达专用线的铁路货车篷布，分别由托运人和收货人负责到车站取送。

使用铁路货车篷布苫盖货车时，按使用张数向托运人核收货车篷布使用费。

到达专用线或专用铁路的铁路货车篷布，收货人应于货车送到卸车地点或交接地点的次日起，2日内送回车站。超过规定期间，对其超过的期间，核收篷布延期使用费。

装载整车货物所需的货车装备物品（禽畜架、篷布支架、粮谷挡板、饲养用具、防寒棉被、苫垫物品）和货物加固材料由托运人准备，并应在货物运单托运人记载事项栏内记明其名称和件数，在到站连同货物一并交付收货人。

收货人需要将上述货车装备物品或加固材料向指定的车站回送的，应在承运人交付货物的次日内填写“特价运输证明书”（见《铁路货物运输规程》格式八），经到站签证，在30日内托运，不核收运费。

准、米轨间整车货物直通运输，货物在换装站需要的加固材料由换装站备制，其费用应填发垫款通知书，通知到站向收货人核收。

国际联运出口货物的装备物品和加固材料由驻国境站的外贸机构代替收货人回送。

托运人自备的集装化用具、爆炸品保险箱符合《铁路货物运价规则》规定的特定运价范围的，收货人需要向指定的车站回送时，按规定办理运输手续，并支付运费。

运营部门与装卸部门的内部劳务清算（包括联运货物换装），根据实际作业情况，填制有关单据作为清算依据。单据的格式、填写方法、清算办法、清算项目和单价，除有统一规定者外，由铁路局规定。

下列工作属于装卸车附属作业，不另清算：

（1）铺垫或整理防湿垫枕，苫盖、撤除、折叠和取送篷布。

（2）清扫货车、货位，关闭拧固车门、车窗、盖、阀。

(3)整理装车后剩余货物,必要时用篷布苫盖或搬入库台。

(4)安装或撤除支柱、挡板、垫板、禽畜支架。

(5)装载货物的捆绑加固(需要铆接、焊接等特殊加固除外)。

(6)托盘、网络等铁路装卸工具的铺设、撤移、整理和堆码。

使用棚车、冷藏车、罐车、集装箱运输的货物,由组织装车或装箱单位负责在货车或集装箱上施封。但派有押运人的货物,需要通风运输的货物以及组织装车单位认为不需施封的货物(集装箱运输的货物除外),可以不施封。

施封的货车或集装箱,应在货物运单、票据封套和货车装载清单上记明。使用施封锁、施封环或带号码的封车钳子施封的,应记明施封号码。

施封及拆封的技术要求,应按《货车和集装箱施封拆封的规定》办理。

三、货车和集装箱施封拆封的规定

1. 应施封运送的货车、集装箱,均须采用施封锁施封(一吨箱也可使用施封环),罐车和国际联运过轨货车另有规定者除外。

2. 施封锁分 FS 型(直形)和 FSP 型(环形)二种。

FS 型施封锁由锁头、锁芯、锁套三部分组成,锁头和锁芯用钢丝绳相连,锁闭后呈直杆状,用于各型集装箱的施封。

FSP 型施封锁由锁芯、锁套两部分组成,锁芯和锁套用钢丝绳相连,锁闭时将锁芯垂直向锁套锁孔插入,锁闭后呈环状,用于棚车、冷藏车的施封。

各型施封锁锁套平面上均以钢印方式打印“封印号码、站名、加括号的局名简称(托运人自备的施封锁用托运人编号或专用线编号代替)”,锁套外断面上打印制造厂标记。封印号码,每站或每组 6 位数码循环使用。

3. 施封的货车应使用粗铁线将两侧车门上部门扣和门鼻拧固并剪断余尾,在每个车门下部门扣处各施施封锁一枚。施封后须对施封锁的锁闭状态进行检查,确认落锁有效,车门不能拉开。在货物运单或者货车装载清单和货运票据封套上记明下部施封号码(如 F146355、146356)。

4. 发现施封锁有下列情形之一,即按失效处理:

(1)钢丝绳的任何一端可以自由拔出,锁芯可以从锁套中自由拔出。

(2)钢丝绳断开后再接,重新使用。

(3)锁套上无站名、号码和站名或号码不清、被破坏。

5. 卸车单位在拆封前,应根据货物运单、货车装载清单或货运票据封套上记载的施封号码与施封锁号码核对,并检查施封是否有效。拆封时,从钢丝绳处剪断,不得损坏站名、号码。拆下的施封锁,对编有记录涉及货运事故的,自卸车之日起,须保留 180 天备查。

6. 车站应建立施封锁的领取、发放、使用和销毁制度,按封印号码进行登记,责任落实到个人。

负责卸车的单位在卸车时,应将货物彻底卸净,卸空后的货车应清扫干净,车门、车窗、端侧板、冷藏车冰箱盖、罐车盖、阀等要关闭妥当。对装过活动物、鲜鱼介类、污秽品等货物的车辆,以及受易腐货物污染的冷藏车和《危险货物运输规则》中规定必须洗刷消毒的货车,由铁路负责洗刷并按规定或依照卫生(兽医)人员的要求进行消毒,费用由收货人负担。如收货人有洗刷、消毒设备时，也可由收货人自行洗刷、消毒。

收货人组织卸车的货车，未进行清扫或清扫不干净时，车站应通知收货人补扫，如收货人未补扫或仍未清扫干净，车站应以收货人的责任组织人力代为补扫，向收货人核收规定的货车清扫费和货车延期占用费。

四、取送车作业

车站应做好日班装车作业计划和卸车预确报工作，并根据装卸作业、待装货物和货位情况，确定取送车计划，及时取送。送车要对准货位。装卸作业始末时间和取送车始末时间，均应有汇报和登记制度。

五、货运票据封套、货车装载清单、回送清单和货车表示牌

为便于交接和保持运输票据的完整，下列货物的运输票据应使用货运票据封套（以下简称封套），封固后随车递送。

(1)国际联运货物和以车辆寄送单回送的外国铁路货车。

(2)一辆货车内装有两批以上货物。

(3)整车分卸货物。

(4)以货运记录补送的货物。

(5)附有证明文件或代递单据较多的货物。

军运货物使用封套的范围及填记和封固方法，按军运有关规定办理。

封套封面上各栏应根据实际情况填记并加盖车站日期戳记和带站名的经办人名章。一车有两个以上到站的封套，“货物到站”栏应按到达顺序填写站名，并冠以(1)、(2)、(3)等顺序号码。途中各到站卸后抹去本站站名和与前方卸车站无关的事项，填写需要增加的内容，并在更改处加盖带有站名的经办人名章。整零车封套的“运单号码”栏只填记“内装票据××份”，“货物品名”栏填记“整零”字样。

国际联运进口（或过境）货车的封套“发站”栏填记进口国境站名，出口（或过境）货车的封套“货物到站”栏填记出口国境站名，并均应在站名下标一“㊬”字。

装运危险货物时，应在封套的“记事”栏内注明危险货物的类项和编组隔离标记。

装运鲜活货物时，应在封套的“记事”栏内注明“活动物”或“易腐货物”字样，易腐货物还应填记“△K”标记。

装运属于“△B”的保价货物时，应在“记事”栏内填记“△B”标记。有关货车编组、解体、挂运时应注意的其他事项（包括规定的标记、符号），也应在“记事”栏内注明。

封套内运输票据的正确完整由封固单位负责。除卸车站或出口国境站外，不得拆开封套。当运输途中发生特殊情况必须拆开封套时，由拆封套的单位编制普通记录证明（附入封套内），并再行封固，在封口处加盖带有单位名称的经办人名章。

整车国际联运出口货物和过境货物，发站（或进口国境站）应填制货车装载清单一份，随同货车递送到站（或出口国境站）。集装箱货物按有关规定填制货车装载清单。

“特殊货车及运送用具回送清单”（简称“回送清单”），是铁路内部根据规定运送下列铁路所属的货车或用具（产权属铁道部）的运输及交接凭证。

(1)按规定免费挂运的非运用车。

(2)卸(送)空罐车(润滑油专用空罐车应凭收货人提出的货物运单填制货票免费回送)、散装粮食车(L_{17}型)、散装水泥车(K_{15}、U_{60}型)、长大货物车(D型)、运梁专用车(N_{15}型)、加冰冷藏车(B型)、毒品专用车(W型)、集装箱专用车(X型)。

(3)向指定站回送需要洗刷除污的货车。

(4)铁路空集装箱。

(5)运营用衡器。

(6)按规定以调度命令免费运送的装卸机械和工具。

(7)军用移动设备(军用备品)、军用移动站台和装卸备品、军用捆绑加固材料(装置)。

(8)货车篷布及根据调度命令调拨、送修及修好返回的防湿篷布。

(9)铁道部规定免费回送的其他物品。

回送清单由车站负责填发,各栏要填写清楚、正确,有更改时应加盖带有站名的经办人名章。回送清单应具备车站编制的顺序号码,加盖车站日期戳,并由经办人签名或盖章,方为有效。按调度命令回送的应将命令号码记入"回送命令号码"栏内。回送清单一式两份,一份留站存查,一份随同货车(或用具)递送到站。

按规定需要禁止溜放或限速连挂的货车,装车站应在货车两侧插挂"货车表示牌",由到站卸后撤除。

货物承运簿、卸货簿(卡)、封套、货车装载清单和回送清单的保管期均为一年。到达的施封锁保管期为六个月。

第五节　货物的到达、交付和搬出

一、催领通知

承运人组织卸车的货物,到站应不迟于卸车完了的次日内,用电话或书信,向收货人发出催领通知并在货票内记明通知的方法和时间。有条件的车站可采用电报、挂号信、长途电话、登广告等通知方法,收货人也可与到站商定其他通知方法。采用电报等方法或商定的方法通知的,车站应按实际支出向收货人核收催领通知费用。

收货人在到站查询所领取的货物未到时,到站应在领货凭证背面加盖车站日期戳证明货物未到。

货物运抵到站,收货人应及时领取。拒绝领取时,应出具书面说明,自拒领之日起,3日内到站应及时通知托运人和发站,征求处理意见。托运人自接到通知之日起,30日内提出处理意见答复到站。

从承运人发出催领通知次日起(不能实行催领通知时,从卸车完了的次日起),经过查找,满30日(搬家货物满60日)仍无人领取的货物或收货人拒领,托运人又未按规定期限提出处理意见的货物,承运人可按无法交付货物处理。

对性质不宜长期保管的货物,承运人根据具体情况,可缩短通知和处理期限。

二、货物暂存及暂存费

承运人组织卸车的货物,收货人应于承运人发出催领通知的次日(不能实行催领通知或会同收货人卸车的货物为卸车的次日)起算,2日内将货物搬出。超过上述期间未将货物搬出,对其超过的期间核收货物暂存费。

根据各地具体情况,铁路局可以缩短免费暂存期限一天,也可以提高货物暂存费率,但提高部分最高不得超过规定费率的3倍,并均应报当地人民政府和铁道部备案。车站站长可以适当延长货物免费暂存期间。

三、货物的交付与搬出

到达到站的货物,如已编有记录或发现有事故可疑痕迹,到站必须复查重量或现状。如已构成货运事故,到站应在交付货物时,将货运记录交给收货人。

货物在到站应向货物运单内所记载的收货人交付。

收货人在到站领取货物时,须提出领货凭证,并在货票丁联上盖章或签字。如领货凭证未到或丢失时,机关、企业、团体应提出本单位的证明文件;个人应提出本人居民身份证、工作证(或户口簿)或服务所在单位(或居住所在单位)出具的证明文件。用本人的居民身份证、工作证或户口簿作证件时,车站应将姓名、工作单位名称、住址及证件号码详细记载在货票丁联上;用证明文件时,应将领取货物的证明文件粘贴在货票丁联上。

到站在收货人办完领取手续和支付费用后,应将货物连同货物运单一并交给收货人。

收货人向到站支付货物运输费用的时间,由承运人组织卸车的货物,应不迟于承运人发出催领通知的次日(不能实行催领通知时,应不迟于卸车完毕的次日);由收货人组织卸车的货物,应不迟于货车调到卸车地点或车辆交接地点的次日。

承运人组织卸车和发站由承运人组织装车到站由收货人组织卸车的货物,在向收货人点交货物或办理交接手续后,即为交付完毕;发站由托运人组织装车,到站由收货人组织卸车的货物,在货车交接地点交接完毕,即为交付完毕。

在实行整车货物承运前保管的车站,货物交付完毕后,如收货人不能在当日将货物全批搬出车站时:对其剩余部分,按重量和件数承运的货物,可按件点交车站负责保管;只按重量承运的货物,可向车站声明。

在车站公共场所内卸车的整车蔬菜、瓜果、牲畜、散堆装货物,收货人在领取货物时,应将货物的防护、衬垫物和从货位清扫出的残留物全部搬出。如未搬出和未清扫货位时,应按规定支付货位清扫费。交付货物时,由铁路负责装汽车、马车的,不核收货位清扫费。

第六节 货车出租和托运人自备机车、车辆的运输

一、货车出租

铁路在保证完成国家运输任务的前提下,可向企业出租铁路货车。企业需要租用货车时,应向所在地车站或铁路局提出书面要求,经铁路局报铁道部批准后,由车站同企业签订租车合同,并核收货车租用费。租车合同不得跨年度。

货车出租期间需要入厂检修,而租车单位要求不解除租车合同,经铁路局同意,可保留原车租用权,退还在厂检修期间的货车租用费。对送检和检修完了的货车,应由租车单位提出货物运单办理托运手续,按规定支付运费。

企业退租货车，应将货车上由租车单位涂刷的标记抹消，并向原拨车站交还，经出租铁路局同意也可在指定的车站交还。

二、托运人自备机车、车辆的运输

托运人使用自备货车在铁路区段内运输货物时，应与过轨站签订过轨运输合同，报铁路局批准。对租用铁路的货车，在铁路区段内运输货物时，可在租车合同内商定。过轨的自备货车，在过轨站须经铁路车辆部门进行技术检查，检查办法由铁路局规定。

使用自备货车或租用铁路的货车运输货物时，托运人应在货物运单内注明"自备货车"或"租用货车"字样。空车回送时，应提出货物运单向车站办理托运手续，并按规定支付运费。

托运人对过轨的自备货车或租用铁路的货车，应在车辆两侧中部标明"某某企业自备车"或"某某企业租用车"字样及企业所在站站名。装运危险货物的罐车应按规定涂打有关表明货物性质的标志。

一次性租用的铁路货车，在货物运单上注明，可不必标明或涂打标志。

托运人托运挂运的机车、轨道起重机或车辆，车站凭铁路机务、车辆部门检查合格的记录承运。经铁路检修完毕的自备机车、车辆凭检修部门的检修合格证明承运。

运输需要限速运行的机车、轨道起重机或车辆，及以自有动力行驶的机车，须由铁路局承认，并电告有关铁路局。

第七节　集装箱运输基本条件

一、集装箱的概念及分类

《铁路集装箱运输规则》所称的集装箱是指具备下列条件的运输设备：

(1)具有足够的强度，可长期反复使用。

(2)适于多种运输方式运送，途中无需倒装货物。

(3)设有供快速装卸的设施，便于从一种运输方式转移到另一种运输方式。

(4)便于箱内货物装满和卸空。

(5)容积不小于 $1\ m^3$。

集装箱不包括车辆和一般包装。

铁路运输的集装箱按重量和尺寸分为1吨箱、20英尺箱、40英尺箱以及经铁道部批准运输的其他重量和尺寸的集装箱。

按箱主分为铁路箱和自备箱，其中铁路箱是承运人提供的集装箱，自备箱是托运人自有或租用的集装箱。

按所装货物种类和箱体结构分为普通货物箱和特种货物箱。普通货物箱包括通用箱和专用箱，专用箱包括封闭式通风箱、敞顶箱、台架箱和平台箱等；特种货物箱包括保温箱、罐式箱、干散货箱和按货物命名的集装箱等。

按是否符合国家或铁道行业标准分为标准箱和非标箱。

二、集装箱的使用和管理

集装箱箱主应保证集装箱质量符合国家或铁道行业标准，由具有资质的机构进行鉴定、认可、制造、维修，并按规定进行定期检验，确保集装箱的质量和满足铁路运输安全要求。

特种货物箱、专用箱和非标通用箱应经有资质的单位进行相关试验和认证，由托运人向发站提交有关技术文件和上路运输申请；铁路局（公司）对运输安全性等进行审查后，提出意见报铁道部公布上路运输。

集装箱应按国家或铁道行业标准涂打相应的标记和标志。20英尺以上的集装箱应有集装箱检验单位徽记、国际集装箱安全公约（CSC）安全合格牌照、国际铁路联盟认证标记，其中国际集装箱安全公约安全合格牌照上应标有维修检验日期或有连续检验计划标记，且箱体标明的集装箱号码应与牌照一致。

仅在国内运输的自备箱，由箱主向发站提出申请，车站逐级上报，铁道部统一公布编号后，在全路使用。自备箱箱主发生变更时，要提出集装箱证书和检修记录，由铁路局（公司）委托有资质单位检查合格后，办理相关手续。

集装箱所装货物应适合集装箱运输的要求，不得腐蚀、损坏箱体。性质互抵的货物不得混装于同一箱内。易于污染箱体的货物不得使用铁路通用集装箱装运。

在一定季节和区域内不易腐烂的易腐货物，经承运人确定，可使用通用集装箱装运。

集装箱办理站（包括办理集装箱的专用铁路、铁路专用线，下同）是全国营业铁路办理集装箱运输业务的车站。集装箱办理站名在《货物运价里程表》中公布。集装箱在集装箱办理站间办理运输。

专用铁路、铁路专用线要求办理集装箱运输时，由产权单位向接轨站提出申请，经铁道部审核后公布。

集装箱应采用门到门运输。托运人和收货人可使用自有运力或委托运输单位进行，车站应提供便利条件。特殊情况下，根据托运人、收货人要求也可在站内指定区域装、掏箱。铁路箱出站时，车站应与门到门运输单位或托运人、收货人签订运输安全协议并收取保证金。

托运的集装箱，每箱总重不得超过其标记总重和铁道部规定的限制重量。在集装箱总重有限制的办理站间运输时，不得超过限制总量。

集装箱军事运输按有关规定办理。

集装箱运输危险货物要严格按照《铁路危险货物运输管理规则》的规定，托运人、承运人、收货人和办理地点符合要求，箱体除符合铁道部有关技术标准外还要适应所装货物的要求。

不符合集装箱运输条件的，不能按集装箱办理运输。

第八节　集装箱的托运、承运和交付

一、集装箱的托运、承运及施封

集装箱运输，以货物运单（以下简称运单）作为运输合同。托运人托运集装箱应按批提出运单。每批必须是标记总重相同的同一箱型，最多不得超过一辆铁路货车所能装运的箱数。

铁路箱和自备箱不得按一批办理。

集装箱装运多种品名的货物不能在运单内逐一填记时，托运人应按箱提出物品清单一式三份。加盖车站日期戳后，一份由发站存查，一份随同运送票据递交到站；一份退还托运人。

集装箱内单件货物的重量超过 100 kg 时，应在运单“托运人记载事项”栏内分别注明实际重量。

在专用铁路、铁路专用线卸车的集装箱，应在运单“托运人记载事项”栏内记明“在×××专用铁路(铁路专用线)卸车”。

托运的集装箱不得匿报货物品名，货物中不得夹带危险货物、易腐货物、货币、有价证券以及其他政令限制运输的物品。

托运人应使用箱体状态良好的集装箱。

使用铁路箱时，承运人应提供状态良好的集装箱。托运人在使用前必须检查箱体状态；发现箱体状态不良时，承运人应予以更换。

集装箱的装箱由托运人负责。装箱时应充分利用箱内容积，码放稳固，装载均匀，不超载、不集重、不偏重、不偏载、不撞砸箱体。要采取防止货物移动、滚动或开门时倒塌的措施，确保箱内货物和集装箱运输安全。

集装箱施封由托运人负责。通用集装箱重箱必须施封，施封时左右箱门锁舌和把手须入座，在右侧箱门把手锁件施封孔施封一枚，用 10 号镀锌铁线将箱门把手锁件拧固并剪断余尾。其他类型集装箱的施封方法另行规定。

托运的空集装箱可不施封，托运人须关紧箱门并用 10 号镀锌铁线拧固。

托运 1 吨集装箱时，托运人应在门把手和箱顶吊环上各拴挂一个货签。货签上“货物名称”栏免填。拴挂前应撤除集装箱上残留的旧货签。

托运人施封后，应在运单上逐箱填记集装箱号和相应的施封号码。运单内填记不下时，可另附清单。已填记的箱号和施封号不得随意更改；必须更改时，托运人须在更改处盖章证明。

托运人应如实填记运单。箱内所装货物的品名、件数、重量及使用的箱型、箱号、封印号等应与运单(物品清单)记载的内容相符。

二、集装箱的交付及掏箱

发送的集装箱应于承运人指定的进站日期当日进站完毕。到达的集装箱，应于承运人发出催领通知的次日起算，2 日内领取集装箱货物，并于领取的当日内将箱内货物掏完或将集装箱搬出。集装箱货物(含空自备箱)在车站存放超过上述免费暂存期限，应按规定核收货物暂存费。

托运人或收货人使用铁路箱超过下列期限，自超过之日起核收集装箱延期使用费。

1. 站内装箱时，应于承运人指定的进货日期当日装完。站内掏箱时，应于领取的当日内掏完。

2. 到达的集装箱应于承运人发出催领通知的次日起算，2 日内领取集装箱。

3. 集装箱门到门运输重去空回或空去重回时，应于领取的次日送回；重去重回时应于领取的3日内送回。

集装箱的掏箱由收货人负责。铁路箱掏空后，收货人应清扫干净，将箱门关闭良好，撤除货签及无关标记，有污染的须除污洗刷。车站对交回的铁路箱空箱应进行检查，发现未清扫或未洗刷的，应在收货人清扫或洗刷干净后接收，或以收货人责任委托清扫人员清扫洗刷。

收货人领取自备箱时，自备箱与货物应一并领取。

三、承运人与托运人、收货人的交接

承运人与托运人或收货人交接集装箱时，施封的凭箱号、封印和箱体外状，不施封的凭箱号和箱体外状交接。

从车站搬出铁路箱时，车站根据运单填写"铁路箱出站单"作为出站和箱体状况交接的凭证。集装箱送回车站时，车站收妥集装箱并结清费用后，在乙联上加盖车站日期戳和经办人章，将收据交还箱人。铁路箱出站单及集装箱破损记录如图2-4～图2-6所示。

铁路箱出站单

__________站存查　　　　　　　　　　　　　　　　　　　　　　　　甲联

A00001

<table>
<tr><td colspan="8">出站填记(空　重)</td></tr>
<tr><td>托运/收货人</td><td colspan="5"></td><td>调度命令号</td><td></td></tr>
<tr><td>到站/货票号</td><td colspan="2"></td><td colspan="2">箱型箱号</td><td></td><td>接收站</td><td></td></tr>
<tr><td>箱体状况</td><td colspan="5">割伤C.　擦伤B.　破洞H.　凹损D.
破损BR.　部件缺失M.　污箱DR.</td><td>领箱人</td><td></td></tr>
<tr><td>搬出汽车号</td><td></td><td>破损记录号</td><td></td><td>车站经办人</td><td></td><td>出站日期</td><td></td></tr>
<tr><td colspan="8">进站填记(空　重)</td></tr>
<tr><td>箱体状况</td><td colspan="5">割伤C.　擦伤B.　破洞H.　凹损D.
破损BR.　部件缺失M.　污箱DR.</td><td>还箱人</td><td></td></tr>
<tr><td>搬入汽车号</td><td></td><td>破损记录号</td><td></td><td>车站经办人</td><td></td><td>进站日期</td><td></td></tr>
</table>

门卫验收：（章）

领箱人须知：
1. 如本单记载与实际不符，应在出站前要求更正。
2. 应及时将铁路箱送回，超过规定时间需支付集装箱延期使用费。
3. 保证箱体完好，发生破损须赔偿。
4. 本单乙联随箱同行，还箱时将乙联交回。
5. 还箱收据盖戳后，保存60日。

说明：1. 铁路箱空箱出站，将收货人，货票号抹消；重箱出站时，将托运人、到站抹消。
2. 甲、乙联可用不同颜色印制。
3. 各站可根据管理需要，增加联数。

规格：A5竖印

图2-4　铁路箱出站单(甲联)

铁路箱出站单

______站　随箱联　　　　　　　　　　　　　　　　　　　　　　　　　乙联

A00001

<table>
<tr><td colspan="8">出站填记(空　重)</td></tr>
<tr><td>托运/收货人</td><td colspan="5"></td><td>调度命令号</td><td></td></tr>
<tr><td>到站/货票号</td><td></td><td colspan="2">箱型箱号</td><td colspan="2"></td><td>接收站</td><td></td></tr>
<tr><td>箱体状况</td><td colspan="5">割伤C．擦伤B．破洞H．凹损D．
破损BR．部件缺失M．污箱DR．</td><td>领箱人</td><td></td></tr>
<tr><td>搬出汽车号</td><td></td><td>破损记录号</td><td></td><td>车站经办人</td><td></td><td>出站日期</td><td></td></tr>
<tr><td colspan="8">进站填记(空　重)</td></tr>
<tr><td>箱体状况</td><td colspan="5">割伤C．擦伤B．破洞H．凹损D．
破损BR．部件缺失M．污箱DR．</td><td>还箱人</td><td></td></tr>
<tr><td>搬入汽车号</td><td></td><td>破损记录号</td><td></td><td>车站经办人</td><td></td><td>进站日期</td><td></td></tr>
</table>

门卫验放：（章）

还箱收据

本单记载的铁路箱已交回车站，收据请保存60日。

车站经办人：　　　　　　　　　　　　　　　　车站日期戳记：

A00001

图2-5　铁路箱出站单(乙联)

集装箱破损记录

№00001

______英尺(吨)箱　　　　　　　　　　箱号______

1. 发站______发局______托运人______
2. 到站______到局______收货人______
3. 运送票据第______号______年___月___日承运
4. 车种车号______到达车次______
5. 发现集装箱破损地点______
6. 破损部位。按下面符号所示内容填在视图上。

门端　　箱底　　前端

左门　右门　　地板（面向箱内）

左侧　　右侧

面向箱门左侧　　面向箱门右侧　　箱顶

状态代号：割伤C.擦伤B.破洞H.凹损D.破损BR.部件缺失M.污箱DR.

7. 破损原因和程度______
8. 责任者______（签章）
9. 装卸或货运主任______（签章）
10. 填写单位：______（章）填写人：______
11. ______年______月______日

注：本记录一式三份，一份编制记录站存查，一份交责任单位，一份随箱通行。

规格：A5竖印

图2-6　集装箱破损记录

第九节 集装箱运输管理

一、车站及专用线(专用铁路)的集装箱管理

集装箱办理站对到发、堆放、进出站及待修、待报废的集装箱必须按箱号跟踪管理,保证信息准确、完整、传输及时。

办理集装箱运输业务的专用铁路、铁路专用线,应由车站货运人员按照车站集装箱货场条件对铁路箱进行管理。

进出站的铁路箱应使用“铁路箱出站单”管理。发到的集装箱应使用“集装箱到发登记簿”(表 2-6)进行管理。单证保管期限为 1 年。

表 2-6 集装箱到发登记簿

箱号	到达									发出								停时计算									记事
	卸车日期	车种车号	发站	货票号码	收货人	货位号	卸车货运员	交付日期	交付货运员	承运日期	到站	货票号码	施封号码	托运人	装车日期	车种车号	装车货运员	卸车		转出		转入		装车		停留时间	
																		日期	时间	日期	时间	日期	时间	日期	时间		

规格:A3 横印

车站应根据货源情况建立开箱检查制度,防止匿报货物品名。

车站应每日整理“铁路箱出站单”,与站外存箱单位核对存箱数量,填制“铁路箱站外存留日况表”(表 2-7),及时催还未按时送回车站的铁路箱。

表 2-7 ____英尺(吨)铁路箱站外存留日况表

________年________月

日期	昨日存留箱数	出站箱数	进站箱数	当日存留箱数	记事

规格:A4 竖印

车站应按月清查站内外的铁路箱。发现账实不符时，应查明原因，及时上报。

在车站存放的铁路箱禁止挪作他用。如有挪用，对挪用者自挪用之日起核收规定费率 2 倍的集装箱延期使用费。

二、集装箱的装卸、搬运

集装箱应固定作业场地，分区码放，与其他货物分开存放。

集装箱装卸和搬运时应稳起轻放，防止冲撞。20 英尺以上集装箱应使用集装箱专用吊具装卸。

装卸部门码放集装箱时，必须关闭箱门，码放整齐，箱门朝向一致；多层码放时，要角件对齐，不得超过限制堆码层数。

集装箱装车时，应填制“集装箱货车装载清单”(表 2-8)，记明箱号和对应的施封号。在货运票据封套右上角加盖箱型戳记并填记箱号(1 吨箱除外)，在“货物实际重量”栏内填记箱数和全车集装箱总重。

表 2-8　集装箱货车装载清单

装车站　　　　　　　　　　　　　　　　　　　　　　　　　年　　月　　日

到站			车种车号		标记载重			施封号码		
货票号码	运输号码	发站	到站	品名	箱数	重量	托运人	箱号	施封号码	记事

计划员　　　　　　装车货运员　　　　　　　　　　　　装车工组

规格：A5 横印

空集装箱运输时，须关紧箱门并用 10 号镀锌铁线拧固。

集装箱装车前，须清扫干净车地板。使用集装箱专用车和两用车时，装车前须确认锁头齐全、状态良好；装车后要确认锁头完全入位，门挡立起。

使用铁路货车装运集装箱时，应合理装载，防止超载、偏载、偏重。1 吨集装箱可与普零货物混装一车。

1 吨集装箱仅限使用棚车装运，近车门处最外层集装箱应箱门朝里码放，防止运行中倒塌，保证到站从两侧门卸车。

端部有门的 20 英尺集装箱使用平车装运时，箱门应朝向相邻集装箱。

使用普通平车装运集装箱时，应按规定装载加固。

使用敞车装运重集装箱时，应采取措施，防止偏载。

集装箱装车和卸车时，应核对箱号，检查箱体和施封情况。专用集装箱和特种货物集装箱还要检查外部配件。

到站卸车发现集装箱施封锁丢失、封印内容不符、施封失效时，应在当时清点箱内货物并编制货运记录；发现集装箱破损可能危及货物安全时，应会同收货人或驻站公安检查箱内货物并编制货运记录。铁路箱破损时应编制“集装箱破损记录”。

第十节 超限、超重货物运输的基本知识

一、定义及等级划分

(一)超限货物

货物装车后，车辆停留在水平直线上，货物的任何部位超出机车车辆限界基本轮廓者或车辆行经半径为 300 m 的曲线时，货物的计算宽度超出机车车辆限界基本轮廓者，均为超限货物。

1. 根据货物的超限程度，超限货物分为三个等级：一级超限、二级超限和超级超限。

(1)一级超限：自轨面起高度在 1 250 mm 及其以上超限但未超出一级超限限界者。

(2)二级超限：超出一级超限限界而未超出二级超限限界者，以及自轨面起高度在 150 mm 至未满 1 250 mm 间超限但未超出二级超限限界者。

(3)超级超限：超出二级超限限界者。

2. 根据货物超限部位所在的高度，超限货物分为三种类型：上部超限、中部超限和下部超限。

(1)上部超限：自轨面起高度超过 3 600 mm，任何部位超限者。

(2)中部超限：自轨面起高度在 1 250 mm 至 3 600 mm 之间，任何部位超限者。

(3)下部超限：自轨面起高度在 150 mm 至未满 1 250 mm 之间，任何部位超限者。

(二)超重货物

装车后，重车总重活载效应超过桥涵设计标准活载(中—活载)的货物，称为超重货物。

根据货物的超重程度，超重货物分为三个等级：一级超重、二级超重和超级超重。

1. 一级超重：$1.00<Q\leqslant1.05$。

2. 二级超重：$1.05<Q\leqslant1.09$。

3. 超级超重：$Q>1.09$。

注：Q 为活载系数。

二、超限货物的托运、受理、承运

1. 托运人托运超限、超重货物时，除按一般货运手续办理外，并应提出下列资料：

(1)超限超重货物托运说明书(表 2-9)，货物外形的三视图。图中应标明货物的有关尺寸，支重面长度，并以“+”号标明重心位置。

(2)自轮运转货物，应有自重、轴数、轴距、固定轴距、长度、转向架中心销间距离、制动机形式和运行限制条件。

(3)申请使用的车种、车型及车数，计划装载加固方案。

(4)其他规定的资料。

托运人应在托运超限超重货物说明书、计划装载加固方案和所提供的资料上盖章或签字，并对内容的真实性负完全责任。

表 2-9　超限超重货物托运说明书

发　局			装车站			预计装后尺寸		
到　局			到　站			由轨面起高度	由车辆纵中心线起	
品　名			件　数				左　宽	右　宽
每件重量			总重量		重心位置	中心高		
货物长度			支重面长度			侧　高		
高度	中心高		宽度	左	右	侧　高		
	侧　高			左	右	侧　高		
	侧　高			左	右	侧　高		
	侧　高			左	右	侧　高		
要求使用车种			标记载重			侧　高		
卸车时的要求								
其他要求						车地板高度		
						垫木或转向架高度		
						预计装在车上货物重心位置距轨面的高度		
						重车重心高度		

注：粗线栏内由铁路填记

发货单位　　戳记　　　　　　20　　年　　月　　日提出

2．车站受理超限、超重货物时，应认真审查托运人提出的有关技术资料，测量货物外形尺寸和重心位置，必要时应组织有关部门共同研究。审查后，以超限超重货物运输请示电报向铁路局请示装运办法。跨及四个及以上铁路局的各级超重货物和超级超限货物由铁路局审查后向铁道部请示。

3．测量超限货物以毫米为单位。装车前后的测量按下列规定办理。

(1)装车前，按计划的装载加固方案测量

① 长度：测量其最大长度、支重面长度、重心至端部的距离、检定断面至重心的距离。

② 高度：自支重面起，测量其中心高度、侧高度和重心高度。

中心高度：自支重面起至最大高度处的高度为中心高度。

侧高度：中心高度以下各测点至支重面的高度。如有数个不同侧高度时，应由上至下测出每一个不同的侧高度。

③ 宽度：测量中心高度处的宽度和不同侧高度处的宽度。

中心高度处的宽度：中心高度处，在货物重心所在纵向垂直平面左侧和右侧的最大宽度。

侧高度处的宽度：每一侧高度处，在货物重心所在纵向垂直平面左侧和右侧的最大宽度。

(2)装车后，按实际的装载加固状态测量(含加固材料)

① 长度

跨装时，测量支距和两支点外方的长度。

突出装载时，测量突出车辆端梁的长度；如两端突出不相等时，应分别测量。

② 高度

自轨面起测量其中心高度和侧高度。

③ 宽度

自车辆纵中心线所在垂直平面起，分别测量中心高度和不同侧高度处在其左侧和右侧的宽度。

铁道部、铁路局接到超限超重货物运输请示电报后，向各有关单位批示装运办法。

超限超重货物运输电报代号见表 2-10。

表 2-10 超限超重货物运输电报代号

顺序	代字	被代用的文字	附 注
1	A	超限等级	代号后写几级
2	B	左右宽度按发站挂运列车的进行方向。遇运行途中方向相反且无法通过限界时，由自局解决。不可能时，须事先请邻局协助	
3	C	凡距线路中心线几毫米，高度超过几毫米，如道岔表述器等设备，在列车通过前拆除，通过后立即恢复正常位置	代号后分子为距线路中心线宽度的毫米数，分母为自轨面起高度的毫米数
4	D	通过接近限界的限制速度，按《铁路超限超重货物运输规则》第三十三条办理	
5	E	禁止接入距离线路中心线几毫米，高度超过几毫米的站台的线路	代号后分子为距线路中心线宽度的毫米数，分母为自轨面起高度的毫米数
6	F	禁止接入距离线路中心线几毫米的水鹤的线路	代号后写距线路中心线宽度的毫米数
7	G	区间限制速度	代号后写限速值
8	H	由该局管内工务段指派专人添乘监视运行	
9	I	由该局管内车辆段指派专人添乘监视运行	
10	J	由该局管内电务段指派专人添乘监视运行	
11	K	会车条件按《铁路超限超重货物运输规则》第三十二条办理	
12	L	通过 300 m 及以下半径曲线线路时的限制速度	代号后写限速值
13	M	途中货检站按规定检查无碍后继续运送	
14	N	各邻接调度所密切联系注意运行状态，接运和挂运按《铁路超限超重货物运输规则》第二十八和三十一条办理	
15	O	沿途由值乘车长负责监督运行	
16	P	需要货物转向架和使用车钩缓冲停止器	
17	Q	由发货人指派技术人员护送至到站	
18	R	货物重心高度	代号后写毫米数
19	S	重车重心高度	代号后写毫米数
20	W	经过侧向道岔的限制速度	代号后写限速值
21	Z	超重等级	代号后写几级

铁路局接到批示或抄送的电报后，应结合管内的实际情况及时批转。对需临时改变建筑物、固定设备的，应在电报中详细指明。管内通行确有困难时，应在收到电报之日起三个工作日内以电话和电报通知发局和电报批示单位。

车站接到铁路局批示电报后，应按装载加固方案及时组织装车。装车后测量与批示电报不符时，须重新请示。

超限、超重禁止无批示电报装车，实行装车质量签认制度。

装车后，车辆转向架任何一侧旁承游间不得为零(结构规定为常接触式旁承的货车除外)，遇球形心盘货车一侧旁承游间为零时，可用千斤顶将压死一侧顶起，落顶后出现游间，表明货物装载符合要求。

使用落下孔、钳夹式车辆装载的货物，装后货物底部与轨面的距离不得少于 150 mm。

装车后，应用颜色醒目的油漆标画易于判定货物是否移动的检查线，并在货物两侧明显处以油漆书写、刷印或粘贴“×级超限、×级超重”，或挂牌标识。

装车后，发站应填写超限超重货物运输记录（表 2-11），在货物运单、货票、票据封套、编组顺序表上注明“超限货物”或“超重货物”或“超限超重货物”；以连挂车组装运时，应注明“连挂车组不得分摘”；限速运行时，应注明“限速××公里”。并按规定在车辆上插放货车表示牌。

表 2-11　超限超重货物运输记录

甲页　　　　×级超限　　　×级超重　　　（单位：mm）

<table>
<tr><td>装车局</td><td colspan="2"></td><td>发　站</td><td></td><td>经由线名</td><td colspan="2"></td></tr>
<tr><td>到达局</td><td colspan="2"></td><td>到　站</td><td></td><td>经由站名</td><td colspan="2"></td></tr>
<tr><td>品　名</td><td colspan="2"></td><td>件　数</td><td></td><td>每件重　t</td><td>配重　t</td><td>总重　t</td></tr>
<tr><td>货物长度</td><td></td><td>支重面长　度</td><td></td><td>转向架中心销间距离</td><td></td><td>重车重心高</td><td></td></tr>
<tr><td rowspan="10">装车后尺寸</td><td rowspan="2">中心高</td><td rowspan="2"></td><td rowspan="2">中心高的宽</td><td>左</td><td rowspan="10">记　事</td><td rowspan="10" colspan="2"></td></tr>
<tr><td>右</td></tr>
<tr><td rowspan="2">第一侧高</td><td rowspan="2"></td><td rowspan="2">侧高的宽</td><td>左</td></tr>
<tr><td>右</td></tr>
<tr><td rowspan="2">第二侧高</td><td rowspan="2"></td><td rowspan="2">侧高的宽</td><td>左</td></tr>
<tr><td>右</td></tr>
<tr><td rowspan="2">第三侧高</td><td rowspan="2"></td><td rowspan="2">侧高的宽</td><td>左</td></tr>
<tr><td>右</td></tr>
<tr><td rowspan="2">第四侧高</td><td rowspan="2"></td><td rowspan="2">侧高的宽</td><td>左</td></tr>
<tr><td>右</td></tr>
<tr><td>车　种</td><td></td><td>车　号</td><td></td><td>标记载重</td><td>t</td><td>轴数</td><td></td></tr>
<tr><td rowspan="3">文电内有关指示</td><td colspan="7">铁道部20　年　月　日　部超限超重　号　批准使用　车</td></tr>
<tr><td colspan="7">铁路局20　年　月　日　超限超重　号　批准使用　车</td></tr>
<tr><td colspan="4"></td><td colspan="3">本记录在　　站作成，经检查完全符合批示的条件
发　站　签字
段　签字
段　签字
段　签字
段　签字
20　年　月　日</td></tr>
</table>

注：1. 不用的各栏应划去；

2. 按电报批示尺寸填记，小于批示时，将实际尺寸填于记事栏内，大于批示尺寸时，必须重新请示；

3. “重车重心高”栏在不超出 2 000 mm 时须以[/]号标示之；

4. 一式两份，第一份仅为甲页留站存查；第二份为甲、乙页，随货运票据送到达站。

（规格：270 mm×185 mm）

发站挂运超限、超重车前，应向铁路局调度所拍发超限超重车辆挂运请示电报（条件不具备时也可电话请示）。

超限、超重货物变更到站时，受理变更的车站应复测货物装车后尺寸，以电报形式向铁路局重新请示，并注明原批准单位、电报号码、新到站及车号。受理变更的车站，应对货物的装载加固状况进行检查，并在“超限超重货物运输记录”中签认。

第十一节 危险货物运输的基本知识

一、危险货物的定义、分类

1. 在铁路运输中，凡具有爆炸、易燃、毒害、感染、腐蚀、放射性等特性，在运输、装卸和储存保管过程中，容易造成人身伤亡和财产毁损而需要特别防护的货物，均属危险货物。

2. 根据国家公布的《危险货物分类与品名编号》(GB 6944)和《危险货物品名表》(GB 12268)，结合铁路运输实际情况，铁路运输危险货物按其主要危险性和运输要求划分为 9 大类。

第 1 类 爆炸品

第 1.1 项 有整体爆炸危险的物质和物品；

第 1.2 项 有迸射危险，但无整体爆炸危险的物质和物品；

第 1.3 项 有燃烧危险并有局部爆炸危险或局部迸射危险或两种危险都有，但无整体爆炸危险的物质和物品；

第 1.4 项 不呈现重大危险的物质和物品；

第 1.5 项 有整体爆炸危险的非常不敏感物质；

第 1.6 项 无整体爆炸危险的极端不敏感物品。

第 2 类 气体

第 2.1 项 易燃气体；

第 2.2 项 非易燃无毒气体；

第 2.3 项 毒性气体。

第 3 类 易燃液体

第 3.1 项 一级易燃液体；

第 3.2 项 二级易燃液体。

第 4 类 易燃固体、易于自燃的物质、遇水放出易燃气体的物质

第 4.1 项 易燃固体；

第 4.2 项 易于自燃的物质；

第 4.3 项 遇水放出易燃气体的物质。

第 5 类 氧化性物质和有机过氧化物

第 5.1 项 氧化性物质；

第 5.2 项 有机过氧化物。

第 6 类 毒性物质和感染性物质

第 6.1 项 毒性物质；

第 6.2 项　感染性物质。

第 7 类　放射性物质

第 8 类　腐蚀性物质

第 8.1 项　酸性腐蚀性物质；

第 8.2 项　碱性腐蚀性物质；

第 8.3 项　其他腐蚀性物质。

第 9 类　杂项危险物质和物品

第 9.1 项　危害环境的物质；

第 9.2 项　高温物质；

第 9.3 项　经过基因修改的微生物或组织，不属感染性物质，但可以非正常地天然繁殖结果的方式改变动物、植物或微生物物质。

3. 根据国家公布的《危险货物品名表》，结合铁路危险货物运输实际，制定《铁路危险货物品名表》。

未列入《铁路危险货物品名表》中的危险货物品名，由铁道部确定并公布。

不属于上述 9 类危险货物，在铁路运输过程中易引起燃烧、需采取防火措施的货物，属易燃普通货物。

二、危险货物的托运和承运

1. 危险货物仅办理整车和 10 吨以上集装箱运输。

2. 国内运输危险货物禁止代理。

3. 托运人托运危险货物时，应在货物运单“货物名称”栏内填写“危险货物品名索引表”内列载的品名和铁危编号，在运单的右上角用红色戳记标明类项名称，并在货物运单“托运人记载事项”栏内填写《铁路危险货物托运人资质证书》、经办人身份证和《铁路危险货物运输业务培训合格证》号码，对派有押运员的还需填写押运员姓名、身份证号码和《铁路危险货物运输业务培训合格证》号码，气体危险货物还需填写《液化气体铁路罐车押运员证》。托运爆炸品时，托运人还须出具到达地县级人民政府公安部门批准的《民用爆炸物品运输许可证》，托运烟花爆竹时须出具《烟花爆竹道路运输许可证》，并注明许可证名称和号码，并在运单右上角用红色戳记标明“爆炸品”或“烟花爆竹”字样。

4. 受理、承运危险货物时，必须符合下列规定：

(1)《铁路危险货物托运人资质证书》、经办人身份证和《铁路危险货物运输业务培训合格证》与运单记载相统一。

(2) 运单记载的品名、类项、编号等内容与《铁路危险货物品名表》的规定相统一，并核查《铁路危险货物品名表》第 12 栏内有无特殊规定。

(3)发到站、办理品名、运输方式与《铁路危险货物运输办理站(专用线、专用铁路)办理规定》相统一。

(4)货物品名、重量、件数与运单记载相统一。

(5)具有危险货物运输包装检测合格证明。

(6)运单右上角用红色戳记标明编组隔离、禁止溜放或限速连挂等警示标记。

(7)国内运输危险货物禁止代理。

(8)其他有关规定。

5."危险货物品名索引表"中未列载的品名办理运输时须进行性质鉴定，属于危险货物时，按危险货物新品名试运要求办理运输。

托运人提交品名鉴定前，需填写《铁路危险货物运输技术说明书》，一式四份。托运人对填写内容和送检样品真实性承担法律责任。送检样品须经铁道部认定的专业技术机构进行鉴定。危险货物新品名试运由铁路局批准。经批准后，发站、铁路局、托运人各留存一份《铁路危险货物运输技术说明书》。

新品名试运须在指定的时间和区段内进行。跨铁路局试运时，由批准单位以电报形式通知有关铁路局。

试运前承运人、托运人双方应签订安全运输协议。

试运时，由托运人在运单"托运人记载事项"栏内注明"比照铁危编号×××新品名试运，批准号×××"字样。试运时间2年。试运结束时，托运人应会同车站将试运结果报主管铁路局。铁路局对试运结果进行研究后，提出试运报告报铁道部。铁道部根据试运报告指定有关部门进行复验，达到要求后正式批准运输。未经批准或超过试运期未上报试运报告的，须停止试运。

鉴定为普通货物时，不需进行试运。

6. 危险货物新品名试运和改变包装试运应符合《铁路危险货物品名表》第12栏特殊规定。

7.《铁路危险货物品名表》第12栏特殊规定符合按普通货物运输条件的，可按普通货物条件运输。运输时，经铁路局批准后可在非危险货物办理站、专用线(专用铁路)发运。托运人应在货物运单"托运人记载事项"栏内注明"×××(铁危编号)，可按普通货物运输"(如"石棉91006，可按普通货物运输。")。

按普通货物条件运输的危险货物，限使用棚车装运，符合《铁路危险货物运输管理规则》第一百零六条规定的，可使用集装箱装运，但必须符合《铁路危险货物品名表》第12栏特殊规定要求，其包装、标志须符合本规则关于危险货物运输包装的相应规定。

按普通货物运输的，可不办理《铁路危险货物托运人资质证书》。

第十二节　鲜活货物运输的基本知识

一、鲜活货物运输的基本要求

《铁路鲜活货物运输规则》适用于全国营业铁路的鲜活货物整车运输，鲜活货物集装箱运输按有关规定办理，铁路不办理鲜活货物零担运输。国际联运另有规定的，从其规定。

《铁路鲜活货物运输规则》所称鲜活货物是指在铁路运输过程中需要采取制冷、加温、保温、通风、上水、加冰等特殊措施，以防止出现腐烂、变质、冻损、生理病害、病残死亡等问题的货物。

鲜活货物分为易腐货物和活动物两大类。

1. 易腐货物包括肉、蛋、乳制品、速冻食品、冻水产品、鲜蔬菜、鲜水果等，按其热状态分为冻结货物、冷却货物和未冷却货物。冻结货物是指经过冷冻加工成为冻结状态的易腐货物。冷却货物是指经过冷却处理，温度在冻结点以上的易腐货物。未冷却货物是指未经过任何冷处理，完全处于自然状态的易腐货物。

2. 活动物包括禽、畜、兽、蜜蜂、活水产品等。

托运的鲜活货物必须质量良好，无病残，包装适合货物性质并能保证铁路运输安全。按照货物性质、容许运输期限及运送全程的季节和气候条件选择合适的车辆、装载方法和运送方法，并根据需要采取预冷、制冷、加温、保温、通风、上水、加冰或押运等措施，以最大限度地保持货物质量。

在鲜活货物运量集中的区段，应开行鲜活货物或以鲜活货物为主的班列、直达、快运等快速货物列车。在其他区段，应积极组织挂运快速货物列车。

承运人应根据鲜活货物季节性强、运量波动大、时间要求快的特点，加强运输组织工作，坚持优先安排运输计划、优先进货装车、优先配空、优先取送、优先编组、优先挂运。

承运人应调配技术状态良好、干净清洁的车辆，装车单位应在装车前认真检查。对状态不良不能保证货物安全和运输质量的车辆，承运人应予调换。对不清洁的车辆，车站要组织清扫、洗刷。按规定需要消毒的，由托运人委托有资质的单位对车辆和货位进行消毒。

托运人要落实货源，备齐单证，准备好必要的货物安全防护用品。车站、托运人、收货人应密切配合，及时做好装车、卸车和搬运工作，并采取必要的防护措施，防止货物在装卸、搬运过程中出现腐烂、变质、冻损、污染、生理病害、病残死亡等问题。

收货人领取货物时，必须将货物的装车备品、防护用品、衬垫物品等全部搬出。卸车单位负责将卸后的车辆和货位清扫干净。

被动物、动物产品等污染的车辆、货位，卸车单位要彻底洗刷除污，保证没有残留的污水、秽物。按规定需要消毒的，由收货人委托有资质的单位进行消毒。车辆洗刷除污、消毒后适当通风，晾干后再关车门。机械冷藏车洗刷除污、消毒后须经车站和乘务组检查验收，棚、敞车洗刷除污、消毒后须经车站检查验收。卸车单位没有货车洗刷除污条件的，车站应根据调度命令填写"特殊货车及运送用具回送清单"，向铁路局指定的洗刷除污站回送。

清扫、洗刷除污费用由收货人承担。

鲜活货物的装载与加固应符合《铁路货物装载加固规则》、《铁路超限超重货物运输规则》等有关技术要求。

二、易腐货物运输的基本条件

装运易腐货物应按规定使用冷藏车，确因冷藏车不足时，承运人可根据托运人的要求，按"使用棚敞车运输易腐货物的措施"规定使用棚敞车运输。

使用棚敞车运输易腐货物的措施如下：

(1)易腐货物是否适合棚敞车运输，由托运人确定。使用棚敞车运输易腐货物，托运人应与发站商定运输条件，签订运输协议，并将运输条件记录在货物运单"托运人记载事项"栏内。

(2)托运人要求使用棚敞车代替冷藏车装运易腐货物时，应在提出的铁路货物运输服务订单上注明"如无冷藏车也可拨配棚车或敞车"，在运单的"托运人记载事项"栏内记明要求使用的车种和容许运输期限(日数)。承运人应尽量满足托运人需要的车种和车数。

(3)运输途中各地区有外温低于－10 ℃时，使用棚车装运玻璃瓶装的酒、罐头、饮料类货物必须采取保温措施。

(4)采取防寒、保温、隔热措施时，所用材料应清洁无污染。车内铺砌的冰墙和直接加入菜内的冰要清洁无污染，冰的数量、形状、大小要满足运输要求。车内铺砌冰墙的，应确保冰墙融化后货物码放稳固，不倒塌、不坠落。

(5)易腐货物装卸车作业时，要做到轻拿轻放。对需要通风运输的水果、蔬菜等易腐货物要留有足够的通风空隙。同时可将车辆门窗开启固定，或将敞车下门吊起，翻转到最大限度并捆绑牢固，用栅栏将货物挡住。开启的门窗和吊起的小门最外突出部位不得超限。

(6)敞车装运蔬菜、水果等，使用易燃材料做防寒覆盖时，应苫盖货车篷布运输。无法苫盖货车篷布时，应按《铁路危险货物运输管理规则》附件6“铁路车辆编组隔离表”中△6的规定进行隔离。

(7)使用棚敞车运输易腐货物时，是否需要押运由托运人确定。

机械冷藏车组，可组织同一到站卸车的两站分装，或同一发站装车的两站分卸。但两分装或分卸站应为同一径路，距离不超过200 km。第一装车站的装车数或第二卸车站的卸车数不得少于全组车的一半(枢纽地区除外)。两站分装(卸)是指机械冷藏车组中不同货物车在不同车站装(卸)车，同一货物车只能在一个车站装(卸)车。

机械冷藏车车组中不同的货物车，可以装运温度要求不同的货物。

托运易腐货物时，托运人应在货物运单“货物名称”栏内填记货物名称，注明品类顺号及热状态，同时在“托运人记载事项”栏内注明易腐货物容许运输期限(日数)。易腐货物容许运输期限须大于铁路规定的运到期限三日以上。

托运需检疫运输的易腐货物时，托运人应按国家有关规定提出检疫证明，在货物运单“托运人记载事项”栏内注明检疫证明的名称和号码，并将随货同行联牢固地粘贴在运单背面。车站凭此办理运输。

托运人托运易腐货物时，货物的质量、温度、包装和选用车辆，均须符合“易腐货物机械冷藏车运输条件表”、“易腐货物运输包装表”的规定。

发站应认真抽查托运货物的质量、包装及安全防护用品是否符合要求。使用机械冷藏车装运时，发站应在装车时会同乘务组对货物的温度、质量、包装和安全防护用品进行抽查，并将抽查情况记录在“机械冷藏车作业单”内。货物包装和破验部位的恢复由托运人负责。

不同热状态的易腐货物不得按一批托运。

使用机械冷藏车时，按一批托运的易腐货物，一般限同一品名。不同品名的易腐货物，如运输温度要求接近、货物性质允许混装的，可按一批托运，在同一机械冷藏车内组织混装运输。此时，托运人应与发站和乘务组商定运输条件，签订运输协议，并将运输条件记录在货物运单“托运人记载事项”栏和“机械冷藏车作业单”内。

一般情况下，下列货物不得混装运输：①具有强烈气味的货物和容易吸收异味的货物；②易产生乙烯气体的货物和对乙烯敏感的货物；③水果和肉类，蔬菜和乳制品。

使用机械冷藏车运输进口易腐货物，以及经过基因修改、非正常天然繁殖、使用过生长激素和经过化学药物处理等降低了耐储运性的易腐货物时，托运人应与发站和乘务组商定运输条件，签订运输协议，并将运输条件记录在货物运单“托运人记载事项”栏和“机械冷藏车作业单”内。

使用机械冷藏车运输易腐货物，托运人要求不按《铁路鲜活货物运输规则》规定条件办理时，应在确认货物不致出现腐烂、变质、冻损等问题的前提下，与发站和乘务组商定运输条件，签订运输协议，并将运输条件记录在货物运单“托运人记载事项”栏和“机械冷藏车作业单”内。

使用机械冷藏车运输易腐货物，装车时的温度高于易腐货物机械冷藏车运输条件表的规定或商定的运输温度的上限时，经托运人确认不影响货物质量的，可以组织运输，但托运人应与发站和乘务组签订运输协议并支付有关费用。

货物质量、包装、温度达不到要求时，承运人有权拒绝承运货物。

承运人按与托运人商定的运输条件或签订的运输协议组织运输，除承运人责任外，货物质量由托运人负责。

使用机械冷藏车运输易腐货物时，托运人应按易腐货物机械冷藏车运输条件表的规定或与承运人商定的运输条件，在货物运单“托运人记载事项”栏内具体注明装载货物的运输温度要求和“途中控温”、“途中不控温”、“途中通风”、“途中不通风”等字样。

使用机械冷藏车（包括空车回送和回空代用），应由发站逐级上报铁道部调度部门，经铁道部调度命令承认后方可使用。车站应将调度命令号码填记在“机械冷藏车装车通知单”内。

机械冷藏车装载货物的重量，不得超过车辆的标记载重量。

冷藏车严禁用于装运易污染、腐蚀和损坏车辆的非易腐货物。

无包装的水果、蔬菜（西瓜、哈密瓜、南瓜、冬瓜除外）等易污染、损坏车内设备的易腐货物不得用冷藏车装运。

发站应与托运人商定易腐货物进货、装车等事项，将计划装车时间、装车地点、货物品名及热状态、重量、到站等事项填记在“机械冷藏车装车通知单”内，于装车前 12 h 内交给乘务组；两站分装的，第二装车站应在车辆到达后及时交给乘务组。乘务组应在装车前做好上水、补足油料、预冷车辆等工作。

用冷藏车运输易腐货物时，在装车前必须预冷，待车内温度降低到规定温度后，方可装车。机械冷藏车车内预冷温度：冻结货物为 −3 ℃～0 ℃；香蕉为 11 ℃～15 ℃；菠萝、柑橘为 9 ℃～12 ℃；其他易腐货物为 0℃～3 ℃。

车站、铁路专用线（专用铁路）、机械冷藏车乘务组要认真按车填写“机械冷藏车作业单”，并做好传递交接工作。

车站、机械冷藏车乘务组和托运人、收货人应加强装卸车组织工作，缩短装卸时间。易腐货物作业车停站时间原则上不得超过该站的货车停留时间。单节机械冷藏车每辆装（卸）车作业时间（不包括洗车和预冷时间，下同）不得超过 3 h。货物车为 4 辆的机械冷藏车组，每组装（卸）车作业时间不得超过 6 h，每车的装（卸）车作业时间不得超过 3h。装（卸）车期间需要制冷的，要在“机械冷藏车作业单”中注明起止时间，车站按规定核收有关费用。

易腐货物运抵到站，联系不到收货人或收货人拒绝领取时，到站应自发出催领通知次日起

(不能实行催领通知时,为卸车完了的次日)或收货人拒绝领取之日起,1日内及时通知发站和托运人,征求处理意见。托运人自接到通知之日起,2日内提出处理意见答复到站。对于超过容许运输期限仍无人领取的货物,或收货人拒领而托运人又未按规定期限提出处理意见的货物,或虽未超过上述期限,但是货物已开始腐坏、变质时,到站可按无法交付货物或依据有关规定处理。

到达货物出现腐烂、变质、冻损、污染、生理病害、病残死亡等问题时,到站应立即组织卸车并按规定编制货运记录,使用机械冷藏车的应会同乘务组组织卸车。收货人有异议的,不得拒绝卸车或中途停止卸车,否则因此造成的扩大损失由收货人承担。

发站承运易腐货物后应在货物运单、货票、封套上分别加盖红色“易腐货物”、△K(△K表示须快速挂运的货车)戳记。发站、列车编组站要将△K符号转记在“列车编组顺序表”记事栏内。

易腐货物原则上不办理变更到站。确需变更时,可变更到站一次,且容许运输期限要大于重新计算的运到期限3日以上。

装有易腐货物的车辆,在运行途中不得保留积压。遇有特殊情况需要保留时,保留站应立即向铁路局调度、货运部门报告,同时采取措施妥善处理,并在货票记事栏内记明滞留原因和时间。

三、活动物运输

托运活动物时,托运人应按国家有关规定提出检疫证明,在货物运单“托运人记载事项”栏内注明检疫证明的名称和号码,并将随货同行联牢固地粘贴在运单背面。对承运的活动物,发站应在货物运单、货票、封套上注明“活动物”和“禁止溜放”字样。

蜜蜂运输时,托运人要按车填写物品清单(一式三份,一份留站存查,一份随票递送到站,一份交托运人)。物品清单要记明蜜蜂的空箱数、有蜂箱数、押运人所带的生活用品,饲养工具及蜜蜂饲料等。

托运猛禽、猛兽时,托运人应与发站商定运输条件和运输防护方法,报发送铁路局批准。跨局运输时,发送铁路局应将商定的事项通知相关铁路局。托运人应在货物运单“托运人记载事项”栏内注明商定的运输条件和运输防护方法。

装运活动物应选用专用车辆、敞车或有窗的棚车。

装运牛、马、骡、驴、骆驼等大牲畜,应使用带有㊍标记的木地板货车;确因木地板货车不足需要使用其他货车时,应采取衬垫等防滑措施。发往深圳北的活牛不得使用敞车装运。

装运活鱼不得使用全钢棚车及车窗不能开启的棚车(采用增氧机运输的除外)。托运人随车携带增氧机时,必须配备一至两只灭火器。随车携带的动力用柴油不得超过100 kg。柴油应盛装于小口塑料桶内,口盖必须拧紧,严密不漏。严禁使用汽油动力增氧机,严禁携带汽油上车。

拨配的车辆是否适合装运活动物由托运人检查确定,并在运单“托运人记载事项”栏内记明同意使用车辆的车型、车号。托运人认为车辆不适合时,承运人应予以调换。

蜜蜂进站时,托运人必须在蜂箱巢门外安装好纱罩,防止蜜蜂飞出蜇人,遮蔽信号,影响车站作业和行车安全。蜂箱巢门未安装纱罩的,发站不得承运。

蜜蜂的装载，应纵向排列、稳固堆码，并留有足够的通风道，预留押运人休息的位置。在顶部蜂箱上不准乘坐人员，不准装载自行车和其他杂物。

运输活动物时，托运人必须派熟悉动物特性的押运人随车押运，负责做好动物的饲养、饮水、换水、洒水、看护和安全工作。押运人每车一至两人，托运人要求增派押运人时，须经发站承认，但合计人数不得超过 7 人。押运人应遵守“押运人须知”和铁路的有关规定，途中不得吸烟、生火、做饭、用明火照明。

押运人携带物品只限途中生活用品和途中需要的饲料和饲养工具。为放蜂需要带的狗必须装在铁笼内，并交验检疫证明。押运人不得携带危险品和违反政令限制的物品。

装载活动物的车辆原则上不得与乘坐旅客的车辆编挂在同一列车内。确需编挂在同一列车内时，应与乘坐旅客的车辆隔离 1 辆以上。

活动物装车后应插挂“禁止溜放”表示牌。车站在调车作业时，严禁溜放。

装蜜蜂的车辆与装载农药的车辆原则上不得编挂在同一列车上。如因车流不足、分别挂运有困难，在本次列车运行全程内不发生列车折角转向运行的条件下，可编入同一列车内，但应将蜜蜂车挂在农药车的前部，并隔离 4 辆以上。

蜜蜂车和生石灰车编在同一列车内时应隔离 2 辆以上，并将蜜蜂车挂在生石灰车的前部。

蜜蜂运输不办理变更到站。

为保证铁路作业安全，蜜蜂在车站和运输过程中不得放蜂。蜜蜂到达到站后，要尽快办理卸车、交付手续，并及时搬出货场。

运输过程中发现活动物染疫、疑似染疫、病死或死因不明时，押运人应及时通知车站。车站发现上述情况时，应及时向当地动物防疫部门报告并按动物防疫部门的规定妥善处理，同时拍发电报通知发、到站和上级主管部门。严禁乱扔染疫、疑似染疫的活动物，病死或死因不明的活动物尸体。

活动物的排泄物以及垫料、包装物、容器等污染物应由押运人或收货人在铁路指定站或到站清除，并按动物防疫部门的规定处理，不得中途随意向车外抛撒，不得违规在中途站清扫和冲洗。

第十三节　货车篷布概念、基本条件及运用管理

一、铁路货车篷布的概念及分类

篷布是铁路货车辅助用具，按产权分为铁路篷布和自备篷布。自备篷布是托运人自购自用的篷布。

篷布在全国营业铁路使用，实行集中统一运用，做到调整及时，保证运输需求。

铁道部指定的专业运输公司(以下称公司)负责铁路篷布购置、维修、报废和相应的安全管理。铁路局负责管内篷布运用、自备篷布管理和安全管理。铁路局、公司均应设专人负责篷布管理工作。

《车站管理细则》或《货运管理细则》中应包含篷布管理工作。每天使用或到达篷布 50 张以上的车站应根据情况分别设篷布值班员、篷布(统计)管理员、篷布工，其他站应指定兼管

人员。

二、基本条件

篷布仅用于苫盖敞车装运的怕湿、易燃货物或其他需要苫盖篷布的货物。毒害品、腐蚀性物品及污染性物品不得使用铁路篷布。苫盖易于损坏篷布的货物时,装车单位必须采取防护措施,防护材料由托运人提供。

托运人在铁路篷布不能满足其货物运输需求时,可购置自备篷布。自备篷布不得出租经营。

铁路篷布不得外借或挪作他用。发现时立即纠正,并按规定核收篷布延期使用费。

装车使用的篷布必须质量良好,篷布绳齐全,标记、号码完整清晰。篷布不得横苫、垫车、苫在车内,不得代替装载加固材料。铁路篷布不得与自备篷布混苫。篷布苫盖应符合篷布苫盖标准规定。

合资、地方铁路与接轨站签订的过轨协议应包括铁路篷布在合资、地方铁路的保有量,停留时间,使用、保管、回送办法,过轨交接,费用核收,损坏、丢失的赔偿等内容,铁路局批准后,抄公司备案。

铁路篷布进入未与国铁办理直通运输的合资、地方铁路时,自进入之日起,按每张篷布实际停留时间向合资、地方铁路核收合资、地方铁路货车篷布占用费。

专用铁路、铁路专用线运输协议应包括铁路篷布交接、使用、保管、回送、延期使用费核收、损坏丢失赔偿等内容。

到达专用铁路、铁路专用线的铁路篷布,自货车调到交接地点次日起,二日内由收货人将铁路篷布送到车站指定地点。收货人未按规定日期将铁路篷布送回时,应按规定核收货车篷布延期使用费。

铁路篷布损坏、丢失时,由责任单位赔偿,具体按照“铁路篷布损坏丢失处理办法”的规定处理。

(1)铁路篷布损坏、丢失时,由责任者赔偿,因不可抗力、运输途中治安原因造成的除外。

(2)铁路内部责任划分有分歧时,由有关局协商;不一致时,报铁道部篷布调度裁决。

(3)铁路篷布损坏、丢失按下列规定核收赔偿费用:

① 发生报废、丢失时,按当年篷布购置价格赔偿。

② 破损面积每 100 cm^2 10 元;篷布破损面积达到 40%时,按当年购置价格赔偿。

③ 篷布绳损坏或丢失时,赔偿标准由公司提出并定期报部批准。

④ 铁路篷布因托收货人责任损坏、丢失时,自指定送回车站之日起,至赔偿当日止,按规定核收篷布延期使用费。

(4)车站收取赔款后,需向铁路局篷布调度拍发电报,抄报铁道部篷布调度。电报内容包括:责任单位、篷布张数、篷布号码、赔偿金额、延期使用费金额、杂费收据号码。

(5)铁道部篷布调度应及时核减铁路局铁路篷布保有量。

三、运用管理

发站使用篷布前,应逐张检查质量。使用铁路篷布时,将篷布号码填记在货物运单“铁路货车篷布号码”栏内；使用自备篷布时，应在货物运单“铁路货车篷布号码”栏内划“⊗”符号，并检查托运人是否在货物运单“托运人记载事项”栏内注明“自备篷布×张”和号码。

专用铁路、铁路专用线使用铁路篷布时，由托运人凭车站填制的“货车篷布交接单”（表 2-12）到车站领取。

表 2-12 货车篷布交接单

年 月 日

顺号	篷布号码	时间	车种车号	用别	发（到）站	状态是否良好	缺少绳索（根）			篷布破损程度（mm）					记事
							腰绳	压绳	边端绳	100	101～300	301～500	501～1 000	1 000 以上	
1															
2															
3															
4															
5															
6															
7															
8															
9															
10															

请领张数：

货运员签名：

交方（车站/专用线/篷布修理所）：

经办人签名：

接方（车站/专用线/篷布修理所）：

经办人签名：

制票时，应根据货物运单将铁路篷布号码填制在货票、货运票据封套篷布号码栏内；自备篷布张数和号码填记在“记事”栏内。

装车后，车站必须按照篷布苫盖标准检查篷布苫盖质量，发现问题及时处理。

卸车时，应检查铁路篷布质量；卸车后，将铁路篷布送到车站指定地点，车站检查发现铁路篷布破损、缺少篷布绳时，应填制“货车篷布交接单”，按“铁路篷布损坏丢失处理办法”办理。

使用铁路篷布，货物运输票据记载的张数、号码与实际不符时，发现单位应按实际更正，编制记录并向发到站和发到局篷布调度拍发电报，责任铁路局应于当日调整。

四、铁路篷布回送

铁路篷布凭调度命令回送。车站填制“特殊货车及运送用具回送清单”一式两份，一份随车运送到站，一份留站存查（合资铁路、地方铁路回送铁路篷布时，应增加一份送交接站）。

铁路篷布回送时，“特殊货车及运送用具回送清单”填记回送铁路篷布的总张数，并将铁路篷布号码准确填制在“货车篷布交接单”上。运用篷布填制一式二份，一份留站存查，一份随车运送至到站，待修或待报废篷布增加一份交篷布修理所。

铁路局管内可凭回送清单利用行李车（一批限 10 张以内）免费回送铁路篷布。行李员负责行李车回送篷布的交接。

跨局回送铁路篷布只限整车（每车不少于 100 张）装运，所需车辆应优先调配和挂运，不受停、限装限制。使用敞车回送时，苫盖的铁路篷布按回送铁路篷布统计。

铁路篷布回送，途中变更到站时，原到站与变更后到站不属同一铁路局的由铁道部篷布调度批准，其他情况由铁路局篷布调度批准。

铁路篷布回送，到站货运员应核对数量和号码，与实际不符时，应于12 h内向发站和发到局篷布调度拍发电报。发站无异议时，铁路局篷布调度按到站实收数调整；发站有异议时，应于三日内派人赴到站复查，并将结果通知铁路局篷布调度。

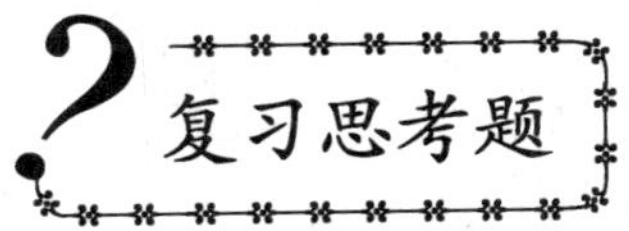

1. 何谓“一批”？“一批”是怎样划分的？按“一批”托运的条件是什么？
2. 哪些货物应优先运输？
3. 货物运输合同具有哪些特点？
4. 铁路货物运输服务订单具有哪些功能？
5. 运单的性质是什么？什么叫承运？
6. 哪些货物按整车运输时，只按重量承运，不计算件数？
7. 哪些货物运输时，托运人必须派人押运？
8. 承运人不办理哪些情况下的货物运输合同变更？
9. 试述超限货物的定义，划分的三个等级及三种类型。
10. 试述危险货物的定义及分类。
11. 受理、承运危险货物时，必须符合哪些规定？
12. 试述鲜活货物的定义及分类。
13. 按一批托运的整车易腐货物的条件是什么？

第三章　铁路货物运价

第一节　货运核算概述

一、货物运输及货场

货运即货物运输的简称。货物运输是按照托运人(货主)的要求,通过火车、汽车、轮船、飞机和管道等运输工具将货物从甲地运往乙地,发生货物位置的移动,简称为货物位移。

铁路车站货场是铁路办理货物运输的场所,也是货运产品的营销窗口,并以铁路承运人资格代表铁路运输企业参与市场经营,履行铁路运输企业赋予的权利和义务。

铁路车站货场根据货物运量,营业办理限制配置适应的货场用地,铁路装卸作业线路,货物仓库,雨棚,道路,照明和消防设备,营业用办公房屋,货运用具,衡器以及特种用途设备等。

货运生产经营由多工种协同配合来完成,根据货物发到量的大小配备相适应的货运人员,按照国家劳动和社会保障部批准认可的有货运值班员、货运员、货运计划员、货运核算员货运安全员、货运调度员、货运检查员、交接员(国际联运)等工种。各工种职责明确,工种之间协同配合,在货运主任、货运主管站长的领导下,按照货运规章、办法的规定办理货物受理、承运、保管、装卸车、换装和交付等货运作业。货运工作的主要任务是为货主(托、收货人)提供安全、迅速、经济、便利的服务。

二、货运核算

核算是对各种经济现象及其过程进行观察、计量、记录和计算等工作的总称。核算分为会计核算、统计核算和业务核算。在社会主义国家里,这三者构成国民经济范围内统一的核算体系,即国民经济核算体系,用来相互联系,相互补充地反映国民经济计划的执行情况。它是有计划地领导和管理社会主义经济的重要工具。

业务核算是企业、机关、事业单位或其他经济组织等除会计、统计外对其业务活动进行的核算。货运核算是铁路货运营业站在办理货物运输中,按照国家政策、法规并依据铁路货运规章、办法、文电的规定计算、核收货物运输费用;依据《铁路运输收入管理规程》的规定办理货运收入票据的请领、验收、保管、使用、交接、缴销和运输收入进款的核收、保管、存汇、结账、报账等业务连续地进行核算,属于业务核算性质,是运输收入会计核算地基础,货运所使用地收费票据是会计核算记账最原始的依据。

货运核算工作是车站货运工作的重要组成部分,在车站货运主任、货运主管站长的领导下,在货运各工种的协同配合下开展工作。货运业务,尤其是货物运输费用的收费项目、收费标准、计费条件等受货运主管部门集中统一管理,但货物运输费用核收是否正确、完整以及运输收入票据、进款管理又要接受铁路运输收入管理部门的监督检查。

货运核算员的职业定义是国家劳动和社会保障部制定的国家标准中明确规定的，其内容是：从事铁路货物运输费用计算；运输收入票据的请领、验收、保管、使用、交接、缴销；运输收入进款的核收、保管、存汇、结账、报账的人员。

定义的内容可以更加高度地概括为三个方面：一是货物运输费用计算，二是运输收入票据管理，三是运输收入进款管理。在车站货运核算工作中根据业务量大小所配备的货运核算员多少不同，票据管理和进款管理工作有专职的，也有兼职的，但作为货运核算员，必须具备上述三个方面的专业知识，技能要求才是一名合格的货运核算员。

第二节　货物运价的定价权限、管理权限与要求

一、货物运价的定价权限

货物运价是根据《中华人民共和国铁路法》第25条规定的定价权限分别定价的，其内容见表3-1。

表3-1　铁路运输费用定价权限表

	项　　目	定　价　权　限
1	(1)旅客票价　(2)行李运价 (3)包裹运价　(4)货物运价	由国务院铁路主管部门拟定，报国务院批准
2	客货运输杂费的收费项目和收费标准	由国务院铁路主管部门规定
3	(1)特定运营线运价率。 (2)特定货物运价率。 (3)临时运营线运价率	由国务院铁路主管部门商得国务院物价主管部门同意后规定
4	(1)地方铁路旅客票价。 (2)地方铁路货物运价。 (3)地方铁路客货杂货项目、标准	由省、自治区、直辖市人民政府物价主管部门会同国务院铁路主管部门的授权的机构规定
5	(1)兼办公共旅客、货物运输营业的专用铁路的旅客票价率、货物运价率和客货杂费的收费项目、收费标准。 (2)铁路专用线共有的收费项目	由省、自治区、直辖市人民政府物价主管部门规定

二、货物运价的管理权限与要求

1. 货物运价由铁道部运价主管部门集中管理。凡货运营业收费必须严格按铁道部、运输局价格主管部门的有效规章、文电执行。其他业务口的规章、文电、调度命令等，不作为收费依据。

2. 货物运价是通过铁道部颁布的《铁路货物运价规则》所规定的收费项目、核收条件、费率标准、计算方法来贯彻实施的。

3.《铁路货物运价规则》是计算货物运输费用的依据，承运人和托运人、收货人都必须严格遵守。

4. 铁路货物运输费用的收费项目及收费标准，应在车站营业场所公告，未经公告，不得实行。

5. 铁路货物运价属于国家计划价格，政策性强，因此在执行中必须严肃认真，正确计算，维护承运人、托运人和收货人的正当权益。

第三节　货物运价结构

我国现行货物运价结构是根据铁路运输的特点，以普通货物运价为基础，实行货物种别、运输类别和距离别的差别运价制。

1. 按货物种别的差别运价

按货物种别的差别运价是指不同的货物，适用高低不同的运价。实行按货物种别差别运价的依据，在于各种货物的运输价值或运输成本客观上存在差异，同时要按照国家运价政策和运输供求变化的需要，个别货物运价的运输价值或运输成本可以有不同程度的背离。为了贯彻国家"三农"政策，保证粮食生产能满足人民对粮食的需求，稳定粮价，凡是涉农物资运输价格均给予不同程度优惠，特定农业机械为 4 号运价，而非农业用途的机械为 6 号。化学农药、植物生长调节剂为 2 号运价；农用化学肥料的运价也为 2 号运价并免收铁路建设基金。为了支持教育事业发展，各级学校用有统一书号的课本 2 号运价。为了保证人民的基本生活需要的食用盐，食盐为 2 号运价。以上均属运价政策的因素，与运价成本是相背离的。影响各种运输成本差异的主要因素如下。

(1)各种货物的性质、状态不同，需要使用不同类型的车辆装载，如平板车、敞车、棚车、罐车、冷藏车、专用车、长大货物车等。而各种类型车辆的自重、造价、修理费和折旧费不同，车辆的使用程度和空车走行率不同，都对运输成本有不同的影响。

(2)各种货物的比重和包装状态不同，对货车载重力的利用程度不同。重质货物和轻浮货物的包装状态和装载方法的差异，完成同等周转量的轻重不同的货物占用的运输能力和所花费的支出也不同。

(3)由于货物性质和所使用的车辆类型不同，装卸作业的难易程度也就不同，从而导致车辆停留时间长短不一。货流的集中程度对运输成本也有影响。如煤、矿石等大宗货物，发送和到达比较集中，便于组织成组装车和整列直达，可以减少车辆取送、编解和中转作业的时间，有些货物需要符合特殊要求的车辆，有些危险货物需要编组隔离和限速连挂等，这些因素都影响运输成本。

2. 按运输类别及条件

铁路货物运价分为整车、零担、集装箱和特殊条件运价。

(1)整车运价适用于一批按重量、体积或现状需要以一辆货车装载。现行整车运价计费数量分为按吨(重量)计费和按轴计费两种。现行整车货物运价率分为 1 号至 6 号和机械冷藏车运价是按吨计费，7 号运价是按轴计费，1 至 6 号和机械冷藏车运价率由基价 1 和基价 2 两个部分组，7 号运价率只有基价 2。运价率以元为单位，元以下保留四位数。重量以吨为单位，吨以下四舍五入，每项运费、杂费的尾数不足一角按四舍五入处理。

(2)零担货物适用于每批不够整车运输条件，而按零担托运的货物。零担货物运输具有批量小，货物种类繁多，性质复杂，包装规格不一，车辆载重利用率低，作业环节多，工作量大等特点，近几年不断整合压缩零担办理车站，只保留一站整零业务。零担运输成本显著高于整车运输成本，所以零担运价高于整车运价。现行零担货物运价率表分为21、22两个运价号，运价率由基价1和基价2组成，运价率以元为单位，元以下保留4位小数，重量以10 kg为单位，不足10 kg进为10 kg，一批货物的每项运费、杂费不足1角时按四舍五入处理。合理安排整车和零担运价的比价，重点在于解决好轻浮货物的比价，现行采取一是货物体积折合重量择大计费，即每立方米不足500 kg的轻浮货物，按每1 m^3体积折合重量500 kg计算。二是对部分品名的货物按规定重量计费的办法来解决。

(3)集装箱运价适用于使用集装箱运输的货物。集装箱运输是一种现代化的运输方式，其特点是可以“门到门”运输，减少作业环节，提高装卸效率，加速车辆周转，节约包装，减少货物损耗，保证货物安全。其运价水平按保本、保税并有一定利润，低于零担高于整车的原则制定。集装箱运价率表分为1吨箱、20英尺箱、40英尺箱四种，运价率由基价1和基价2两个部分组成，运价率以元为单位，元以下保留4位小数，按箱计费。现行集装箱实行一口价，其实质是将运行费用、专项收费、代收款、发站费用、到站费用分别计算，加总报价和制票，增加透明度，减少制票和托、收货人多处缴费的繁琐手续，但是，一口价中所收费用，铁路内部按规定分别列账和清算。

(4)特殊条件运价是对普通、集装箱运价的补充，适用于快运、超限、限速、部分危险货物运输，自备货车运输，专用集装箱，长大货物车等特定条件的货物，采取按普通运价加成、减成或者另收使用费、回送费来补偿额外的运输支出。

3. 按距离别的差别运价

按距离别的差别运价是指随着运输距离的增长，运价水平逐渐降低，目前采取不管距离长短基价1是相同的，运距长短采取基价2来确定。距离别的差别运价是以运输成本随运输距离而变动的规律性为主要依据，同时考虑到长短途运输工具合理分工，压缩铁路短途运输的份额，充分发挥铁路中长距离运输的优势，提高运输效率和经济效益。

第四节 计算货物运输费用的程序及基本条件

1. 按《货物运价里程表》计算出发站至到站的运价里程。

2. 根据货物运单上填写的货物名称查找“铁路货物运输品名分类代码”、《铁路货物运输品名检查表》，确定适用的运价号。

3. 整车、零担货物按货物适用的运价号，集装箱货物根据箱型、冷藏车货物根据车种分别在“铁路货物运价率表”中查出适用的运价率(即基价1和基价2，以下同)。

4. 货物适用的基价1加基价2与货物的运价里程相乘之积后，再与按《铁路货物运价规则》确定的计费重量(集装箱为箱数)相乘，计算出运费。

5. 杂费按《铁路货物运价规则》的规定计算。

6. 货物运费的计费重量，整车货物以吨位单位，吨以下四舍五入；零担货物以10 kg为单位，不足10 kg进为10 kg；集装箱货物以箱为单位。

7. 运价里程应根据《货物运价里程表》按照发站至到站间国铁正式营业线最短径路(与国家铁路办理直通的合资、地方铁路和铁路局临管线到发的货物也按发、到站间最短径路)计算，但《货物运价里程表》内或铁道部规定有计费经路的，按规定的经路计算。运价里程不包括专用线、货物支线的里程。通过轮渡时，应按规定的轮渡里程加入运价里程内计算。水陆联运的货物，应将换装站至码头线的里程加入运价里程内计算。

下列情况发站在货物运单内注明，运价里程按实际经由计算。

① 因货物性质(如鲜活货物、超限货物等)必须绕路运输时。

② 因自然灾害或其他非铁路责任，托运人要求绕路运输时。

③ 属于五定班列运输的货物，按班列经路运输时。

承运后的货物发生绕路运输时，仍按货物运单内记载的经路计算运输费用。

实行统一运价的营业铁路与特价营业铁路直通运输，运价里程分别计算。

(注：部分临管铁路、合资铁路、地方铁路由于还贷等原因，实行特定运价。如：西康运费、三茂运费、归连运费等。)

8. 押运人乘车费由发站按国铁的运价里程(含办理直通的铁路局临管线和工程临管线)计算，通过合资、地方铁路的将其通过的合资、地方铁路运价里程合并计入，在合资、地方铁路到发的计算到合资、地方铁路的分界站。

D型长大货物车使用费、铁路集装箱使用费、货车篷布使用费按发站至到站的运价里程(含与国铁办理直通运输的合资、地方铁路的运价里程)计算核收。

9. 货物运费按照承运货物当日实行的运价率计算。杂费按照发生当日实行的费率核收。

一批或一项货物，运价率适用两种以上减成率计算运费时，只适用其中较大的一种减成率；适用两种以上加成率时，应将不同的加成率相加之和作为适用的加成率；同时适用加成率和减成率时，应以加成率和减成率相抵后的差额作为适用的加(减)成率。

每项运费、杂费的尾数不足1角时按四舍五入处理。

各项杂费凡不满一个计算单位，均按一个计算单位计算(另定者除外)。

零担货物的起码运费每批2.00元。

第五节　铁路货物运输品名分类与代码表、品名检查表的编制说明及使用说明

一、编制说明

1. 编制原则

(1)以GB 7635—1987国家标准《全国工农业产品(商品、物资)分类与代码》为基础标准，参照国家统计局颁布的《货物运输量分类目录》，遵循国家分类标准的基本原则，结合铁路运输生产经营的特点和行业管理的需要。

(2)以货物的自然属性、生产特征为主要分类标志，个别按用途归类。同时考虑货物的国民经济意义、运量大小、运送条件和运价的要求。

(3)适当照顾当前管理水平，兼顾历史资料的衔接与可比性以及运价现状和改革的需求，并留有扩展余地。

(4)与国家标准和相关标准兼容。

2. 结构与编码

“铁路货物运输品名分类与代码表”(以下简称分类与代码表)横向结构由代码、货物品类、运价号和说明四部分组成。

《铁路货物运输品名检查表》横向结构由代码、拼音码、品名、整车运价号、零担运价号五部分组成。

货物品类分大类、中类、小类和细目四个层次。大类、中类为运价、运输统计、计划、财务等使用的统一的货物品类名称。小类是判定运价号、建设基金号和保价费率号的依据。细目即品名,由部统一颁发,并以《铁路货物运输品名检查表》形式对外公布。其中大、中、小类在分类与代码表中列示,细目在《铁路货物运输品名检查表》中列示。

代码采用 7 位数字码,相应分四个层次,由高位到低位,第一、二两位为大类码,第三位为中类码,第四位为小类码,第五、六、七位为品名码。分类与代码表中只列示前四位。

在第一、二、三层次一般都设有收容类目,大类收容类目为“其他货物”用代码 99 表示,中、小类的收入类目“其他××”用末位为 9 的代码表示。

如果下一层次的类目不再细分时,在其代码后面补 0。

各层次均留有适当空码,以备补充、调整。

同一小类内品名按品名的汉语拼音字头顺序编码。

“说明”栏是对各该类品类的内容、特征、相互交叉事项和计费规定的必要提示和解释。

3. 货物名称与拼音码

(1)列入检查表的货物名称即细目,也称品名,采用通用、标准名称,包括具体名称和概括名称,除明定者外,一般不分形态、品种、商标、产地、规格、型号、用途、新与旧、完好与废次、天然与人造。一种货物有多种名称时,一般只列一个;使用广泛的货物别名、俗名或地方名称,在《铁路货物运输品名检查表》中也列出。概括名称可分为自然属性的概括名称、用途的概括名称、制材和加工工艺的概括名称。一种货物只适用一种概括名称。

动植物及其制品的形态或加工工艺属性的识别用语,作以下规定。

① 蔬菜类:鲜蔬菜除个别以外,均不加注“鲜”字样,如茄子;干蔬菜均加“干”字样,如茄干。

② 豆类:既作粮食又可作菜用的豆类,在品名之前或后加“鲜”字样者,列属鲜蔬菜,如鲜黄豆、蚕豆(鲜);不加“鲜”字样者列属粮食,如黄豆、蚕豆。

③ 瓜果类:鲜瓜果除个别外,均不加注“鲜”字样,如荔枝、哈密瓜;干果一般均加“干”字样,如荔枝干、哈密瓜干。

④ 子实、子仁、瓜子类:生子实、生子仁、生瓜子在品名后加注“生”字样,如栗子(生)、花生仁(生)、瓜子(生)、松子(生);其加工品则在品名前或后加注工艺特征,如炒花生、五香瓜子、松子(熟)。

⑤ 鱼、肉、蛋类:鲜冻的均加“鲜”或“冻”字样,如冻鱼、冻肉、鲜蛋;其加工品则加注工艺特征,如干鱼、腊肉、咸蛋。

⑥ 动物类:不加“死”、“鲜”、“冻”字样的均指活动物。

(2)拼音码最多只取到前 5 位(包括阿拉伯数字和英文字母)。拼音码一般由品名每字汉语拼音的首音组成。有的品名带有括号说明,其拼音码包括括号内首字汉语拼音首音或第一位阿拉伯数字，如氨水（化肥）的拼音码为 ASH，机动车（3～4 m）的拼音码为 JDC3，（异）丁烷的拼音码为 YDW。有的品名带阿拉伯数字，其拼音码包括阿拉伯数字，如：1·3·5—三硝基苯的拼音码为 135SX，氟利昂·11 的拼音码为 FLA1。有的品名带英文字母，其拼音码包括英文字母，如：X 射线探伤器的拼音码为 XSXTS，F—12 气体的拼音码为 F12QT。

二、使用说明

分类与代码表是全国营业铁路货物运输、运输计划、运营管理信息系统、运输统计、运输收入、成本核算，以及其他与货运有关的业务中统一使用的分类与代码。"铁路货物运输品名分类与代码表"和《铁路货物运输品名检查表》作为《铁路货物运价规则》的附件，是判定货物品类代码、计算货物运输费用的依据之一。

1. 货物品类代码和运价号的判定

（1）先查《铁路货物运输品名检查表》。使用该表时首先从品名首字汉语拼音索引表或品名首字笔画索引表中，查出该品名在检查表中的页数，再根据检查表查出该品名的拼音码、代码和运价号。

（2）《铁路货物运输品名检查表》中有具体名称时，按具体名称判定代码和运价号。不属该具体名称的不能比照。但由于货物的别名、俗名、地方名称等不同，而实际属于该具体名称的，仍应按该具体名称适用类别和运价号。

（3）《铁路货物运输品名检查表》中无该具体名称时，则按"铁路货物运输品名分类与代码表"中概括名称判定类别和运价号。必须遵守以下规定。

① 适用制材或加工工艺概括名称的，除明定者外，均不分用途。如货物具有两种以上制材时，则按其主要制材判定类别和运价号。

② 适用用途概括名称时，除明定者外，均不分制材。如货物具有多种用途时，按托运人在运单上说明的用途和铁路有关规定，判定类别和运价号。

③ 适用自然属性概括名称的，除明定者外，均不分用途、制材、形态、品种。

（4）半成品除明定者外，均按制成品适用类别和运价号。

（5）在"铁路货物运输品名分类与代码表"和《铁路货物运输品名检查表》中既无该货物的具体名称，又无概括名称时，按小类—中类—大类的顺序逐层次判定其归属的收容类目。各类均不能归属的货物，则列入总收容类目—9990 未列名的其他货物。对于《铁路货物运输品名检查表》未列的品名，当确定了该品名归属的品类后，在品名代码栏填记该小类的收容品名（末 3 位为 999），在货物名称栏填记货物实际品名，对于这些品名字典中未列的品名，铁路局须将其货物名称、制作过程、用途、形态、价格、批量、运量及其他有关参考资料报铁道部，由铁道部定期整理，统一核定和补充品名字典。

2. 运单和货票的填写

（1）运单、货票和货物运输订单上的货物名称，应使用"铁路货物运输品名分类与代码表"和《铁路货物运输品名检查表》上规定的名称。如无该具体名称时，应用括弧在该具体名称后加注注明相应的概括名称，如扑尔敏（西药）。

（2）不论整车、零担或集装箱运输，同一货物一律使用同一品名代码。

（3）国际联运运单中代码填入第 60 栏（类项号码栏）。

第六节 整车货物、零担货物和集装箱货物的运费

一、整车货物运费

1. 整车货物除下列情况外，均按货车标记载重量（简称标重，以下同。标重尾数不足 1 t 时四舍五入）计费。货物重量超过标重时，按货物重量计费。

（1）使用矿石车、平车、砂石车，经铁路局批准装运“铁路货物运输品名分类与代码表”“01”、“0310”、“04”、“06”、“081”和“14”类货物按 40 t 计费，超过时按货物重量计费。

（2）表 3-2 所列货车装运货物时，计费重量按表中规定计算，货物重量超过规定计费重量的，按货物重量计费。

（3）使用自备冷板冷藏车装运货物时按 50 t 计费；使用自备机械冷藏车装运货物时按 60 t 计费；使用标重不足 30 t 的家畜车，计费重量按 30 t 计算；使用标重低于 50 t、车辆换长小于 1.5 的自备罐车装运货物时按 50 t 计费（表 3-2 中明定的车种车型按第 2 项办理）。

（4）始发、中途均不加冰运输的加冰冷藏车和代替其他货车装运非易腐货物的铁路冷藏车，均按冷藏车标重计费。

（5）车辆换长超过 1.5 的货车（D 型长大货物车除外）本条未明定计费重量的，按其超过部分以每米（不足 1 m 的部分不计）折合 5 t 与 60 t 相加之和计费。

（6）米、准轨间换装运输的货物，均按发站的原计费重量计费。

整车货物规定计费重量见表 3-2。

表 3-2 整车货物规定计费重量表

车种车型	计费重量（t）	车种车型	计费重量（t）
B_6 B_{6N} B_{6A} B_7 （加冰冷藏车）	38	B_{22} B_{23} （机械冷藏车）	48
BSY （冷板冷藏车）	40	B_{15E} （冷藏车改造车）	56
B_{18} （机械冷藏车）	32	SQ_1 （小汽车专用平车）	80
B_{19} （机械冷藏车）	38	QD_3 （凹底平车）	70
B_{20} B_{21} （机械冷藏车）	42	GY_{95S} GY_{95} GH_{40} GY_{40} $GH_{95/22}$ $GY_{95/22}$ （石油液化气罐车）	65
B_{10} （机械冷藏车）	44	GY_{100S} GY_{100} $GY_{100\text{-}I}$ $GY_{100\text{-}II}$ （石油液化气罐车）	70

2. 货车增载。

（1）货车增载规定：

① 承运人和托运人装载货物时，都应不断改进装载方法，充分利用货车的载重力或容积，但不得超过货车容许载重量。由于货物包装、防护物重量影响货物净重，或机械装载不易计算件数的货物装车后减吨确有困难时，可以多装，多装部分不得超过货车标记载重量的 2%。

② 使用 60 t 平车装运军运特殊货物，允许增载 10%。

③ 国际联运的中、朝、越铁路货车，以标记载重量加5%为货车容许载重量。

(2)以下车种车型不允许增载。

① 企业自备车中标记载重60 t及其以上敞车外的其他车种车型。

② P_{13}、P_{60}、P_{61}、P_{62}(含P_{62K}、P_{62T})、P_{70}等型棚车。

③ N_6、N_{15}、N_{16}、N_{17}(含N_{17A}、N_{17K}、N_{17AK}、N_{17AT}、N_{17G}、N_{17GK}、N_{17GT}、N_{17T})、N_{60}等型平车。

④ 罐车(G)、矿石车(K)、家畜车(J)、水泥车(U)、粮食车(L)、保温车(B)、集装箱车(X)、共用车(NX)、毒品车(W)、长大货物车(D)以及长钢轨运输车(T)。

⑤ 涂打有禁增标记的货车。

(3)危险货物按照《铁路危险货物运输管理规则》的规定办理，严禁增载。

(4)在允许增载规定范围内的货物重量超过标记载重量的，按货物实际重量计费。

(5)未经铁道部批准，任何单位不得擅自扩大增载范围。

增载货车车型、适装货物品类及允许增载重量见表3-3。

表3-3 增载货车车型、适装货物品类及允许增载重量表

序号	增载货车车型	适于增载货物品类	最大允许增载
1	C_{61}(含C_{61T}、C_{61K})、C_{62B}(含C_{62BK}、C_{62BT})、C_{63}(含C_{63A})、C_{64}(含C_{64A}、C_{64H}、C_{64K}、C_{64T})型敞车	《铁路货物运价规则》附件一中01类煤，03类焦炭，04类金属矿石中0410铁矿石、0490其他金属矿石，05类0510生铁，06类非金属矿石中0610硫铁矿、0620石灰石、0630铝矾土、0640石膏，07类磷矿石，08类矿物性建筑材料中0811中泥土、0812砂、0813石料、0898灰渣等中的散堆装货物	3 t
2	C_{61}(含C_{61T}、C_{61K})、C_{62B}(含C_{62BK}、C_{62BT})、C_{64}(含C_{64A}、C_{64H}、C_{64K}、C_{64T})型敞车	除序号1所述品类外的其他适合敞车装运的货物	2 t
3	C_{62A}、(含C_{62AK}、C_{62AT})型敞车	适合敞车装运的货物	2 t
4	C_{16}(含C_{16A})、C_{5D}、C_{61Y}(C_{61YK})、C_{62}(含C_{62M})、C_{65}、CF型敞车； 企业自备车中标记载重60 t及其以上的敞车	《铁路货物运价规则》附件一中01类煤	2 t
5	P_{62N}(含P_{62NK}、P_{62NT})、P_{63}(含P_{63K})、P_{64}(含P_{64A}、P_{64AK}、P_{64AT}、P_{64GH}、P_{64GK}、P_{64GT}、P_{64K}、P_{64T})、P_{65}(含P_{65S})型棚车	适合棚车装运的货物	1 t(行包专列中P_{65}的装载重量按有关规定执行)

3. 承运人提供的D型长大货物车的车辆标重大于托运人要求的货车吨位时，经中铁特货运输公司批准可根据实际使用车辆的标重减少计费重量，但减吨量最多不得超过60 t。

4. 按一批办理的整车货物，运价率不同时，按其中高的运价率计费。

5. 运输超限货物，发站应将超限货物的等级在货物运单内注明，按下列规定计费：

(1)一级超限货物：按运价率加50%。

(2)二级超限货物：按运价率加100%。

(3)超级超限货物：按运价率加150%。

对安装超限货物检查架的车辆，不另收运费。

6. 需要限速运行(不包括仅通过桥梁、隧道、出入站线限速运行)的货物，按运价率加150%计费。

需要限速运行的超限货物，只核收本条规定的加成运费，不另核收超限货物加成运费。

[注：根据铁运函[2003]131号《关于货物经实行特殊运价分段计费线路运输收费事项的通知》：超限货物通过运输时，铁道部规定有该特价线路超限货物通过运价的，按铁道部规定的运价率计费；铁道部未规定有该特价线路超限货物通过运价时，实行统一运价的，按《铁路货物运价规则》的规定计费，实行吨公里运价的，按普通整车货物的运价率计费。需要限速运行(不包括仅通过桥梁、隧道、出入站线限速运行)的货物，通过运输时按通过该特价线路的运价率，比照《铁路货物运价规则》的有关规定计费。军事运输(后付)货物通过运输时，该特价线路无军事运输(后付)货物运价率专门规定时，按通过该特价线路的普通货物运价率计费。各种专用集装箱(含进出口国际箱)通过运输时，按通用箱通过该特价线路的运价率计费]。

7. 运输危险货物，根据危险货物的性质、等级按下列规定计费：

(1)一级毒性物质(剧毒品)按运价率加100%。

(2)爆炸品、易燃气体、非易燃无毒气体、毒性气体，一级易燃液体(代码表02石油类除外)、一级易燃固体、一级自燃物品、一级遇水易燃物品、一级氧化性物质、有机过氧化物、二级毒性物质(有毒品)、感染性物质、放射性物质按运价率加50%。

8. 超长、超限货物使用游车时，游车运费按主车货物的运价率和游车标重计费。利用游车装运货物，所装货物运价率高于主车货物运价率时，按所装货物的运价率核收游车运费。

运输超限货物或需要限速运行的货物使用游车时，游车运费不加成。

两批货物共同使用游车时，游车运费各按主车货物的运价率及游车标重的1/2计费。

D型长大货物车运输货物需用隔离车时，隔离车不另核收运费。隔离车加装货物时，按所加装货物适用的运价率核收运费。

自轮运转的轨道机械，以自备货车或租用铁路货车作游车时，按整车7号运价率核收游车运费；以铁路货车作游车时，按整车6号运价率和游车标重核收游车运费。

9. 站界内搬运的货物，按实际运输里程(不足1 km的尾数进整为1 km)和该货物适用的运价率计算运费，不另收取送车费。

10. 途中装卸货物，不论托运人、收货人要求在途中装卸地点的前方或后方货运站办理托运或领取手续，途中装车按后方货运站计算运价里程；途中卸车按前方货运站计算运价里程，不另收取送车费。

11. 整车分卸的货物，按照发站至最终到站的运价里程计算全车运费和押运人乘车费；途中每分卸一次，另行核收分卸作业费80元(不包括卸车费)。

12. 随剧毒品重车一起挂运，供押运人乘坐的空棚车按7号运价率加100%核收运费，押运人乘车费按规定另收。

二、零担货物和集装箱货物运费

1. 零担货物按货物重量或货物体积折合重量择大计费，即每立方米重量不足500 kg的轻浮货物，按每1 m^3 体积折合重量500 kg计算，但下列货物除外：

(1)《铁路货物运价规则》有规定计费重量的货物(指裸装货物)按规定计费重量计费。

(2)"铁路货物运输品名分类与代码表"列"童车"、"室内健身车"、"209其他鲜活货物"、"9914搬家货物、行李"、"9960特定集装化运输用具"等裸装运输时按货物重量计费。

零担货物规定计费重量见表3-4。

表 3-4　零担货物规定计费重量表

顺　号	货　物　名　称	计费单位	规定计费重量(kg)
1	组成的摩托车： 双轮； 三轮(包括正、侧带斗的，不包括三轮汽车)	 每辆 每辆	 750 1 500
2	组成的机动车辆、拖斗车(单轴的拖斗车除外)： 车身长度不满 3 m； 车身长度 3 m 以上，不满 5 m； 车身长度 5 m 以上，不满 7 m； 车身长度 7 m 以上	 每辆 每辆 每辆 每辆	 4 500 15 000 20 000 25 000
3	组成的自行车	每辆	100
4	轮椅，折叠式疗养车	每(辆)件	60
5	牛、马、骡、驴、骆驼	每头	500
6	未装容器的猪、羊、狗	每头	100
7	灵柩、尸体	每具(个)	1 000

2. 集装箱货物的运费按照使用的箱数和“铁路货物运价率表”中规定的集装箱运价率计算。

罐式集装箱、其他铁路专用集装箱按“铁路货物运价率表”中规定的运价率分别加 30%、20%计算；标记总重量为 30.480 t 的通用 20 英尺集装箱的按“铁路货物运价率表”中规定的运价率加 20%计算，按规定对集装箱总重限制在 24 t 以下的除外。

装运一级毒性物质(剧毒品)的集装箱按“铁路货物运价率表”中规定的运价率加 100%计算；装运爆炸品、压缩气体和液化气体，一级易燃液体(代码表 02 石油类除外)、一级易燃固体、一级自燃物品、一级遇湿易燃物品、一级氧化剂和过氧化物、二级毒害品、感染性物品、放射性物品的集装箱，按“铁路货物运价率表”中规定的运价率加 50%计算。

装运危险货物的集装箱按上述两款规定适用两种加成率时，只适用其中较大的一种加成率。

自备集装箱空箱运价率按“铁路货物运价率表”规定重箱运价率的 40%计算。

承运人利用自备集装箱回空捎运货物，按集装箱重箱适用的运价率计费，在货物运单铁路记载事项栏内注明，免收回空运费。

3. 运价率不同的货物在一个包装内或按总重量托运时，按该批或该项货物中高的运价率计费。在货物运单内分项填记重量的货物，应分项计费，但运价率相同时，应合并计算。

第七节　托运人自备或租用铁路机车车辆运输货物的运费、货物快运费、冷藏车运费，自备货车装备物品及集装用具的回送费

一、托运人自备或租用铁路机车车辆运输货物的运费

1. 托运人自备货车或租用铁路货车(不论空重)用自备机车或租用铁路机车牵引时，按照全部列车(包括机车、守车)的轴数与整车 7 号运价率计费。

托运人自备货车或租用铁路货车装运货物用铁路机车牵引，或铁路货车装运货物用该托运人机车牵引运输时，按所装货物运价率减20%计费。

托运人的自备货车或租用的铁路货车空车挂运时，按7号运价率计费。

承运人利用自备车回空捎运货物，按所装货物适用运价率计费，在货物运单铁路记载事项栏内注明，免收回空费。

2. 自备或租用铁路的客车、餐车、行李车、邮政车、专用工作车挂运于货物列车时，空车按7号运价率加100%计费；装运货物时按其适用的运价率加100%和标重计费。但换长1.5以下的专用工作车不装货物时不加成。

随车人员按押运人乘车费收费。

二、货物快运费、冷藏车运费

1. 货物快运费，按"铁路货物运价率表"规定的该批货物适用运价率的30%计算核收。

2. 使用铁路机械冷藏车运输的货物按"铁路货物运价率表"中规定的冷藏车运价率计费。

使用铁路机械冷藏车运输，要求途中保持温度－12 ℃（不含）以下的货物，按机械冷藏车运价率加20%计费。

途中不需要加温（或托运人自行加温）或制冷的机械冷藏车按机械冷藏车运价率减20%计费。

自备冷藏车、隔热车（即无冷源车）和代替其他货车装运非易腐货物的铁路冷藏车，均按所装货物适用的运价率计费。

三、自备货车装备物品及集装用具的回送费

1. 托运人自备的货车装备物品（禽畜架、篷布支架、饲养用具、防寒棉被、粮谷挡板）、支柱等加固材料和运输长大货物用的货物转向架、活动式滑枕或滑台、货物支架、座架及车钩缓冲停止器，凭收货人提出的特价运输证明书回送时，不核收运费。

2. 托运人自备的可折叠（拆解）的专用集装箱、集装笼、托盘、网络、货车篷布，装运卷钢、带钢、钢丝绳的座架、玻璃集装架和爆炸品保险箱及货车围挡用具，凭收货人提出的特价运输证明书回送时，整车按2号、零担按22号运价率计费。

铁路货物运价率见表3-5。

表3-5　铁路货物运价率表

办理类别	运价号	基价1		基价2	
		单位	标准	单位	标准
整车	1	元/t	6.40	元/吨公里	0.0370
	2	元/t	7.00	元/吨公里	0.0444
	3	元/t	8.70	元/吨公里	0.0498
	4	元/t	10.80	元/吨公里	0.0553
	5	元/t	11.70	元/吨公里	0.0630
	6	元/t	17.10	元/吨公里	0.0869
	7			元/轴公里	0.2876
	机械冷藏车	元/t	12.90	元/吨公里	0.0875

续上表

办理类别	运价号	基价 1		基价 2	
		单位	标准	单位	标准
零担	21	元/10 kg	0.126	元/10 千克公里	0.000 62
	22	元/10 kg	0.176	元/10 千克公里	0.000 90
集装箱	1 吨箱	元/箱	10.80	元/箱公里	0.0426
	20 英尺箱	元/箱	259.00	元/箱公里	1.2080
	40 英尺箱	元/箱	438.60	元/箱公里	1.8904

运费计算办法：

整车货物每吨运价＝基价 1＋基价 2×运价公里

零担货物每 10 kg 运价＝基价 1＋基价 2×运价公里

集装箱货物每箱运价＝基价 1＋基价 2×运价公里

第八节　货运营运杂费

1. 铁路货物运输营运中的杂费按实际发生的项目和表 3-6“铁路货运营运杂费费率表”的规定核收。

2. 在温季和热季(按装车时外温确定)使用机械冷藏车装运需要途中制冷运输的未冷却的瓜果、蔬菜,按货物重量核收冷却费。

3. 使用铁路 D 型长大货物车装运货物时,除核收运费外,并核收下列费用。

(1)按确定的计费重量、运价里程,核收 D 型长大货物车使用费。

(2)按货车轴数,核收 D 型长大货物车回送费,托运人取消托运时,仍核收此项费用。

4. 用铁路机车往专用线、货物支线(包括站外出岔)或专用铁路的站外交接地点调送车辆时,核收取送车费。计算取送车费的里程,应自车站中心线起算,到交接地点或专用线最长线路终端止,里程往返合计(不足 1 km 的尾数进整为 1 km),取车不另收费。

专用铁路企业与接轨站签订的货车交接地点在铁路车站内的,并由铁路机车往协议签订的交接地点调送车辆时,不核收取送车费。

向专用线取送车,由于货物性质特殊或设备条件等原因,托运人、收货人要求加挂隔离车时,隔离车按需要使用的车数核收取送车费。

托运人或收货人使用铁路机车进行取送车辆以外的其他作业时,另核收机车作业费。

5. 派有押运人押运的货物,核收押运人乘车费。

中途站发现需要补收运杂费时(指超过票据记载的内容),可编制普通记录通知到站处理,中途站不得向押运人补收运杂费。但对无票爬乘货车的人(或货物),发现站仍应按章补收有关费用。

6. 使用铁路货车篷布苫盖货车时,向托运人核收货车篷布使用费。

7. 使用铁路集装箱装运货物,向托运人核收集装箱使用费。使用铁路集装箱装运危险货物时,集装箱使用费加 20%核收。

8. 整车、零担、集装箱货物装卸费以及准、米轨间整车货物直通运输换装费，按《铁路货物装卸作业计费办法》的规定计费。

整车、零担货物和不按一口价办理的集装箱，装费由发站向托运人核收，卸费由到站向收货人核收，按一口价办理的集装箱货物，发站和到站的装卸费均由发站向托运人一次核收；准、米轨间整车货物直通运输的换装费，从米轨发运的由发站向托运人核收，从准轨发运的由到站向收货人核收。

9. 货物保价费，按货物保价金额和规定的费率计算。

铁路货运营运杂费费率见表 3-6。

表 3-6　铁路货运营运杂费费率表

<table>
<tr><th>顺号</th><th colspan="3">项　　目</th><th>单　位</th><th>费　率</th></tr>
<tr><td rowspan="7">1</td><td rowspan="7">表格材料费</td><td rowspan="2">运单</td><td>普通货物</td><td>元/张</td><td>0.10</td></tr>
<tr><td>国际联运货物</td><td>元/张</td><td>0.20</td></tr>
<tr><td rowspan="2">货签</td><td>纸制</td><td>元/个</td><td>0.10</td></tr>
<tr><td>其他材料制</td><td>元/个</td><td>0.20</td></tr>
<tr><td colspan="2">危险货物包装标志</td><td>元/个</td><td>0.20</td></tr>
<tr><td colspan="2">物品清单</td><td>元/张</td><td>0.10</td></tr>
<tr><td colspan="2">施封锁材料费(承运人装车、箱的除外)</td><td>元/个</td><td>1.50</td></tr>
<tr><td>2</td><td colspan="3">冷却费</td><td>元/t</td><td>40.00</td></tr>
<tr><td rowspan="7">3</td><td rowspan="7">D 型长大货物车使用费</td><td rowspan="3">标重不足 180 t</td><td>不超重</td><td>元/吨公里</td><td>0.25</td></tr>
<tr><td>一级超重</td><td>元/吨公里</td><td>0.30</td></tr>
<tr><td>二级超重</td><td>元/吨公里</td><td>0.35</td></tr>
<tr><td rowspan="4">标重 180 t 以上</td><td>不超重</td><td>元/吨公里</td><td>0.30</td></tr>
<tr><td>一级超重</td><td>元/吨公里</td><td>0.35</td></tr>
<tr><td>二级超重</td><td>元/吨公里</td><td>0.40</td></tr>
<tr><td>超级超重</td><td>元/吨公里</td><td>0.60</td></tr>
<tr><td>4</td><td colspan="3">D 型长大货物车空车回送费</td><td>元/辆</td><td>400.00</td></tr>
<tr><td rowspan="3">5</td><td colspan="3">取送车费</td><td>元/车公里</td><td>9.00</td></tr>
<tr><td colspan="2" rowspan="2">取送车费</td><td>20 英尺箱</td><td>元/箱公里</td><td>4.50</td></tr>
<tr><td>40 英尺箱</td><td>元/箱公里</td><td>9.00</td></tr>
<tr><td>6</td><td colspan="3">机车作业费</td><td>元/半小时</td><td>90.00</td></tr>
<tr><td>7</td><td colspan="3">押运人乘车费</td><td>元/人百公里</td><td>3.00</td></tr>
<tr><td rowspan="4">8</td><td rowspan="4">货车篷布使用费</td><td rowspan="2">普通篷布</td><td>500 km 以内</td><td>元/张</td><td>60.00</td></tr>
<tr><td>501 km 以上</td><td>元/张</td><td>84.00</td></tr>
<tr><td rowspan="2">D 型篷布</td><td>500 km 以内</td><td>元/张</td><td>120.00</td></tr>
<tr><td>501 km 以上</td><td>元/张</td><td>168.00</td></tr>
</table>

续上表

顺号	项目			单位	费率
9	集装箱使用费	1吨箱	500 km 以内	元/箱	6.50
			501～2 000 km 每增加 100 km 加收	元/箱	0.52
			2 001～3 000 km 每增加 100 km 加收	元/箱	0.26
			3 001 km 以上计收	元/箱	16.90
		20 英尺箱	500 km 以内	元/箱	130.00
			501～2 000 km 每增加 100 km 加收	元/箱	13.00
			2001～3 000 km 每增加 100 km 加收	元/箱	6.50
			3001 km 以上计收	元/箱	390.00
		40 英尺箱	500 km 以内	元/箱	260.00
			501～2 000 km 每增加 100 km 加收	元/箱	26.00
			2 001～3 000 km 每增加 100 km 加收	元/箱	13.00
			3 001 km 以上计收	元/箱	780.00
		铁路拼箱(一箱多批)		元/10 千克	0.20
10	货物装卸作业费	按铁道部《铁路货物装卸作业计费办法》的规定核收			
11	货物保价费	按铁道部《关于修订货物保价费率的通知》的规定核收			

第九节　延期使用运输设备、违约及委托服务费用

1. 延期使用铁路运输设备或违约以及委托铁路提供服务发生的杂费，按实际发生的项目和表 3-7“延期使用运输设备、违约及委托服务杂费费率表”的规定核收。

零担货物暂存费按计费重量计算。

2. 由托运人确定重量的货物，经承运人复查重量超过时，核收货物过秤费。

3. 货物暂存费在应收该费时间段的前三日，按规定的费率计费，自第四日起，允许铁路局根据各地的不同情况适当浮动，上浮幅度最大不得超过规定费率的 300%，下浮幅度最大不得超过规定费率的 50%并报铁道部备案。

危险货物和易燃货物的暂存费率按普通货物的费率加 100%计算。

《铁路集装箱运输规则》第 25 条：发送的集装箱应于承运人指定的进站日期当日进站完毕。到达的集装箱，应于承运人发出催领通知的次日起算，2 日内领取集装箱，并于领取的当日内将箱内货物掏完或将集装箱搬出。集装箱货物(含空自备箱)在车站存放超过上述免费暂存期限，应按规定核收货物暂存费。

4. 在专用线(含铁路的段管线、厂管线)、专用铁路内装卸及其他按规定由托运人、收货人自行装卸的铁路货车(D 型长大货物车除外)，按《铁路货车使用费核收暂行办法》的规定核收货车使用费。

5. 由托运人、收货人自行装卸的 D 型长大货物车，自调到装卸地点(或交接地点)之日起的第四日起，到装卸完了(或交接地点交接完毕)之日止，按日(不足一日按一日)核收 D 型长大货物车延期使用费。

6. 使用铁路货车篷布超过规定使用期限的，核收货车篷布延期使用费。

使用铁路集装箱超过规定期限的，核收集装箱延期使用费。

托运人或收货人使用铁路箱超过下列期限，自超过之日起核收集装箱延期使用费。

(1)站内装箱时，应于承运人指定的进货日期当日装完。站内掏箱时，应于领取的当日掏完。

(2)到达的集装箱应于承运人发出催领通知的次日起算，2 日内领取集装箱。

(3)集装箱门到门运输重去空回或空去重回时，应于领取的次日送回；重去重回时应于领取的 3 日内送回。(《铁路集装箱运输规则》26 条)

7. 冷藏车送到装车站后，托运人取消托运，应核收空车回送费。已经预冷的机械冷藏车，还应核收一日的制冷费。

由于托运人(收货人)的责任，机械冷藏车超过规定的装(卸)车时间，在此期间需要制冷时，除核收货车使用费外，还应按日(不足 12 h 按半日)核收制冷费。

《铁路鲜活货物运输规则》32 条："单节机械冷藏车每辆装(卸)车作业时间不得超过 3 h。货物车为 4 辆的机械冷藏车组，每组装(卸)车作业时间不得超过 6 h，每车的装(卸)车作业时间不得超过 3 h。装(卸)车期间需要制冷的，要在'机械冷藏车作业单'中注明起止时间，车站按规定核收有关费用。"

8. 托运人要求变更到站、变更收货人或发送前取消托运，由受理变更站核收货物运输变更手续费。

发送前取消托运，发站退还全部运费(含电气化附加费、京九分流运费和铁路建设基金等)和按里程计算的杂费，如货物运费低于变更手续费时，免收变更手续费，但不退还运费。

货物发送后，托运人或收货人要求变更到站时，运费与押运人乘车费应按发站至处理站，处理站至新到站分别计算，由新到站向收货人清算，处理站应将变更事项记入货票内。

【例 3-1】

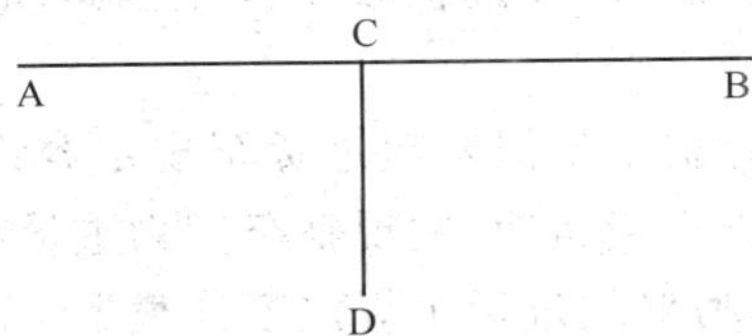

A—B 站货物，托运人在 C 站办理变更到 D 站卸车，C 站受理变更。收取变更手续费，在货票记事栏内记明变更依据，更改运输票据、标记等有关事项，并加盖车站日期戳或带有站名的名章。同时拍发电报告知新到站、铁路局收入主管部门和发站。D 站应清算：计算(AC 运费＋DC 运费)－(AB 运费)以及按照里程计算的费用。登记《到达货物登记簿》(财收—40)，将货票原件寄收入主管部门，做抄件留存。

由于处理变更所发生的杂费，应按实际发生分别核收。

例如：已发生的取送车费、特种车使用费、货车延期占用费、暂存费等。另外《铁路货物保价运输办法》规定：保价货物变更到站后，保价运输继续有效。承运后发送前取消托运时，货物保价费应全部退还托运人。货物发送前如发生损失并按有关规定处理时，货物保价费不退还托运人。

对已承运的货物，因自然灾害发生运输阻碍变更到站时，免收变更手续费，运费按发站至处理站与处理站至新到站的实际经由里程合并通算。

【例 3-1】中，补收 ACD 运费与 AB 运费之差，与普通变更相比，计算运费上，自然灾害核收的运费少一个基价 1 计算的运费。

【例 3-2】

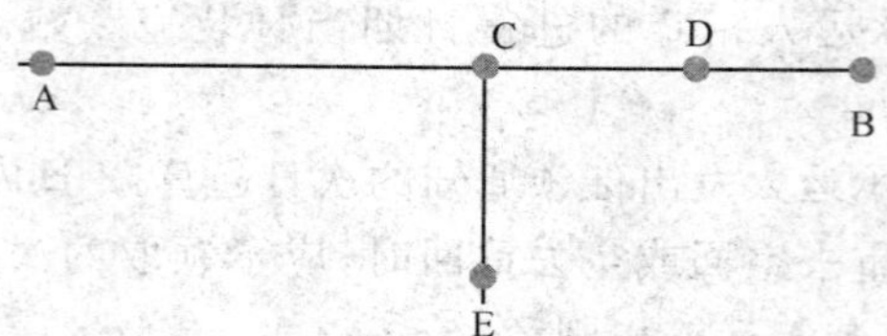

如至新到站经由发站至处理站的原经路时，计算时应扣除原经路的回程里程。杂费按实际发生核收。

自然灾害：

A—B 站货物，托运人在 D 站办理变更到 E 站卸车。

E 站清算费用＝(AD＋DCE－CD)运费－AB 运费。

非自然灾害：

E 站清算费用＝(AD＋DCE)运费－AB 运费

分流卸车变更：

指卸车能力有限，发生重车积压，在调度批准下，按调度命令变更到其他车站卸车的变更。

铁路责任分流卸车，凭局货调命令，货运负责人以上负责人签字不核收变更费。

有关票据收货人与实际收货人不符的问题。明显不同的，有发站电报的，按变更办理；发站没有电报的，实际收货人应提出变更申请按变更办理；可判断由制票错误引起的，有发站电报的，按电报中确定收货人，凭有效证明文件交付，不核收变更手续费。

9. 承运后发现托运人匿报、错报货物品名填写运单，致使货物运费减收或危险货物匿报、错报货物品名按一般货物运输时，按批核收全程正当运费二倍的违约金，不另补收运费差额。

承运后发现整车货物超过计费重量但未超过货车规定容许载重量时，到站对超过部分按该批货物适用的运价率补收全程正当运费；发现整车货物重量超过货车规定的容许载重量时，除补收全程正当运费的差额外，另对超过货车规定容许载重量的部分，核收其运费额五倍的违约金。专用线的自装整零货车少报货物重量时，除补收全程正当运费的差额外，另核收该差额五倍的违约金。

到站发现零担货物的实际重量超过发站确定的计费重量时，对超过部分应按该批货物适用的运价率补收全程正当运费的差额。

集装箱货物超过集装箱标记总重量时，对其超过部分：1 吨箱每 10 kg；20 英尺箱、40 英尺箱每 100 kg 均按该箱型运价率的 5%核收违约金。

10. 运杂费迟交金，从应收该项运杂费之次日起至付款日止，每迟延一日，按运杂费(包括垫付款)迟交总额的 3‰核收。

11. 整车货物托运人在货场内自装或收货人自带装卸人员提货，未及时将货位清扫干净的，向托运人或收货人核收货位清扫费。

卸后需由承运人洗刷除污的整车货物，按零担办理的牛、马、骡、驴、骆驼等，均由到站向收货人核收货车洗刷除污费。

收货人自行掏箱，未清扫干净的，向收货人按箱核收集装箱清扫费。

货位清扫、货车洗刷除污费用，允许铁路局根据各地的不同情况适当提高，但最高不得超过规定费率的一倍，并报铁道部备案。

延期使用运输设备、违约的及委托服务杂费费率见表 3-7。

表 3-7 延期使用运输设备、违约的及委托服务杂费费率表

<table>
<tr><th>顺号</th><th colspan="3">项目</th><th>单位</th><th>费率</th></tr>
<tr><td rowspan="6">1</td><td rowspan="6">过秤费</td><td colspan="2">整车轨道衡</td><td>元/车</td><td>30.00</td></tr>
<tr><td colspan="2">整车普通磅秤</td><td>元/t</td><td>1.50</td></tr>
<tr><td colspan="2">零担</td><td>元/百 kg</td><td>0.40</td></tr>
<tr><td colspan="2">1 吨箱</td><td>元/箱</td><td>1.50</td></tr>
<tr><td colspan="2">20 英尺箱</td><td>元/箱</td><td>30.00</td></tr>
<tr><td colspan="2">40 英尺箱</td><td>元/箱</td><td>60.00</td></tr>
<tr><td rowspan="5">2</td><td rowspan="5">货物暂存费</td><td colspan="2">整车货物</td><td>元/车日</td><td>60.00</td></tr>
<tr><td colspan="2">零担货物</td><td>元/批百千克日</td><td>6.00</td></tr>
<tr><td colspan="2">1 吨箱</td><td>元/箱日</td><td>3.00</td></tr>
<tr><td colspan="2">20 英尺箱</td><td>元/箱日</td><td>30.00</td></tr>
<tr><td colspan="2">40 英尺箱</td><td>元/箱日</td><td>60.00</td></tr>
<tr><td>3</td><td colspan="3">专用线、专用铁路货车延期占用费</td><td colspan="2">按照铁运〔2009〕214 号《铁路货车延期占用费核收暂行办法》的规定核收</td></tr>
<tr><td>4</td><td colspan="3">D 型长大货物车延期使用费</td><td>元/吨日</td><td>5.00</td></tr>
<tr><td rowspan="2">5</td><td rowspan="2">货车篷布延期使用费</td><td colspan="2">普通篷布</td><td>元/张日</td><td>30.00</td></tr>
<tr><td colspan="2">D 型篷布</td><td>元/张日</td><td>60.00</td></tr>
<tr><td rowspan="3">6</td><td rowspan="3">集装箱延期使用费</td><td colspan="2">1 吨箱</td><td>元/箱日</td><td>3.00</td></tr>
<tr><td colspan="2">20 英尺箱</td><td>元/箱日</td><td>60.00</td></tr>
<tr><td colspan="2">40 英尺箱</td><td>元/箱日</td><td>90.00</td></tr>
<tr><td>7</td><td colspan="3">冷藏车（取消托运时）空车回送费</td><td>元/车</td><td>150.00</td></tr>
<tr><td rowspan="3">8</td><td rowspan="3">机械冷藏车制冷费</td><td colspan="2">单节型</td><td>元/车日</td><td>300.00</td></tr>
<tr><td colspan="2">5 辆型</td><td>元/车组日</td><td>1 020.00</td></tr>
<tr><td colspan="2">9 辆型</td><td>元/车组日</td><td>1 080.00</td></tr>
<tr><td rowspan="4">9</td><td rowspan="4">货物运输变更手续费</td><td rowspan="2">变更到站、变更收货人</td><td>整车货物和 20、40 英尺集装箱货物</td><td>元/批</td><td>300.00</td></tr>
<tr><td>零担货物和其他集装箱货物</td><td>元/批</td><td>20.00</td></tr>
<tr><td rowspan="2">发送前取消托运</td><td>整车货物和 20、40 英尺集装箱货物</td><td>元/批</td><td>100.00</td></tr>
<tr><td>零担货物和其他集装箱货物</td><td>元/批</td><td>10.00</td></tr>
</table>

续上表

<table>
<tr><th>顺号</th><th colspan="3">项　目</th><th>单　位</th><th>费　率</th></tr>
<tr><td rowspan="9">10</td><td rowspan="9">清扫除污费</td><td rowspan="2">货位清扫</td><td colspan="2">蔬菜、瓜果、牲畜</td><td>元/车</td><td>15.00</td></tr>
<tr><td colspan="2">散堆装货物</td><td>元/车</td><td>4.00</td></tr>
<tr><td rowspan="3">集装箱清扫</td><td colspan="2">1 吨箱</td><td>元/箱</td><td>1.00</td></tr>
<tr><td colspan="2">20 英尺箱</td><td>元/箱</td><td>5.00</td></tr>
<tr><td colspan="2">40 英尺箱</td><td>元/箱</td><td>10.00</td></tr>
<tr><td colspan="3">货车清扫</td><td>元/车</td><td>10.00</td></tr>
<tr><td rowspan="3">货车洗刷除污</td><td rowspan="2">整车货物</td><td>毒害品</td><td>元/车</td><td>200.00</td></tr>
<tr><td>其他</td><td>元/车</td><td>120.00</td></tr>
<tr><td colspan="2">按零担办理的牛、马、骡、驴、骆驼</td><td>元/头</td><td>2.00</td></tr>
</table>

第十节　租、占用运输设备费用

1. 租用或占用铁路运输设备发生的杂费，按实际发生的项目和表 3-8“租、占用运输设备杂费费率表”的规定核收。

2. 国铁货车进入铁路工程在建线、临管线或合资、地方铁路时，分别向其管理单位核收合资、地方铁路及在建线货车占用费。

另：铁运电[2007]63 号，为适应专业运输改革需要，对于专业运输使用的国铁货车进入与国铁办理直通运输的合资、地方铁路时，不核收合资、地方铁路及在建线货车占用费。自 2007 年 4 月 1 日起实行。

3. 国铁的货车篷布进入未与国铁办理直通运输的合资、地方铁路时，向合资、地方铁路核收合资、地方铁路货车篷布占用费。

4. 自备车或租用铁路货车由于托运人或收货人的原因在铁路站线或未出租的路产专用线存放，从货车到达的次日起，到调离存放地点之日止，按日存放时间(不足 12 h 的免收)核收自备或租用货车停放费。

5. 租用铁路货车或守车，向租用人核收车辆租用费。

车辆租用费按车辆标重(标重不足 30 t 的家畜车按 30 t，机械冷藏车按车组，守车按车)计算。

6. 船舶停靠在铁路码头装卸货物时，按吨核收铁路码头使用费。

7. 出租路产专用线时，应自接轨道岔尖端起，按线路总长度向租用人核收路产专用线租用费。

租、占用运输设备杂费费率见表 3-8。

表 3-8　租、占用运输设备杂费费率表

<table>
<tr><th>顺号</th><th colspan="2">项　目</th><th>单　位</th><th>费　率</th></tr>
<tr><td rowspan="3">1</td><td rowspan="3">合资、地方铁路及在建线货车占用费</td><td>D 型长大货车</td><td>元/(车・h)</td><td>8.00</td></tr>
<tr><td>冷藏车</td><td>元/(车・h)</td><td>4.90</td></tr>
<tr><td>其他货车</td><td>元/(车・h)</td><td>4.40</td></tr>
</table>

续上表

<table>
<tr><th>顺号</th><th colspan="3">项 目</th><th>单 位</th><th>费 率</th></tr>
<tr><td rowspan="2">2</td><td colspan="2" rowspan="2">合资、地方铁路货车篷布占用费</td><td>普通篷布</td><td>元/(张·日)</td><td>30.00</td></tr>
<tr><td>D型篷布</td><td>元/(张·日)</td><td>60.00</td></tr>
<tr><td>3</td><td colspan="3">自备车或租用铁路货车停放费</td><td>元/(车·日)</td><td>40.00</td></tr>
<tr><td rowspan="11">4</td><td rowspan="11">车辆租用费</td><td rowspan="3">在营业线上</td><td>冰冷车、家畜车</td><td>元/(t·日)</td><td>4.00</td></tr>
<tr><td>罐车,散装水泥、粮食专用车</td><td>元/(t·日)</td><td>3.60</td></tr>
<tr><td>其他货车(机冷车、D型长大货物车除外)</td><td>元/(t·日)</td><td>3.00</td></tr>
<tr><td rowspan="3">在专用线、专用铁路上</td><td>冰冷车、家畜车</td><td>元/(t·日)</td><td>8.00</td></tr>
<tr><td>罐车,散装水泥、粮食专用车</td><td>元/(t·日)</td><td>7.20</td></tr>
<tr><td>其他货车(机冷车、D型长大货物车除外)</td><td>元/(t·日)</td><td>6.00</td></tr>
<tr><td rowspan="3">机械冷藏车</td><td>单节型</td><td>元/(车·日)</td><td>160.00</td></tr>
<tr><td>5辆型</td><td>元/(车组·日)</td><td>660.00</td></tr>
<tr><td>9辆型</td><td>元/(车组·日)</td><td>1 320.00</td></tr>
<tr><td rowspan="2">长大货物车</td><td>标重180 t以上</td><td>元/(t·日)</td><td>8.60</td></tr>
<tr><td>标重不足180 t</td><td>元/(t·日)</td><td>5.00</td></tr>
<tr><td>5</td><td colspan="3">铁路码头使用费</td><td>元/t</td><td>0.60</td></tr>
<tr><td>6</td><td colspan="3">路产专用线租用费</td><td>元/(延米·年)</td><td>200.00</td></tr>
<tr><td>7</td><td colspan="3">翻卸车维检费</td><td>元/车</td><td>40.00</td></tr>
<tr><td>8</td><td colspan="3">机车租用费(双节型机车加倍)</td><td>元/(台·日)</td><td>3 050.00</td></tr>
<tr><td rowspan="4">9</td><td colspan="2" rowspan="4">货场场地出租费</td><td>仓库</td><td>元/(m^2·月)</td><td>6.00</td></tr>
<tr><td>带雨棚站台</td><td>元/(m^2·月)</td><td>4.00</td></tr>
<tr><td>露天站台</td><td>元/(m^2·月)</td><td>3.00</td></tr>
<tr><td>露天场地(货位)</td><td>元/(m^2·月)</td><td>2.00</td></tr>
</table>

另:每年2月21日至11月15日的刮风季节运输货物通过兰新线风区地段,使用铁路防风网防护货物时,由乌局按车核收防风网使用费,费率调整为每车30元(铁运〔2009〕224号)。

第十一节 自备车管理费、煤炭运输抑尘费及铁路货车延期占用费

一、自备车管理费

为规范自备车收费管理,适当补偿自备车运输管理的支出,并与收入列支途径相匹配,经研究决定,增加杂费项目,对铁路运输的自备货车发送时不论空重每车核收120元的自备车管理费,各局可根据实际情况在50%的幅度内进行下浮,并报部备案。

根据《关于不得向化工企业收取自备专用罐车管理费的通知》(计司价管函[1996]93号):化工企业自备专用罐车用于装运化工产品,具有常压、高压、易燃易爆、有毒等特性,不允许随意装运其他物资,属于专用车辆,按规定不在统一运用管理范围之内。省级价格主管部门和铁路企业在制定自备车管理费收取办法时,应严格区分轻、黏油罐车和化工自备专用罐车。不得

向化工企业收取自备专用罐车管理费。

托运人为部分物流企业(非化工企业)的应核收自备车管理费。

二、煤炭运输抑尘费

1. 煤炭抑尘运输规定

为保证运输安全,减少对环境的污染,降低煤炭在运输过程中的损耗,决定对经铁路发运的粒度在35 mm及以下的煤炭实行抑尘运输,考虑现实条件,2010年1月1日至2010年12月31日为过渡期,2011年1月1日以后,所有粒度在35 mm及以下的煤炭经铁路运输时必须按规定进行抑尘处理,未按规定进行抑尘处理或抑尘处理后不达标的,车站不予承运。在过渡期,凡具备作业条件的,应进行抑尘处理。

在专用线、专用铁路装车的煤炭,托运人可按有关规定自行对煤炭进行抑尘处理,并在运单托运人记载事项栏注明"已抑尘处理";托运人委托承运人代为作业时,托运人应在运单托运人记载事项栏注明"委托承运人抑尘处理"。承运人按规定或受委托对煤炭进行抑尘处理时,核收抑尘费。

中途站和到站发现经过抑尘处理的煤炭运输车辆出现煤炭表层剥离或脱落时,应按有关规定编制记录进行处理。凡属承运人责任的,由到站将所收抑尘费退还收货人或发货人;属托运人责任的,由到站向收货人补收抑尘费。收货人与到站进行交接时,发现由承运人进行抑尘处理的煤炭运输车辆出现煤炭表层剥离或脱落时,可要求到站退还所收抑尘费。

2. 抑尘费收费条件和收费标准

在铁路运输企业营业场所(含线路)进行抑尘作业时,可核收抑尘费。抑尘费收费标准为每吨1.5元,各铁路局可根据作业量的不同对成本的影响,在35%的幅度内上下浮动。自2010年1月1日起执行。

三、铁路货车延期占用费

铁路货车延期占用费是对超过规定占用时间标准额外占用铁路货车所增加成本的补偿,适用于下述范围:

(1)专用线内(包括铁路的段管线、厂管线,下同)的铁路货车。

(2)专用铁路内的铁路货车。

(3)其他根据规定由托运人、收货人自行组织装卸的铁路货车。

1. 货车占用时间标准。

专用线、专用铁路内及其他根据规定由托运人、收货人自行组织装、卸货车,其货车占用时间最长标准见表3-9。各专用线、专用铁路货车占用时间标准,由铁路运输企业在货车占用时间最长标准内,根据货物到发量、设备状况、线路长度和货物品类等实际情况,按照科学、合理、公平和促进技术进步、装备现代化及优化布局的原则,与专用线、专用铁路企业进行现场查实确定,1年核定1次。

表3-9　专用线、专用铁路货车占用时间的最长标准　　单位:h

顺　号	车　种	装车时	卸车时
1	机冷车	按《铁路鲜活货物运输规则》规定时间计算	
2	罐车	3.0	2.5
3	其他货车	2.5	2.0

货物对装卸作业有特殊要求、特殊品类的货车以及专用线、专用铁路企业确有实际困难的，车站可上报，由铁路运输企业货运和运输部门会同专用线、专用铁路企业共同商定具体货车占用时间标准，并报铁道部备案。

2. 铁路货车延期占用费计费时间的计算。

(1)专用线及其他根据规定由托运人、收货人自行组织装卸货车时，货车延期占用费计费时间，等于自铁路将货车送到规定的装卸车地点交给企业时起，至企业通知该批货车装卸完交给铁路时止的时间，减去该批货车占用时间标准。

(2)专用铁路货车延期占用计费时间，等于自铁路将货车送到约定的交接地点交给企业时起，至企业将货车送回约定的交接地点交给铁路时止的时间，减去该专用铁路货车占用时间标准。

(3)如铁路送到专用线、专用铁路的货车数量，超过企业一批作业能力(专用线、专用铁路一批作业能力由车站和企业共同查定)，则超过的车数按另一批统计占用时间。如一批货车中占用时间标准不同，则按其中最长占用时间标准计算。

(4)在专用线、专用铁路内进行两次作业的货车，其占用时间标准应相应增加，但不得超过两次作业占用时间标准之和。

(5)货车延期占用费计费时间不足 1 h 的部分，不足半小时不计算，达到或超过半小时按 1 h计算。

3. 铁路货车延期占用费的计算。

货车延期占用费 = ∑各时间档次货车延期占用费率×该时间档次货车延期占用计费时间。

货车延期占用费费率见表 3-10，速算表见表 3-11。

表 3-10 铁路货车延期占用费费率表 （单位：元/(车·h)）

计费时间	1～10 h	11～20 h	21～30 h	30 h 以上
机械冷藏车	8	16	24	32
罐车	5	10	15	20
其他货车	4.4	8.8	13.2	17.6

代用车，按原车种核收延期占用费；改造车，按改造后车种核收。

表 3-11 铁路货车延期占用费速算表

计费时间(h)	机冷车(元/车)	罐车(元/车)	其他货车(元/车)
1	8	5	4.4
2	16	10	8.8
3	24	15	13.2
4	32	20	17.6
5	40	25	22
6	48	30	26.4
7	56	35	30.8
8	64	40	35.2

续上表

计费时间(h)	机冷车(元/车)	罐车(元/车)	其他货车(元/车)
9	72	45	39.6
10	80	50	44
11	96	60	52.8
12	112	70	61.6
13	128	80	70.4
14	144	90	79.2
15	160	100	88
16	176	110	96.8
17	192	120	105.6
18	208	130	114.4
19	224	140	123.2
20	240	150	132
21	264	165	145.2
22	288	180	158.4
23	312	195	171.6
24	336	210	184.8
25	360	225	198
26	384	240	211.2
27	408	255	224.4
28	432	270	237.6
29	456	285	250.8
30	480	300	264
30 h 以上时每增加 1 车·h	32	20	17.6

4. 使用货票或运费杂费收据核收货车延期占用费。货车延期占用费可按日、旬、月清算核收。同一统计日某一批货车比占用时间标准缩短的时间，可抵偿当日的计费时间。

5. 车站应于货车调到专用线或专用铁路交接地点前向企业发出确报，发确报时间由专用线、专用铁路企业与车站共同商定。

车站未通知或未按确报时间送车时(提前或错后不足半小时的除外)，占用时间标准可适当延长，但延长的时间最长不得超过贻误的时间。

由于铁路责任或遇有人力不可抗拒的情况时，站长根据实际情况可延长货车占用时间标准，并报铁路运输企业货运主管部门备案。

由于收货人责任造成货车不能及时送到卸车地点或交接地点时，贻误的时间计入计费时间。

6. 车站与专用线、专用铁路企业和其他根据规定自行组织装卸铁路货车的托运人、收货人凭货车调送单进行货车交接。

7. 为及时准确地掌握专用线、专用铁路货车运用情况，车站与专用线、专用铁路企业应使用车号识别系统进行车号管理和号码制统计。车站要建立专用线、专用铁路使用货车统计报告制度，由车站按日统计，并按月逐级上报铁道部。

8. 自 2010 年 1 月 1 日起施行，铁道部《关于发布〈货车使用费核收暂行办法〉的通知》(铁运[1994]5 号)同时废止。

第十二节 铁路电气化附加费核收办法

1. 铁路电气化附加费按该批货物经由国铁正式营业线和实行统一运价的运营临管线电气化区段的运价里程合并计算。

铁路电气化附加费由发站一次核收。

2. 国际联运国内段铁路电气化附加费，出口货物由发站核收，进口货物由国境站核收。

军事运输也按规定的费率核收铁路电气化附加费。

3. 铁路电气化附加费的计费重量：整车、零担货物按该批运费的计费重量计算；集装箱货物按箱计费。

货物运单内分项填记重量的货物，按运费计费重量合并计算。

4. 铁路电气化附加费的尾数不足 1 角按四舍五入处理。

5. 免收运费的货物、站界内搬运的货物免收铁路电气化附加费。

6. 货物承运后发生运输变更时，按《铁路货物运价规则》处理运费的方法处理。

7. 承运后发现托运人确定的货物重量不符，致使铁路电气化附加费少收时，到站应按正当铁路电气化附加费补收。

集装箱货物超过集装箱标记总重量，对其超过部分：1 吨箱每 10 kg，10 吨箱、20 英尺箱、40 英尺箱每 100 kg 按该箱型费率的 1.5%补收电气化附加费。

(注：电气化附加费按重量计费，承运后发现托运人确定的货物重量未超，仅匿报品名，不补收电气化附加费。)

8. 电气化附加费费率表和电气化区段表见表 3-12 与表 3-13。

表 3-12 电气化附加费费率表

种类＼项目			计费单位	费率
整车货物			元/吨公里	0.01200
零担货物			元/10 千克公里	0.00012
自轮运转货物			元/轴公里	0.03600
集装箱	1 吨箱		元/箱公里	0.00720
	20 英尺箱		元/箱公里	0.19200
	40 英尺箱		元/箱公里	0.40800
	空自备箱	1 吨箱	元/箱公里	0.00360
		20 英尺箱	元/箱公里	0.09600
		40 英尺箱	元/箱公里	0.20400

电气化附加费计算公式为：

电气化附加费＝费率×计费重量(箱数或轴数)×电化里程

表 3-13　电气化区段里程表

顺　号	线　名	电化区段	区段里程	里程表页数	备　注
1	津山线	南仓—山海关	303	232～233	
2	天津北环线	南仓—北塘	49	234	
3	丰台西线	丰台—丰台西	5	309	
4	丰双线	丰台—双桥	37	309	
5	京哈线	北京—哈尔滨	1 257	225～227	
6	塘沽线	塘沽—新港	11	237	
7	京包线	沙城—包头东	684	397～399	
8	大秦线	韩家岭—柳村南	652	392～393	
9	段大线	段甲岭—大石庄	7	393	
10	丰沙线	丰台—沙城	104	406	
11	京广线	丰台—棠溪	2 281	363～372	
12	武昌南环线	武昌南—武昌东	30	384	
13	孟宝线	孟庙—平顶山东	64	378	
14	石太线	石家庄南—太原北	242	498～499	
15	北同蒲线	大同—太原北	347	409～410	
16	玉门沟线	太原北—玉门沟	22	412	
17	太焦线	长治北—焦作北	170	416	
18	汉丹线	汉西—老河口东	372	427	
19	襄渝线	老河口东—重庆西	837	450～452	
20	鹰厦线	鹰潭—厦门	694	341～345	
21	沪昆线	上海—昆明	2 638	553～562	
22	改湖线	改貌—湖潮	27	572	
23	贵大线	大土—贵阳南	13	571	
24	陇海线	连云港东—兰州西	1 781	508～514	
25	兰新线	兰州西—嘉峪关	759	528～533	
26	西固城线	兰州西—西固城	21	533	
27	焦柳线	月山—怀化南	1 199	418～423	
28	怀化南线	怀化—怀化南	4	427	
29	宝成线	宝鸡—成都东	673	461～464	
30	阳安线	阳平关—安康	357	465～466	
31	成渝线	成都—重庆	504	488～490	
32	川黔线	重庆西—贵阳南	444	453～455	
33	贵西线	贵阳南—贵阳西	8	571	
34	漳州线	郭坑—漳州	11	347	

续上表

顺　　号	线　　名	电化区段	区段里程	里程表页数	备　　注
35	包兰线	包头东—兰州西	1 006	517～521	
36	太岚线	太原北—镇城底	55	412	
37	口泉线	平旺—口泉	10	411	
38	宝中线	虢镇—迎水桥	502	526～527	
39	干武线	干塘—武威南	172	524～525	
40	汤鹤线	汤阴—鹤壁北	19	376	
41	马磁线	马头—新坡	12	375	
42	侯月线	侯马北—莲东	221	504	
43	石汝线	石嘴山—汝箕沟	82	524	
44	成昆线	成都—昆明东	1 108	469～475	
45	小南海线	重庆西—小南海	12	456	
46	沙坪坝线	重庆西—沙坪坝	18	456	
47	中梁山线	重庆西—中梁山	15	456	
48	湖大线	湖东—大同东	21	393	
49	渡口线	三堆子—密地	10	476	
50	广州西线	棠溪—广州	3	387	
51	广九线	广州—深圳北	147	387	
52	成都北线	青白江—成都东	37	469	
53	外南线	外洋—南平南	29	345	
54	峰福线	南平南—福州东	158	348	
55	福马线	福州东—樟林	4	349	
56	沈大线	沈阳北—沙河口	396	293～294	
57	大连北线	沙河口—大连北	4	294	
58	盘西线	沾益—柏果	94	575	
59	内六线	内江—豆坝	134	495～496	
60	六盘水南线	六盘水—六盘水南	21	574	
61	新焦线	新乡—月山	79	505	
62	成都西线	成都南—郫县	22	475	
63	京沪线	北京—上海	1 450	303～308	
64	济南线	桥南—党家庄	33	310	
65	南京西线	南京—南京西	4	314	
66	徐州西线	夹河寨—徐州西	12	514	
67	向梁线	向塘西—梁家渡	6	358	
68	向潭线	向塘西—潭岗	11	359	
69	胶济线	济南—青岛	385	316～317	
70	南改线	贵阳南—改貌	6	571	

续上表

顺　号	线　名	电化区段	区段里程	里程表页数	备　注
71	济晏线	济南—晏城北	41	310	
72	杭州线	笕桥—白鹿塘	42	564	
73	荆门东线	荆门—荆门东	5	426	
74	胶黄线	胶州—黄岛	39	322	
75	鸡杨线	鸡公山—杨寨	43	380	
76	金窑线	金州—金港	21	295	
77	沈山线	山海关—沈阳	426	239～240	
78	皇姑屯线	沈阳—沈阳西	15	240	
79	沟海线	沟帮子—唐王山	101	299	
80	沙鲅线	沙岗—鲅鱼圈	14	297	
81	宁岢线	宁武—岢岚	95	411	
82	黔桂线	柳州南—龙里	574	458～459	
83	石德线	石家庄—德州	212	497	
84	兰青线	河口南—西宁	174	542	
85	抚顺线	沈阳南—抚顺北	59	300	
86	萧甬线	杭州南—宁波	145	564～565	
87	京九线	北京西—向塘西	1 474	349～356	
88	津霸线	北仓—霸州	73	356	
89	麻武线	麻城—武汉北	80	357	
90	武九线	武昌东—九江西	218	381	
91	鄂州西线	樊口—鄂州	8	382	
92	大冶线	铁山—罗家桥	12	383	
93	峰福线	横峰—南平南	251	347	
94	上铅线	上饶—铅山西	47	568	
95	武昌东线	滠口—武昌东	19	380	
96	南昌西环线	乐化—向塘	62	358	
97	新石线	新乡—日照	635	506～507	
98	玉门南线	玉门—玉门南	33	534	
99	蓝烟线	蓝村—烟台	183	322	
100	下隔线	下辛店—长江埠	12	428	
101	鸦宜线	鸦雀岭—宜昌东	26	427	
102	南同蒲线	榆次—侯马北	305	413～414	
103	介西线	介休—阳泉曲	46	415	
104	嘉镜线	嘉峪关—镜铁山	74	534	
105	茶高线	茶坞—高各庄	8	393	
106	京承线	双桥—高各庄	47	242	

注：修改至 2011.2.24。

9. 货票填制及报表列报。

电气化附加费在货票上另行填记，在收入报表内以“电化费”列报。发送的国际联运货物在运单 54 栏杂费项下以编号“电”填记。

第十三节 铁路建设基金计算核收办法

1. 铁路建设基金按国铁正式营业线和实行统一运价的运营临管线的运价里程计算。

铁路建设基金由发站一次核收。

2. 国际联运国内段铁路建设基金，出口货物由发站核收，进口货物由国境站核收。

军事运输也按规定的费率核收铁路建设基金。

3. 铁路建设基金的计费重量：整车、零担货物按该批运费的计费重量计算，集装箱货物按箱计费。

货物运单内分项填记重量的货物，按运费计费重量合并计算。

4. 铁路建设基金的尾数不足1角按四舍五入处理。

5. 免收运费的货物、站界内搬运的货物免收铁路建设基金。

6. 货物承运后发生运输变更时，按《铁路货物运价规则》处理运费的方法处理。

7. 承运后发现托运人匿报、错报货物品名或货物重量不符，致使铁路建设基金少收时，到站除按正当铁路建设基金补收差额外，另核收该差额等额的违约金。

集装箱货物超过集装箱标记总重量，对其超过部分：1吨箱每10 kg，10吨箱、20英尺箱、40英尺箱每100 kg按该箱型费率的1.5%计算。

8. 国铁的正式营业线和实行统一运价的运营临管线按“铁路建设基金费率表”规定的费率核收铁路建设基金。

铁路建设基金的计算公式为：

建设基金＝费率×计费重量(箱数或轴数)×运价里程

9. 货票填制及报表列报。

铁路建设基金在货票上另行填记，在收入报表以内“基金”列报，发送的国际联运货物在运单54栏杂费项下以编号57填记。

10. 稻谷、小麦、大米、小麦粉、玉米、大豆、籽棉、皮棉与其他货物混装以整车运输时，按《铁路货物运价规则》第13条计费，不得免征铁路建设基金。到站发现少收建设基金的应补收全程正当铁路建设基金；少收运费的，按《铁路货物运价规则》第48条处理。托运人将其他货物匿报、错报品名以整车稻谷、小麦、大米、小麦粉、玉米、大豆、籽棉、皮棉运输，致使铁路建设基金漏、少收的，到站除按正当铁路建设基金补收差额外，另核收该差额等额的违约金。正确货物品名的运价号低于4号的，运费差额不退；正确货物品名的运价号高于4号的，按《铁路货物运价规则》第48条的规定核收违约金。

铁路建设基金费率见表3-14。

表3-14 铁路建设基金费率表

种类 \ 项目	计费单位	农药	磷矿石	其他货物
整车货物	元/吨公里	0.019	0.028	0.033
零担货物	元/10千克公里	0.00019	0.00033	
自轮运转货物	元/轴公里	0.099		

续上表

种类		项目	计费单位	农药	磷矿石	其他货物
集装箱		1吨箱	元/箱公里	0.0198		
		20英尺箱	元/箱公里	0.5280		
		40英尺箱	元/箱公里	1.1220		
	空自备箱	1吨箱	元/箱公里	0.0099		
		20英尺箱	元/箱公里	0.2640		
		40英尺箱	元/箱公里	0.5610		

注：整车化肥、黄磷免征铁路建设基金。

第十四节 铁路非运用车运输费用

一、非运用车的定义

不参加铁路营业运输的部属货车(包括租出空车)、企业自备内用检修车和在专用线、专用铁路内的已获得"过轨运输许可证"的企业自备货车、在站装卸作业企业自备空车、在本企业内的内用空车、军方特殊用途空车以及部属特种用途车。

二、非运用车的分类

1. 自备车

自备车指为了保证完成临时紧急任务的需要所储备的技术状态良好的部属空货车。

(1)备用货车分为特殊备用车、军用备用车、专用货车(包括罐车、冷藏车、集装箱车、矿石车、长大货物车、毒品专用车、家畜车、散装水泥车、散装粮食车、小汽车运输专用车和涂有"专用车"字样的一般货车)备用车和国境、港口站备用车。

(2)备用车的备用、解除，必须经铁道部备用车命令批准。

(3)备用车的备用和解除时间：根据铁道部、铁路局当日调度命令批准，经备用基地检车员检查后，由车站调度员或值班员填写"运用车转变记录"并签字的时分起算。

货车转入备用时分不得早于：

① 车站收到调度命令的时分。

② 作业车卸车完了的时分。

③ 到达空车为列车到达技检完了的时分。

备用货车解除时分不得迟于：

① 排空时规定列车开始技检的时分。

② 装车时调入装车地点的时分。

(4)特殊备用车须备满48 h，其他备用车须备满24 h，才能解除备用。备用时间不满或无令动用时，自备用时按运用车统计(因紧急任务需要，经铁道部批准解除时，不受此项限制)。

(5)备用车必须停放在铁路局批准的备用基地内。港口、国境站备用车必须停放在指定的港口、国境站。凡未停放在指定地点的均不准统计为备用车。

(6)备用车在不同基地间不得转移。根据命令在同一备用基地内转移时,备用时间不连续计算,原存放站及新存放站均需备满规定时间。

(7)不准将重车、租用空车列入备用车。

(8)违法规定动用备用车时,必须调整运用车数和货车停留时间。

2. 检修车

检修车的统计范围如下。

(1)为定检过期或到期而扣下修理、摘车临修、事故破损、等待报废和回送检修等的部属铁路货车、企业自备货车,根据车辆部门填发的"车辆检修通知单"或"检修车回送单"统计为检修车。

(2)在铁路营业线上的外国铁路货车在运行过程中临时发生故障而摘车临修时按检修车统计。

(3)机械冷藏列车中的车辆或机械发生故障需要扣留时,应全组填发车辆通知单,按检修车统计;修竣后,对未修理的车辆,在"检修车辆竣工验收移交纪录"上注明"撤销"字样。

(4)整备罐车超过整备规定时间(6 h)继续整备时,从超过时起按检修车统计。

3. 代客货车

代客货车是根据铁道部命令用以运送人员、行李及包裹的货车。

车站接到命令后,由车站和检车人员在"运用车转变记录"上签字时转入"代客"使用完了(指卸空,包括备品)时,填制"运用车转变记录"转回运用车。代客空车根据调度命令以客运车次回送时,按代客统计;以货运车次回送时,按挂运凭证(回送清单、调度命令等)实际统计,无挂运凭证按运用车统计。

"代客货车"装载货物填制货票时,自代客或回送到达时起按运用车统计。

行包专列专用货车,不论重、空均按代客货车统计,单独列示。

4. 路用车

路用车是为铁道部批准作为铁路各单位运送非营业运输物资或用于特殊用途的货车。分为特种用途车和其他路用车。

特种用途车指因为路内特殊用途需要专门制造不能装运货物的特种用途车(包括试验车、发电车、轨道检查车、检衡车、除雪车等)。

上述车辆以外的路用车为其他路用车。

(1)经铁道部批准的"路用车使用证明书"是统计路用车的依据。使用单位应按规定涂打路用车使用标记。路用车只准在批准的使用期限、区段和用途的范围内使用,对违反使用规定的路用车,按运用车统计。

(2)路用车的转变时分自使用单位收到车辆并在"运用车转变记录"上签字时起,至使用完了交回车辆并填制"运用车转变记录"转回运用车时止,期间按路用车统计。

(3)路用车装运货物并填制货票时,在重车状态下按运用车办理。

(4)防洪备料车是根据铁道部(铁路局)命令为汛期防洪抢险指定储备一定数量防洪备料的重车,在重车储备停留状态下按路用车统计,其他状态按运用车统计。

5. 洗罐车

洗罐车为进行清洗的良好罐车。

由洗罐单位填制"车辆装备单"送交车站签字时起计算为洗罐车;洗刷完了,由车站人员在"罐车洗刷交接记录单"上签字时起转回运用车;企业自备车发生洗罐时,洗罐单位一律填发"企业自备车装备车"统计为洗罐车,洗刷完了,填发"企业自备车洗刷交接记录单"转回运用车。为进行检修而洗罐时,应列入检修车内。

由企业自行洗罐不能执行上述办法时,由铁路局规定平均洗罐时间(最长不能超过 4 小时),自货车送入洗罐交接地点至规定时间止按洗罐车统计。

6. 整备罐车

整备罐车为在指定地点进行技术整备的整列(成组)固定编组石油直达罐车。在到达整备站时,按运用车统计;送入配属段整备线进行技术整备时,根据车辆部门填发的"车辆装备单"送交车站签字时起 6 h 内按整备罐车统计。超过 6 h 车辆部门应填写"车辆检修通知单"按检修车统计。整备完了由车站在"检修车辆竣工验收移交记录"上签字时起转回运用车。如固定编组石油直达罐车更换车辆时,须由车辆部门及时通知车站。

7. 租出空车

(1)企业租用的部属货车空车。

(2)新造及由国外购置的货车在交付使用前的试运转空车。

(3)部队训练使用的部属货车:

① 使用停留车辆训练,按轴、按日核收使用费时,由交付使用至使用完了交回时止,按企业租用空车统计。

② 在训练期间随同列车挂运核收 80%运费时,自列车出发时起至到达时止,对装运物资的货车按运用车统计,运送人员的棚车按"代客"统计。

③ 用铁路机车单独挂运核收机车使用费时,按企业租用空车统计。

(4)出租车及退租车由车站与使用单位在"运用车转变记录"上签字时起转入企业租用车或转回运用车。

8. 在企业内的企业自备货车

指在企业专用线、专用铁路内的已取得"过轨运输许可证"的该企业自备货车。包括没有(租用)专用线、专用铁路企业的回到过轨站的自备空车以及在车站进行装卸作业的自备空车。在本企业内的内用空车在此项反映。

9. 军方特殊用途空车

指军方用于军事运输等特殊用途的空货车(车体基本记号标明为客车的除外)。

三、企业自备车运用与非运用转变时分的确定

对出入企业专用线、专用铁路的企业自备车,以将车辆送到交接地点时分为准;在站(包括过轨站)装卸作业的企业自备车,以装卸作业完了时分为准(到达过轨站、装卸作业站的空车自到达时分起转为非运用)。内用货车以装卸作业完了时分为准。

四、核收运输费用的规定

事故大破损车、死车装运回送入厂检修,均按规定核收运输费用。

铁路局运营部门使用的技术鉴定和技术试验用车辆、铁路设施修复或事故救援用车辆、流动修理机械用车辆、轨道机械装备及其附属车辆、站段日常运输作业使用车辆和为管内沿线职工文化生活服务用的车辆，在规定的用途和使用范围内使用时，发站填写"特殊货车及运送用具回送清单"(事故救援用车辆和站段日常运输作业使用车辆除外)挂运，不核收运输费用。上述车辆超过规定使用范围(运输区间、有效时间，下同)时，按规定核收运输费用。

铁路局其他用途的路用车，包括防洪备料车、焊轨厂的长钢轨运输车、采石场的砂石车装运货物挂运时，按所装货物适用的运价率核收运输费用，发站未核收的由到站补收。

铁路施工单位经部批准用于线路施工用途的路用车，按"合资、地方铁路及在建线货车占用费"的规定费率由施工所在局向使用单位核收货车占用费；车辆在规定使用范围内挂运的，比照自备车核收运输费用，自备机车牵引或空车挂运时按自轮运转货物计费。改变施工用途或超出规定使用范围装用货物时，按"在专用线、专用铁路上"的货车租用费率，自车辆移交之日起核收车辆租用费。

五、不核收运输费用的规定

铁路机车、客车、货车、轨道机械和大型养路机械，回送转属、定检、厂修、新车(机械)至配属段、事故大破损车(机械)由事故现场向就近站段回送、救援列车跨局执行任务时，凭铁道部文电或调度命令，发站填写"特殊货车及运送用具回送清单"挂运，不核收运输费用。

空车在铁路局管内回送时，发站填写"特殊货车及运送用具回送清单"挂运，不核收运输费用。

第十五节　货物运到期限及运到逾期违约金

铁路运输货物，应在规定运到的期限内运至到站。货物运到期限从承运人承运货物的次日起，按下列规定计算。

1. 货物发送期间为1日。

2. 货物运输期间：每250运价公里或其未满为1日；按快运办理的整车货物每500运价公里或其未满为1日。

3. 特殊作业时间：

(1)运价里程超过250 km的零担货物和一吨型集装箱货物，另加2日；超过1 000 km加3日。

(2)一件货物重量超过2 t、体积超过3 m^3 或长度超过9 m的零担货物另加2日。

(3)整车分卸货物，每增加一个分卸站，另加1日。

(4)准、米轨间直通运输的整车货物，另加1日。

货物实际运到日数的计算：起算时间从承运人承运货物的次日(指定装车日期的，为指定装车日的次日)起算。终止时间，到站由承运人组织卸车的货物，到卸车完了时止；由收货人组织卸车的货物，到货车调到卸车地点或货车交接地点时止。

货物运到期限，起码天数为3日。

货物实际运到日数，超过规定的运到期限时，承运人应按所收运费的百分比，向收货人支付下列数额的违约金见表 3-15。

表 3-15　违约金核算表

违约金 \ 逾期总日数 / 运到期限	1 日	2 日	3 日	4 日	5 日	6 日以上
3 日	15%	20%				
4 日	10%	15%	20%			
5 日	10%	15%	20%			
6 日	10%	15%	15%	20%		
7 日	10%	10%	15%	20%		
8 日	10%	10%	15%	15%	20%	
9 日	10%	10%	15%	15%	20%	
10 日	5%	10%	10%	15%	15%	20%

货物运到期限在 11 日以上,发生运到逾期时,按表 3-16 规定计算违约金。

表 3-16　运到期限 11 日以上时违约金核算表

逾期总日数占运到期限天数	违约金	逾期总日数占运到期限天数	违约金
不超过 1/10 时	为运费的 5%	超过 3/10,但不超过 5/10 时	为运费的 15%
超过 1/10,但不超 3/10 时	为运费的 10%	超过 5/10 时	为运费的 20%

快运货物运到逾期,除依照《快运货物运输办法》规定退还快运费外,货物运输期间,按每 250 运价公里或其未满为 1 日,计算运到期限仍超过时,并应依照本条规定,向收货人支付违约金。

超限货物、限速运行的货物、免费运输的货物以及货物全部灭失,承运人不支付违约金。

从承运人发出催领通知的次日起(不能实行催领通知或会同收货人卸车的货物为卸车的次日起),如收货人于 2 日内未将货物领出,即失去要求承运人支付违约金的权利。

货物在运输过程中,由于下列原因之一,造成的滞留时间,应从实际运到日数中扣除:

(1)因不可抗力的原因引起的。

(2)由于托运人责任致使货物在途中发生换装、整理所产生的。

(3)因托运人或收货人要求运输变更所产生的。

(4)运输活动物,由于途中上水所产生的。

(5)其他非承运人责任发生的。

由于上述原因致使货物发生滞留时,发生货物滞留的车站,应在货物运单"承运人记载事项"栏内记明滞留时间和原因。到站应将各种情况所发生的滞留时间加总,加总后不足 1 日的尾数进整为 1 日。

第十六节　装卸作业计费办法

一、适用范围

1. 适用于在国家铁路和国铁控股合资铁路的车站内(含按车站货场管理的铁路多经、合资货场)以机械、人力或人机混合方式进行货物装卸火车、汽车(或其他车辆,下同),船舶作业以及货场内的搬运作业。

2. 铁路货物装卸搬运作业由铁路专职人员使用铁路货票或运费杂费收据统一收费,按规定清算,其他人员或组织均不得使用其他票据自行收费和结算。

3. 铁路货物装卸作业费率实行政府指导价,基准费率和浮动幅度由铁道部规定。在规定的幅度内,各路局可确定费率上、下浮标准。

二、计费依据及计费重量

1."装卸作业单"是实际发生装卸作业项目的凭证和清算的依据。各车站按实际发生的项目和适用的费率核收作业费,未发生的项目不得核收。

2. 计算装卸搬运作业的货物重量,整车货物以吨为单位,吨以下四舍五入;零担货物以10 kg为单位,不足10 kg进为10 kg,集装箱货物以箱为单位,按箱计费。

3. 铁路整车、零担货物装卸的计费重量,按货票计算运价的计费重量计费。但有以下规定:

(1)整车货物的重量不足货车标重的60%时,按货车标重的60%计费。

(2)全车货物的单件重量均超过200 kg时,按货物重量计费。

(3)整车未装容器的活动物,第一层按货车标重的50%,装两层按标重的70%计费,装三层按货车标重计费。

(4)承运前,货物搬入车站指定地点堆存的,按货物重量计费。

按一批办理的零担货物,其起码计费重量为100 kg。

三、整车、零担货物装卸作业范围

装车(船)时,货物由车站的堆放地点装到火车、汽车、船舶上;卸车(船)时,货物由火车、汽车、船舶上卸至车站指定的地点,装卸作业以一次完成为限。装卸作业的距离,轨行式装卸机械和作业中固定位置的机械为该机械的有效范围内;人力装卸散装货物距离为6 m;其他机械作业和人力装卸为30 m。装卸作业距离超过的,另按搬运办理。如人力装卸成件货物超过30 m以上,才能核收超基距费。

计算装卸作业的距离,由所装卸、搬运货物的货堆中心(集装箱为其本身)算起,以实际走行至车辆中心止。

四、集装箱装卸综合作业范围

(一)集装箱装卸车(门到门运输)

1. 发送综合作业:空箱由货场堆存地点装上汽车,返回的重箱由汽车上卸至装车货位,重箱装上火车。

2. 到达综合作业:重箱由火车上卸至货场,重箱装上汽车,返回的空箱由汽车上卸至货场堆存地点。

(二)集装箱装卸车(站内装掏箱)

1. 发送综合作业:空箱由货场堆存地点搬运至装掏箱作业点,重箱由装掏箱作业点搬运至装车货位,重箱装上火车。

2. 到达综合作业:重箱由火车上卸至货位,重箱由货位搬至货场的装掏箱地点,空箱由装掏箱地点搬运至堆存地点。

(三)集装箱装卸车(固定车体)

1. 发送综合作业:货物由汽车上卸至货位,再由货位装上火车(箱内)。

2. 到达综合作业:货物由火车上(箱内)卸至货位,再装上汽车。

(四)装掏箱

装箱作业:将货物由汽车上卸下并装入箱内,或由仓库搬出装入箱内。

掏箱作业:将货物由箱内掏出并装上汽车,或掏出箱搬入仓库内。

空集装箱装卸和中转、换装(含准、米轨直通运输换装和进、出口集装箱的国境站换装)作业的装卸综合作业,作业范围均为一装(火车或汽车)一卸(火车或汽车)。

五、搬运距离

1. 应要求转堆,在站内将货物由一堆放点搬运至另一点时,整车、零担货物的搬运基本距离为30 m,集装箱为50 m。超过基本距离的,每超30 m(或未满,集装箱为50 m)按超基距搬运加收费用。空集装箱在货场内的搬移,不论距离长短均按基距内搬运计费。

2. 零担、1吨集装箱货物的中转作业,或货物转堆搬运距离过长时,由路局规定计费标准。

3. 货物由汽车卸下搬入仓库、雨棚内,或由仓库、雨棚内搬出装上汽车,按装卸汽车和进出库搬运作业分别计费。

4. 到、发货物进出库搬运作业均按基距内搬运计算。

六、收费项目及费率

1. 整车货物装卸火车、汽车和站内搬运作业费,按《铁路整车货物装卸搬运费率表》(表3-17)规定的收费项目和适用的费率核收,装卸船舶作业按表3-17中规定的费率加20%核收。但有以下规定:

表3-17 铁路整车货物装卸搬运作业费率表(单位:元/t)

项目 / 货物名称	费率号	装、卸费率	站内搬运费率		备注
			基距内(30 m)	每超基距1~30 m	
普通成件包装(不属于下列各项)货物 只按重量承运,不计算件数的货物 鲜活货物 易碎货物	1	4.3	2.60	1.30	1. 散装沙(砂)《铁路货物运价规则》0812类减20%计费; 2. 煤泥、焦炭、铝矾土、片石、料石、方石、条石、石荒料、生铁锭、钢铁边角料(切头)和易碎货物加20%计费; 3. 无包装鲜蔬菜、甜菜、马铃薯、甘蔗、冻鱼、冻肉、冻禽加50%计费; 4. 无包装果类瓜和南瓜、冬瓜加100%计费

续上表

<table>
<tr><th colspan="2" rowspan="2">项 目
货物名称</th><th rowspan="2">费率号</th><th rowspan="2">装、卸费率</th><th colspan="2">站内搬运费率</th><th rowspan="2">备 注</th></tr>
<tr><th>基距内(30 m)</th><th>每超基距1～30 m</th></tr>
<tr><td colspan="2">污秽货物
危险货物</td><td>2</td><td>5.80</td><td>3.50</td><td>1.75</td><td>1. 爆炸品、易燃液体、剧毒品、放射性物品、一级酸、碱性物品和石墨(粉)、炭黑、炭白和散装沥青、生石灰加 100%计费；
2. 浸过沥青的电杆、枕木和铸铁管、废钢铁按 4 号费率计费</td></tr>
<tr><td colspan="2">竹、木材、水泥制品</td><td>3</td><td>6.60</td><td>4.00</td><td>2.00</td><td></td></tr>
<tr><td rowspan="3">重件货物</td><td>每件重量 201～1000 kg 的货物</td><td>4</td><td>7.60</td><td>4.60</td><td>2.30</td><td rowspan="3">1. 钢材均按 5 号费率计费；
2. 组成的汽车、摩托车、拖斗车、控制屏、船舶，金属制箱、罐加 20%计费；
3. 货物单件重量超过车站最大起重能力的，由货主与装卸单位协议定价</td></tr>
<tr><td>每件重量 1001～5000 kg 的货物</td><td>5</td><td>11.30</td><td>6.80</td><td>3.40</td></tr>
<tr><td>每件重量 5001 kg 以上的货物</td><td>6</td><td>15.60</td><td>9.40</td><td>4.70</td></tr>
</table>

(1)按件数和重量承运，每车货物超过 3 200 件的，装卸、搬运费率加 30%。

(2)使用敞、棚车装运鲜蔬菜、瓜果、冻鱼、肉，应托运人的要求在垫防寒或隔热保温(含加冰)的，装卸费率按表定费率加 40%计费。

(3)使用棚车装运的散装货物和木材、竹材，装卸费率按表定费率加 50%。

(4)在高货位使用漏斗仓装车，或利用高架栈桥等设备向低货位卸车的，按表定费率减 20%计费。

(5)人力低货位(低于货物线钢轨顶面 0.8 m 以下)装车时，按表定费率加 100%计费；低货位卸煤、沙、石等散装货物时，按表定费率减 20%计费。

2. 整车货物发生火车与船舶对接装卸时，按该货物适用费率的一卸一装之和计费；火车与汽车等车辆对接装卸时，按该货物适用费率的一卸一装之和减 10%计费。

铁路整车货物火车与汽车、船舶对接装卸是指：装火车时货物由汽车或船舶卸下后，不落地不入库直接装入货车内；卸火车时货物由货车内卸下后，不落地不入库直接装上汽车、船舶的作业。汽车和火车紧挨在一起才叫对接装卸的认识是错误的。

对接装卸作业，如因托、收货人的责任造成延时等待，使装卸作业时间超过 3 h 的，以后每超 30 min 加收其装卸费的 10%，但不得超过其装卸费的 100%。

3. 通用集装箱货物按《铁路通用集装箱货物装卸综合作业费率表》(表 3-18)规定的综合作业费率计算。

集装箱在车站核收一个集装箱装卸综合作业费。在货场内由铁路进行装、掏箱作业。(含货物装卸汽车的，核收集装箱装卸综合作业费时加收集装箱装掏箱综合作业费；在货场内由托、收货人自行装、掏箱并装卸汽车的，不加收集装箱装掏箱综合作业费。其他增加减少装卸单项作业的，集装箱装卸综合作业费不增不减。)

固定车体的通用集装箱，按表 3-18 计费。

空集装箱(含铁路专用集装箱和企业自备箱)装卸和集装箱中转、换装(含准、米轨直通运输换装和进、出口集装箱的国境站换装)作业，以及集装箱在货场内的搬运作业，均按表 3-19 规定的费率计费。

4. 整车、零担货物换装费按该批货物所适用费率的一卸一装之和计算；集装箱箱内货物换装费按换装费率计算。

5. 其他杂项作业费按《铁路货物装卸杂项作业费率表》(表 3-20)规定的项目和适用的费率核收。

6. 北京、济南、上海、南昌铁路局、青藏公司和广铁(集团)公司的羊城总公司、粤海公司的整车货物，可上浮 30%。

哈尔滨、沈阳、呼和浩特、郑州、南宁、成都、兰州、乌鲁木齐、昆明铁路局和广铁(集团)公司的长沙、怀化总公司，石长公司的整车货物，可上浮 20%。

广铁(集团)公司广深、广梅汕、三茂公司的整车、零担货物和集装箱(20 英尺、40 英尺箱除外)暂可按表定费率上浮 50%。

各局可根据货运市场的变化，对管内的货物装卸作业费率予以下浮，幅度不限。但对同一枢纽地区的车站，应实行同一下浮幅度，避免恶性竞争。

表 3-18　铁路通用集装箱货物装卸综合作业费率表(单位:元/箱)

项目 类别	装卸综合作业费率	货场内装掏箱综合作业费率
1 吨箱	9.00	8.00
20 英尺箱	195.00	180.00
40 英尺箱	292.50	300.00

表 3-19　空集装箱装卸和中转、换装综合作业及集装箱货场内搬运费率表(单位:元/箱)

项目 类别		中转、换装综合费率	空箱装、卸费率	货场内搬运	
				基本距离(50 m)内	每超基距 1～50 m
1 吨箱	重箱	6.50		1.95	0.95
	空箱	3.25	1.60	0.98	0.49
20 英尺箱	重箱	150.00		45.00	22.50
	空箱	75.00	45.00	22.50	11.25
40 英尺箱	重箱	225.00		67.50	33.75
	空箱	112.50	56.25	33.75	16.88

表 3-20　铁路货物装卸杂项作业费率表

顺号	项目		计算单位	费率
1	整车、零担货物整理费	整理		全部卸下再装，按换装计算；部分卸下再装的，按杂作业人工小时计算
		使用机械整理	元/30 min	80.00
2	货位清扫费		元/车	按《铁路货物运价规则》的规定计算
3	货车清扫费		元/车	按《铁路货物运价规则》的规定计算
4	集装箱清扫费		元/箱	按《铁路货物运价规则》的规定计算
5	货车篷布装卸费	D 型篷布	元/张	1.40
		其他篷布		0.70

续上表

顺号	项目		计算单位	费率
6	货车篷布搬运费	D型篷布	元/张	1.20
		其他篷布		0.60
7	防湿篷布折叠、整理、取送费		元/张	0.70
8	货物过秤搬动劳作费		元/t	1.50
9	杂作业人工小时费		元/h	5.00

七、特殊作业的计费规定

1. 散装货物发生部分冻结或粘接的，卸费按货物表定费率加收100%；全部冻结或粘接的，由铁路局根据货物冻结或粘接程度、发生冻结或粘接时间等情况，规定计费标准。

2. 自轮运转的机械或车辆以人力推上、推下装卸，推出、推入货区或加固时，均按杂作业人工小时计费。

3. 装卸粮食、化肥，需灌装（包）、缝（封）口时，除收装卸费外另加收杂作业人工小时费。

4. 使用平车、敞车装运货物，装车时须加边、加网、加围挡的，除收装费外另加收杂作业人工小时费。

集装箱货物超过其容许载重量的，对其超过部分，1吨箱每10 kg，10吨箱、20英尺、40英尺箱每100 kg，按其适用费率的5%核收该集装箱的超载装卸、搬运费。

八、装卸火车时发生的下列作业均为附属作业，不另收费

1. 铺垫或整理防湿垫枕，苫盖、撤出、折叠和取送（货场内的指定地点）篷布。
2. 清扫货车、货位，关闭车门、车窗、盖、阀。
3. 整理装车后剩余货物，必要时用篷布苫盖严密或搬入仓库、站台。
4. 安装或撤除支柱、挡板、垫板、牲畜支架。
5. 装载货物的捆绑加固（需要铆接、焊接等特殊加固的除外）。
6. 托盘、网络等铁路装卸工具、集装化用具的铺拆、撤移、整理和堆码。

九、收费计算

1. 货物适用两个以上的费率时，按费率高的计费。

2. 不同品类的整车货物按一批办理时，按其中费率高的货物适用的费率计算。但单件重量超过200 kg的重件货物，不论其是否与其他货物按一批办理，均以每件的重量和费率分别计算。

3. 一批或一项货物适用两种以上的加成时，应将不同的加成率相加之和作为其适用的加成率；适用两种以上减成率时，只适用其中较大的一种减成率；同时适用加成和减成时，应以加成率和减成率相抵后的差额作为其适用的加（减）成率。

4. 一批货物每项作业费的尾数，不足0.1元时按四舍五入处理。

5. 杂作业人工小时的计算，按实际参加作业的人数和每人的出工时间（不足1 h按1 h）加总计算。

十、下列作业费由集装箱公司支付

1. 铁路空集装箱装卸作业费。
2. 集装箱中转装卸作业费。
3. 集装箱公司责任的集装箱换装(含箱内货物换装)整理费。
4. 空集装箱货物场内搬运费。
5. 非装卸附属作业的集装箱清扫费。
6. 货车篷布回送时的装卸、搬运费。

十一、特货公司支付的费用

特货公司责任的冷藏车、家畜车、D型长大货物车换装、整理费由特货公司支付。

十二、下列作业费用向运营清算

1. 铁路整车(除集装箱、冷藏车、家畜车、D型长大货物车)、零担货物换装费、整理费。
2. 零担货物过秤搬动劳作费(托运人自理的除外)。
3. 装卸附属作业范围外的货车、货位清扫费。
4. 承运前、交付后防湿篷布的折叠、整理、取送费。
5. 手推调车作业费(调车作业距离不足30 m的不清算,距离超过30 m时按杂作业人工费清算)。
6. 其他路用杂作业费(按人工小时费清算)。

十三、准、米轨间整车、零担货物直通运输的换装费,按货物所适用费率的一卸一装之和计算

准轨发运到达米轨的整车货物,换装作业费凭货票上××站加盖的"换装作业收费"章,由到站据实核收。

米轨发运到达准轨的整车货物,××站换装作业费由发站代收。

十四、铁路专业装卸队伍承担专用线内的货物装卸作业时

装卸、搬运费的费率可以比照《铁路货物装卸作业费率》执行,也可由各铁路局商所在省、自治区和直辖市物价主管部门后确定。

装卸机械出租费由各路局、专业运输公司根据管内的作业成本和当地同类机械的费率水平制定。

铁路整车货物装卸搬运作业费率表货物类别说明:

1. 鲜活货物:指《铁路货物运输品名分类与代码表》第20类"鲜活货物"所含全部品名。

2. 易碎货物:指铸铁锅、暖气片、玻璃、辅助玻璃仪器、灯泡、灯管(含高压汞灯),灯具,玻璃器皿及其他玻璃制品,琉璃砖,耐火、耐酸砖,建筑陶瓷(不含马赛克),琉璃瓦、石棉瓦、石棉水泥管,陶瓷制品,缸砂制品,用玻璃制品、陶瓷制品、缸砂制品作容器的货物和其他货物包装上带有易碎标志的货物。

3. 危险货物：指按《铁路危险货物运输管理规则》之规定按危险货物运输条件办理运输的货物和空容器。

4. 污秽货物：指散装或用纸袋、麻袋、塑料编织袋作运输包装的下列货物，焦炭粉，沥青焦，石油焦，各种金属矿粉，各种非金属矿粉，磷矿粉，石粉，立得粉，耐火土(粉)，色土，陶瓷土，玻璃纤维，石棉纤维，石棉(粉)，纯碱，土碱，泡花碱，芒硝，盐卤，氯化镁，沥青(油)，炭黑，炭白，木炭，电(阳)极糊，石灰，水泥，水泥熟料，毛、绒毛，羽绒，生毛皮，生(熟)皮张，动物的骨(粉)、渣，有机肥料，废钢铁，碎玻璃，废胶，废棉，废旧水泥袋，垃圾。

5. 木材：指《铁路货物运输品名分类与代码表》中“10”类木材所含全部品名。

6. 竹材：指列入《铁路货物运输品名分类与代码表》代码“2111”的竹材。

7. 水泥制品：指水泥电杆，水泥桩，水泥坑柱支架，水泥预制构件，水泥管。

8. 重件货物：指单件重量为 201 kg 以上的货物。

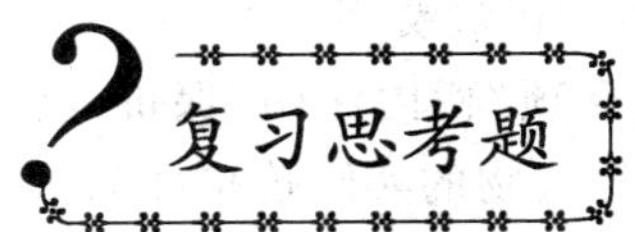

1. 铁路货物运输费用包括哪些？
2. 何谓货物运价号？
3. 何谓货物运价里程？
4. 何谓运输变更？
5. 简述容许运输期限。
6. 承运后发现整车货物超过计费重量，应如何收取费用？
7. 特殊情况下运价里程如何计算？
8. 车站发现货物品名不符时，按《铁路货物运价规则》如何处理？
9. 车站发现运费计算错误时如何处理？
10. 铁路整车货物装卸的计费重量如何确定？
11. 主业闲置货场可出租部分仓库、雨棚、站台、场地，闲置货场应符合哪些条件？
12. 站界内搬运的货物如何计算运费？
13. 途中装卸货物运价里程如何计算？
14. 超长、超限货物使用游车时，游车运费如何计算？
15. 自轮运转的轨道机械使用游车时，游车运费如何计算？
16. 某站到达机械冷藏车一组，由于收货人责任超过了规定的卸车时间，应核收哪些费用？
17. 货物发送后，收货人要求变更到站时，其运费如何计算？
18. 运输超限货物，计费有哪些规定？
19. 承运后发现整车货物重量超过货车规定的容许载重量时，怎样核收电气化附加费？承运后发现整车货物匿报品名，怎样核收电气化附加费？
20. 承运后发现整车货物重量超过货车规定的容许载重量时，怎样核收建设基金？承运后发现整车货物匿报品名，怎样核收建设基金？

第四章 保价货物运输

第一节 铁路货物保价运输办法

托运人托运货物时,根据自愿的原则,可向发站要求办理保价运输,并按规定支付货物保价费。

按保价运输办理的货物,托运人应以全批货物的实际价格保价,货物的实际价格以托运人提出的价格为准。货物的实际价格包括税款、包装费用和已发生的运输费用。

托运人要求按保价运输货物时,应在货物运单“托运人记载事项”栏内注明“保价运输”字样,并在“货物价格”栏内以元为单位,填写货物的实际价格。全批货物的实际价格即为货物的保价金额。

货物保价费用按保价金额乘以所适用的货物保价费率计算。

货物保价费尾数不足1角时,按四舍五入处理。货物保价费每批起码额零担、集装箱为5角,整车为2元。

对于有稳定条件的大宗货物,铁路局与托运人协商,可定期(日、旬、月)清算保价费用。按保价运输办理的货物,应全批保价,不得只保其中一部分。保价率不同的货物作一批托运时,应分项填记品名及保价金额,保价费用分别计算。保价率不同的货物合并填记时,适用于其中最高的保价费率。

以概括名称托运或品名、规格、包装不同,不能在货物运单内逐一填记的保价货物,托运人须提出物品清单。物品清单一式三份,加盖车站承运日期戳后,一份由发站存查,一份随运输票据递交到站,一份交托运人备存。发站受理保价运输货物时,应按货物运单或物品清单记载,检查托运人填记的货物价格是否清楚、齐全,如认为有必要时,可以要求托运人提出确定价格的有关依据,予以核实。发现保价金额不符或涂改时,需更换货物运单或物品清单。

货物保价费在货票现付栏内记明,与运费同时核收。但根据托运人要求,货物保价费也可以单独核收,在货物运单承运人记载事项栏和货票记事栏内注明“保价费另收”字样或加盖相同内容的戳记。

保价运输货物变更到站后,保价运输继续有效。承运后发送前取消托运时,货物保价费应全部退还托运人。货物在发送前如发生损失并按有关规定处理时,货物保价费不再退还托运人。

货物保价费发生补退款时,补款使用“保价费补退款收据”,退款使用“车站退款证明书”进行补退。

承运人从承运货物时起,至将货物交付收货人时止,对保价货物发生的灭失、短少、变质、污染、损坏承担赔偿责任,但由于下列原因造成的,承运人不承担赔偿责任:

(1)不可抗力。

(2)货物本身的自然属性或合理损耗。

(3)托运人、收货人或押运人的过错。

保价运输的货物发生损失时的赔偿额，按照实际损失赔偿。全批货物损失时，最高不超过保价金额；一部分损失时，则按损失货物占全批货物的比例乘以保价金额赔偿。

托运人或收货人向承运人要求赔偿时，应按批向到站或发站提出"赔偿要求书"，并附货物运单、货运记录(或普通记录)和有关证明文件。

托运人、收货人向承运人要求赔偿的有效期限为180日。有效期限由下列日期起算：货物灭失、损坏为承运人交给货运记录的次日；货物全部灭失，未编有货运记录的，为运到期限期满后的第31日。

承运人在运到期限期满后，经过30天仍不能交付的货物，托运人、收货人可按货物灭失向到站要求赔偿。

对属于承运人承担赔偿责任的货物损失，承运人要主动向托运人或收货人赔偿。办理赔偿的最长期限，自车站接受赔偿要求书的次日起至填发"货运事故赔款通知书"时止：款额在5000元及以下的为10天；款额超过5000元未满5万元的为20天；5万元及以上的为30天。逾期未能赔付时，每超过一天，处理站应向赔偿要求人支付赔款额1%的违约金。违约金最多不超过赔款总额的20%。

第二节　铁路货物保价运输管理办法

一、保价货物的受理和安全防范

车站受理保价货物时，应审查货物运单、物品清单中有关保价运输内容的填写情况，正确核收货物保价费用。

车站受理一批保价金额在50万元及以上的整车货物、大型集装箱货物，一批保价金额在30万元及以上的1吨集装箱货物和一批保价金额在20万元及以上零担货物，应建立"保价货物(B)运输台账"并逐级报告，由铁路局保价机构下达命令号批准，另有指示时，按其指示办理。

保价货物(B)运输台账见表4-1。

表4-1　保价货物(B)运输台账

顺序号	日期	发站	到站	托运人	收货人	品名	件数	重量	车车种号	保金价额	批准号	附记
1	2	3	4	5	6	7	8	9	10	11	12	13

规格：8开横印

按上款办理的保价货物，车站应在货物运单、货运封套或货车装载清单上加盖“△B”戳记（或用红色书写），并在“列车编组顺序表”（运统-1）记事栏内注明“△B”字样。

对△B货物，车站应及时组织装车和挂运，运送途中严格交接检查。

装有△B的贵重、易盗的整车货物，各铁路局根据需要组织武装押运。押运区段由各铁路局决定（押运办法另定）。

各编组站、区段站对装有△B货物的货车应及时挂运，在站中转停留时间一般不超过 24 h（零担、集装箱货物中转时间一般不超过 36 h），对保留列车中装有△B货物的货车，车站负责派人重点看护。

标有△B的货物，运抵到站后，车站应采取有效的防范措施，并及时通知收货人领取。

对未标有△B的保价货物，各站均应结合本站情况采取必要的防范措施。

保价货物运输报告见表 4-2。

表 4-2　保价货物运输报告　　　　年　月

项目 日期	总发送量				其中保价货物发送量				保价金额		保价收入		代办保险		附记
	计	整车	集装箱	零担	计	整车	集装箱	零担	计	其中△B	计	其中△B	批	劳务费收入	
	（千批/千吨）	（千批/千吨）	（千批/千吨）	（千批/千吨）	（千批/千吨）	（千批/千吨）	（千批/千吨）	（千批/千吨）							
1	2	3	4	5	6	7	8	9	10	11	12	13	14	15	16

单位领导：　　填报人：　　填报日期：　年　月　日　　填报单位：

规格：8 开横印

注：1. 1 栏，车站使用时为日期，路局使用时为主要站别，铁道部使用时为铁路局或主要站别。

2. 铁路局报部时，批、吨（2～9、14 栏）均以“千”为单位，车站报铁路局时以批、吨为单位上报。保价金额（10、11 栏）均以“万元”为单位（以上小数点后保留一位）。保价收入及保险劳务费收入（12、13、15 栏）按实收款额统计。

二、保价货物赔偿

到站或发站应根据托运人或收货人的要求受理赔偿。对承运人责任明确的事故，发站（铁路局）根据权限，可以办理事故赔偿，并通知到站（铁路局）和有关单位。受理赔偿时，须审核赔偿要求人的权利、有效期限、“赔偿要求书”内容以及规定的证明文件。对于保价金额与实际价值相符的一般事故，不要求提供价格证明。但保价金额与货物的实际价值有很大差距时，须要求其提供证明材料进行核实。审核无误后，在“赔偿要求书收据”上加盖车站公章或货运事故处理专用章，交给赔偿要求人。

（一）赔偿处理权限

1. 赔款额在 5 000 元及以下的，由车站（非决算单位的车站由车务段，以下同）审核赔偿。

2. 赔款额在 5 000 元及以上的，由铁路局保价机构审核赔偿。

（二）赔偿处理程序

1. 车站受理的以及铁路局接到的赔偿案件，应按顺序登入“货运事故赔偿登记簿”内。

2. 车站对不属于自己权限的赔偿案件，自受理赔偿之日起，3 日内以“货运事故查复书”写明调查过程及原调查材料现存某站，并将车站存查的调查材料上报铁路局，抄知责任站。

3. 经处理站(铁路局)确定，对确属承运人责任的事故，应对外先行赔付，然后划分铁路内部责任。对托、收货人赔偿时：

(1)铁路内部责任单位明确的，按现行规定填制“货运事故赔款通知书”(以下简称“赔通”)对外赔偿，并向责任单位清算转账。

(2)铁路内部责任单位尚未明确的，由处理单位先赔付，其“赔通”(正本)的责任单位和有关单位暂不填记，该“赔通”作为对外支付赔款的依据。按有关规定确定责任单位后，由定责单位填发“保价货运事故定责通知书”并附“赔通”副本一份，送责任单位和有关单位，保价财务据此转账支付。

4. 凡由处理站(铁路局)最后确定责任的事故责任站(铁路局)必须尊重其处理意见，及时转账。

(三)责任单位对处理单位划分的责任有不同意见时

应先行转账，然后按下列规定上报裁定：

(1)自局管内责任的，由铁路局确定。

(2)跨局责任属于到站处理的，由到达铁路局确定；属于铁路处理的，货物损失在 10 万元及以上未满 15 万元的，由到达局确定。货物损失在 15 万元及以上的大事故及重大事故，报主管局联系有关局协商处理。如仍未达成一致意见，处理局应自事故发现之日起 60 日内以局文报部裁定，抄有关局。

(3)需上报裁定的，责任单位自接到“赔通”5 月内上报，各级自接到上报材料之日起，15 日内作出裁定。

(四)赔偿期限

严格按照《铁路货物保价运输办法》的有关规定办理，认真贯彻“对确属承运人责任的事故，应对外先行赔付，然后划分铁路内部责任”的原则。

(五)赔偿通知

赔偿处理单位应填发“赔通”。“赔通”分为正本和副本：正本为领、付款凭证(由银行转账或经邮局汇付时交本单位财务部门，支付现款时交赔偿要求人)；副本为赔偿通知，除填发单位留存一份外，分别发给本单位财务部门(做清算用)、赔偿要求人(凭正本领取时不再发给)、责任站(铁路局)、到站(车站处理的报主管铁路局)。

保价货物赔款，除个人物品及无银行账号的个体经营者外，一律不支付现金。

(六)转账划拨

一批货物的赔款额或铁路局间分摊后的赔款额在 500 元及以上时，实行清算制度。车站一律上报主管铁路局。每份“赔通”附一份转账单，二份以上时，每一责任局列一份转账单，由主管局汇总，每月向责任局清算一次。责任局自接到处理局汇总的赔款转账单的次日起，10 日内向处理局支付。

对不按规定及时转账的责任局，铁道部每季度进行一次强行划拨，并加扣 5%的资金占用费给处理局。

保价货物赔偿登记簿如表 4-3 所示。

表 4-3　保价货物赔偿登记簿

顺序号	记录			发到	到站	运单号码	品名	事故种类	事故等级	送出或到达月日	责任者及处理结果	结案日期	赔偿						记事
	编制月日	编制站	号码										要求人	要求款额	受理月日	结案月日	核赔款额	赔款通知书号码	
1	2	3	4	5	6	7	8	9	10	11	12	13	14	15	16	17	18	19	20

规格：8 开横印

三、保价运输财务管理

货物保价费应使用货票核收，托运人如提出要求，也可以使用“保价费补退款收据”核收。货物保价费在“票据整理报告”(财收—4)和“运输进款收支报告”(财收—8)中列专项收入。

货物保价费实行专款专用，单独核算。

四、货物保价费支出范围

1. 事故货物赔偿。
2. 货运安全防范措施所需费用。
3. 货运事故勘察、施救所需费用。
4. 保价运输机构管理费。
5. 保价运输有关人员表彰奖励费。

各项费用的比例由铁道部另行确定。

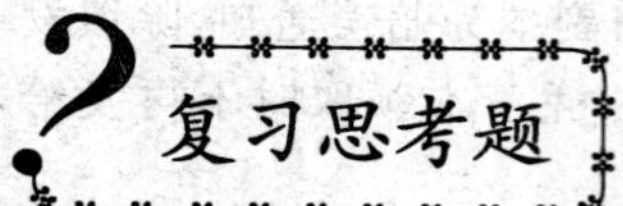

1. 货物保价费支出范围有哪些？
2. 承运人从承运货物时起，至将货物交付收货人时止，对保价货物发生的灭失、短少、变质、污染、损坏承担赔偿责任，但由于哪些原因造成的，承运人不承担赔偿责任？
3. 保价率不同的货物作为一批托运时，应分项填记品名及什么？
4. 保价费率最高为多少？
5. 保价运输货物变更到站后，保价费怎么处理？

第五章　国际铁路货物联运

第一节　国际铁路货物联运概述

一、国际铁路货物联运的概念

在两个或两个以上国家铁路全程货物运送中，使用一份运送票据，并以参加运送国家铁路连带责任办理的运输方式，称为国际铁路货物联运。

二、国际铁路货物联运的特点

国际铁路货物联运主要有以下两个特点。

1. 使用一份铁路运送票据完成货物全过程运送

在国际铁路货物联运中，参加运送的国家铁路作为统一的承运人，根据相互签署的铁路国际运输法并采用该运输法规定的一份运送票据（运输合同），负责从一国铁路发站承运发货人托运的货物时起到运至另一国铁路到站（无论经过几个国家铁路）交付收货人为止。

2. 负责货物全过程运输的所有铁路承担连带责任

在货物全过程运送中经过两个或两个以上国家铁路，但每一运送的铁路，自接收附有运单的货物时起，即认为参加了这项运输合同，并承担由此而产生的义务。

三、我国的国境站及国境站至国境线的里程（表 5-1）

表 5-1　我国国境站及国境站至国境线里程表

国境站	国境站至国境线的里程(km)	国境站	国境站至国境线的里程(km)
（中俄）满洲里	10	（中朝）集安	7
（中俄）绥芬河	6	（中朝）图们	2
（中越）凭祥	14	（中蒙）二连浩特	5
（中越）山腰	7	（中哈）阿拉山口	4
（中朝）丹东	2	—	—

四、办理种别

一个发站按一份运单从一个发货人处承运，发往一个到站一个收货人的货物，即为一批货物。有下列办理种别：整车货物、零担货物、集装箱货物和轮式集装箱货物。

1. 整车货物

凡按一份运单托运的按其体积或种类需要单独车辆运送的货物，即为整车货物。

2. 零担货物

凡按一份运单托运的总重不应超过 5 000 kg 的，并按其体积或种类不需单独车辆运送的货物，即为零担货物。

根据参加运送各铁路间的商定，总重超过 5 000 kg 的货物，如按其体积不需要单独车辆运送，则准许按零担货物条件运送。

3. 集装箱货物

凡按一份运单托运的，用通用中吨位集装箱、通用或专用大吨位集装箱运送的货物或空的通用中吨位集装箱、通用或专用大吨位集装箱，即为集装箱货物。

4. 轮式集装箱货物

凡按一份运单的重载汽车列车（装载在 1 辆或 2 辆车上）、汽车、挂车、半挂车或可甩挂汽车车身，或者在铁路上使用其运送货物之间或之后的空的汽车列车、汽车、挂车、半挂车或可甩挂汽车车身，即为轮式集装箱货物。

五、国际铁路货物联运的运单

1. 运单的分类

运单分慢运和快运两种。快运运单的正面和背面的上、下边带有 1 cm 宽的红边以示区别。

2. 运单的组成及传递

运单由五张组成：

(1)运单正本（随同货物至到站，并连同第 5 张和货物一起交给收货人）。

(2)运行报单（随同货物至到站，并留存到达路）。

(3)运单副本（运输合同缔结后，交给发货人）。

(4)货物交付单（随同货物至到站，并留存到达路）。

(5)货物到达通知单（随同货物至到站，并连同第 1 张和货物交给收货人）。

第 1 张和第 5 张，以及第 2 和第 4 张应在左边相互连接。允许第 1～5 张在上边连接。

补充运行报单必要增加的份数为：

发送路两份；

参加运送的每一过境路一份。

注：各份补充运行报单中，第一份（存根）留存发站，一份留存发送路的出口国境站，参加运送的每一过境路的出口国境站各留存一份。

3. 运单的填制

(1)运单的记号说明：

“×”——表示应由发货人填写。

“○”——表示应由铁路填写。

“×○”——表示应由发货人或铁路填写（视由何人办理货物装车或车辆施封而定）。

(2)运单正面未划粗线的为运送本批货物所需的各栏，由发货人填写；运单正面划粗线的各栏和背面所有各栏，均由铁路填写；运单中记载的事项，应严格按照为其规定的各栏和各行范围填写，但第 9～11 栏的“一般说明”中规定的情况除外。

(3)运单各栏内容按照国际货协附件 12.5 规定填写。

六、货物运输变更

运输合同的变更权，属于发货人以及收货人。

1. 发货人对运输合同变更的范围：

(1)在发站将货物领回。

(2)变更到站，此时，在必要的情况下应注明变更运输合同后货物应通过的国境站；如因变更合同出现过国境路运送费用通过支付人(代理人，代理公司等)支付，则还应注明这些铁路运送费用支付人。

(3)变更收货人。

(4)将货物返还发站。

2. 收货人对运输合同变更的范围：

(1)在到达国范围变更货物的到站。

(2)变更收货人。

此时，收货人只可在到达国进口国境站、且在货物尚未从该站发出时，根据《国际铁路货物联运协定》的规定办理运输合同的变更。

如货物已通过到达国的进口国境站，则收货人只能按到达路现行的国内规章办理运输合同的变更。

3. 铁路只在下列情况下，才有权拒绝变更运输合同或延缓执行这一变更：

(1)应变更运输合同的到达路车站，接到申请书或发站或到站的电报通知后无法执行时。

(2) 可能违反铁路运营管理时。

(3) 与参加运送铁路所属国家的国内法令和规章有抵触时。

(4) 变更到站后，货物的价值不能抵偿运到新到站的一切预期费用时，但能立即缴付或能保证这种费用款额时除外。

4. 特别说明：

(1) 变更运输合同时，不准将一批货物分开办理。

(2) 发货人和收货人可以各自变更一次运输合同。

第二节 国际铁路联运进出口货物国内段的运输费用

一、核收规定

进口货物国内段运费、国际铁路联运进出口货物在国境站上发生的杂费和国际铁路联运过境货物在国境站的换装费，均在国境站向收货人(托运人)或其在国境站的代理人核收。

二、货物运输费用费率的确定

出口货物按发站承运当日实行的运价率计算；进口货物按进口国境站在运单上加盖日期戳当日实行的运价率计算。杂费按发生当日实行的费率计算。

三、运价里程的确定

进、出口货物的运价里程，除按《货物运价里程表》及铁道部有关规定计算出发站至到站（国境站）的运价里程外，还应将国境站至国境线的里程计算在内。

四、计费重量的确定

1. 进口整车货物的计费重量

(1)以一辆车或数辆车接运一批货物以及数辆车套装接运数批货物（包括换装剩余的整车补送货物），按接运车辆标重计费。货物重量超过标重时，按货物重量计费。

(2)以一辆车接运数批货物，每批按 30 t 计费，超过 30 t 按货物重量计费。

(3)原车过轨不换装货物，按车辆标重计费，货物重量超过标重时，按货物重量计费。

(4)汽车按接运车辆标重计费。发送路用双层平车装运的小轿车，换轮直达到站时，每车计费重量为 90 t。

2. 出口整车的计费重量

出口整车的计费重量按《铁路货物运价规则》有关规定执行。

五、杂　　费

1. 运单费

国际联运运单（每份五张）以及供托运人报销运费用的补充运行报单均按铁路货运营运杂费费率表规定的费率核收。

2. 验关手续费

进、出口货物在国境站的验关手续费，整车和集装箱每批 33 元，零担每批 16 元。

3. 换装费

进口货物在国境站的换装费，整车普通货物每吨 16 元，其中炭黑、沥青、焦油及按危险货物运送条件运送的货物每吨 32 元。普零货物每 10 kg 0.16 元，危零货物每 10 kg 0.32 元。集装箱按国内标准规定计算。笨重货物的换装费率，整车货物每件重量 501～1 000 kg 每吨 18 元，1 001～3 000 kg 每吨 22 元，3 001～5 000 kg 每吨 28 元，5 001～8 000 kg 每吨 35 元，8 001～15 000 kg 每吨 42 元，15 001～20 000 kg 每吨 52 元，20 001～80 000 kg 每吨 68 元，超过 80 吨每吨 80 元；笨重零担货物按上述标准计算；笨重危险货物按上述标准加 50%计算。发送路用专用货车装运的小轿车，换装费按每吨 24 元计算。

换装需要加固时，核收加固材料费，按所用材料成本价加 30%计算。

4. 声明价格费

进、出口货物声明价格费，按运单记载的声明价格的 3‰计算。

5. 整理费、搬运费、杂作业人工费

进、出口货物由于托运人或收货人原因，造成在国境站上发生的整车换装整理费、搬运费、杂作业人工费等按《铁路货物装卸作业计费办法》和铁道部规定的费率核收。

6. 运输变更费用

进口货物在国境站或中途站办理运输变更时，按《铁路货物运价规则》第 47 条规定的费率，以发送路原使用的车辆数核收变更手续费。由于收货人代号改变而变更收货人时，也应核收变更手续费。从朝鲜进口整车煤炭，在国境站办理变更到站，按上述费率减半核收。

7. 货车滞留费

进、出口货物由于托运人、收货人原因，造成货车在国境站上滞留时，应按货车滞留日数（不包括铁路正常办理手续的时间），从货车到达次日起，不足一日按一日，核收货车滞留费，每车每日120元。超过5日，从第6日起，每车每日核收滞留费240元。超过10日，从第11日起，每车每日核收滞留费480元。危险货物货车滞留费在上述标准基础上每车每日另加10%。

8. 装卸费和暂存费

进、出口货物落地时，货物装卸费和暂存费按《铁路货物运价规则》第四章"杂费"的规定计费。

9. 过秤费

向朝鲜出口整车散装的煤、石膏、焦炭、矿石、矿粉、熟矾土、黄土、碗土和向越南出口整车散装货物，均在国境站用轨道衡复查重量，核收过秤费。进口货物在国境站如收货人或其代理要求过秤复查重量，应记载并核收过秤费。

复习思考题

1. 简述国际铁路货物联运的定义及特点。
2. 我国的国境站有哪些？国际铁路联运中的"一批货物"是怎么规定的？
3. 简述国际联运货物运单的组成。
4. 请分述国际铁路货物联运中发货人、收货人对运输合同变更的范围。
5. 国际铁路货物联运中铁路拒绝变更运输合同或延缓执行变更的情况有哪几种？
6. 国际铁路联运货物国内段运输费用费率及计费重量分别是怎么确定的？
7. 怎么确定进口整车货物的计费重量？
8. 核收国际联运铁路货物杂费时，货车滞留费怎么核收？
9. 计算运价里程时，国际联运货物，应将国境站至哪里加入运价里程内计算？

第六章 铁路货物收入管理

第一节 会计概述

一、会计的概念、基本职能

1. 会计的概念

会计是以货币为主要计量单位，反映和监督一个单位经济活动的一种经济管理工作。

2. 会计的基本职能

会计的基本职能包括进行会计核算和实施会计监督两方面。①会计核算职能是指会计以货币为主要计量单位，通过确认、记录、计算、报告等环节，对特定主体的经济活动进行记账、算账、报账，为各有关方面提供会计信息的功能；②会计监督职能是指会计人员在进行会计核算的同时，对特定主体经济活动的合法性、合理性进行审查的功能。

二、铁路运输收入会计的基本任务、核算的原则

(一)铁路运输收入会计的基本任务

1. 对运输收入进行正确、及时、完整的会计核算，确认各项运输收入，编报运输收入会计报表。

2. 全面反映和监督运输收入资金的动态变化和结存情况，管理运输收入专户银行存款，组织运输收入的资金缴拨，准确反映债权债务的结算情况，压缩在途资金。

3. 正确、及时地反映和办理铁道部与铁路运输企业之间，各铁路运输企业之间，铁路运输企业内部，铁路运输企业与其他企事业单位之间运输收入的资金结算。同时为其相互间的营业收入清算提供收入信息。

(二)会计核算的原则

1. 运输收入会计核算以实际发生的经济业务为依据，按照权责发生制的原则处理各项经济业务，如实反映运输收入动态。

2. 运输收入的核算实行发送核算制度，由承运的车站负责计费收款，由收款铁路运输企业负责按照运输收入分项审核、并按其归属核算列账。

3. 运输收入实行专户核算。现金和银行存款收支以实际发生月、日为准，汇总转账或调整凭证以报告月份为准。

4. 收入审核是会计核算的基础和组成部分，对运输收入原始凭证必须进行全面审核，未经审核的凭证不得作为列账的依据。

5. 正确设置和运用会计科目，按月汇总、分项填制记账凭证、登记账簿和编制会计报表。

三、会计工作岗位设置要求

会计工作岗位是指一个单位会计机构内部根据业务分工而设置的职务岗位。会计工作岗位可以一人一岗、一人多岗或一岗多人。

会计工作岗位的设置时应符合内部牵制制度的要求，以保护资产的安全，并提高会计信息质量。单位内部牵制制度包括职务分离控制、授权批准控制、文件记录控制、财产保全控制、业绩报告控制、内部审计控制等。因此在设置会计工作岗位时，必须遵循"不相容职务相互分离原则"。使之相互制约、相互监督。例如，单位不得由一人办理货物资金业务的全过程；单位建立账款分管制度，分别设立会计、出纳岗位；出纳人员不得兼管稽核、会计档案保管和收入、费用、债权债务账目的登记工作。各单位应建立印鉴分管制度，严禁单位银行预留印鉴和个人印章与支票由同一个人保管。

要有计划地对会计人员的工作岗位进行轮岗，以促进会计人员全面熟悉会计核算与监督业务，并不断提高会计业务技能和业务素质。《铁路会计基础工作规范》规定："会计人员的工作岗位应当有计划地进行轮换，一般以 3 至 5 年轮岗一次为宜。岗位轮换的期限各单位可根据实际情况决定。"

第二节　会计凭证及会计账簿

一、会计凭证

（一）原始凭证

1. 货票、客货运杂费收据等票据的报告页。

2. 车站退款证明书、退款通知书、垫款通知书和运输进款动支凭证。

3. 现金和转账支票进账单、汇款单、利息通知单、银行对账单。

（二）记账凭证

记账凭证包括收款凭证、付款凭证、转账凭证、汇总收款凭证、汇总付款凭证、汇总转账凭证六种。

1. 记账凭证编制说明

(1)收款凭证

收款凭证是记载现金及银行日记账、总账、明细账的依据，反映现金及银行存款科目的增加及其对应科目的增加或减少，应凭缴款单、进账单据编制。

(2)付款凭证

付款凭证是记载现金及银行日记账、总账、明细账的依据，反映现金及银行存款科目的减少及其对应科目的增加或减少。办理付款业务必须严格执行运输收入进款动支范围和银行有关规定。发生"现金"科目转存"银行存款"科目时只编制付款凭证。对手续不全、不符合规定的业务事项，会计人员有权拒绝执行。

(3)转账凭证

转账凭证是记载货币资金以外的经济业务及登记总账、明细账的一种凭证，应根据原始凭证和原始凭证汇总表编制。

(4)汇总凭证

汇总收款凭证、汇总付款凭证是为了减少登账次数,便于结账,直接登账的记账凭证。根据收、付款凭证分别编制。

2. 记账凭证注意事项

(1)记账凭证应按月连续编号。

(2)收付款凭证一般不得用红色编制,因特殊情况,允许用红色编制银行收款凭证,并将原对应科目冲销。

(3)一个单位同一决算报告有两个不同银行存款户时,应分别编号,以示区别,避免互相混淆造成错账、乱账。

(4)编制记账凭证的文字要书写端正、清晰,不得使用自造简化字。

(5)收付款、转账凭证,包括汇总凭证,每月应按顺号装订成册,加具封面,妥善保管,不得丢失。

(6)收付款凭证必须按日登记现金、银行存款日记账,每月应与银行对账单核对,发生不符时应及时查明处理。

(7)汇总凭证的编制,根据业务量的大小可以按日、五日、旬编制。

(8)未经会计主管审核盖章的收款凭证、付款凭证、转账凭证,不得登账。计算机制证时,必须经在计算机中注册的财务主管审核通过后,方可记账。

二、会计账簿

(一)会计账簿的作用

会计账簿按照运输收入会计科目(即总账科目、明细科目)设立总账、明细账、日记账三种,各铁路运输企业根据经济业务需要可增设辅助账,但不得以表代账。

各种会计账簿的基本内容包括:封面、扉页和账页。封面应标明:单位名称、账簿名称、会计年度、册数等项目。扉页应当附启用表,并列明科目索引表,启用表的内容包括:启用日期、账簿页数、记账人员和会计机构负责人(会计主管人员)姓名,并加盖名章和单位公章。记账人员或会计机构负责人(会计主管人员)调动工作时,应当注明交接日期、接办人或监交人姓名,并由交接双方签名或盖章。账页的基本内容包括:账户名称、登记日期栏、凭证种类和号码栏、摘要栏、借贷方金额栏、借贷方向栏、结余额栏、总页次和分页次。

(二)会计账簿的记账说明

1. 总账

(1)总账必须按收入规则规定的总账科目设置,并分别按资产和负债科目编号顺序排列,不得简化只写科目编号不写科目名称。

(2)月初余额按上月末各科目余额转记,本期发生额按记账凭证借或贷方合计数填记,业务量较多的单位可编制汇总凭证,以其为凭登记总账。

(3)月终结账时,应将总账科目余额进行试算平衡,据以核对明细账和编制会计报表。

2. 明细账

明细账必须根据本规则规定的总账科目所属明细科目设置,并按资产和负债科目编号顺序排列,它是总账的明细记录,是由各明细账户组成的一种分类账。为编制会计报表提供所需资料。根据记账凭证记账，月终结出本月发生额、累计发生额和余额，并与总账核对相符。

3. 日记账

日记账分为现金日记账和银行存款日记账。

银行存款日记账根据每日审核无误后的银行收付款凭证序时逐笔登记。银行存款日记账采用收、支、余三栏式。一个单位开设两个以上存款账户应分户建立银行存款日记账。银行存款日记账应与银行对账单核对，发生未进账事项或误进误支事项时，要及时与银行核对清楚进行调整。月末银行存款日记账与银行记账单余额不符时，除记账错误外，应编制“银行存款余额调节表”，调节后余额应相互一致。“银行存款余额调节表”的目的是核对账目，不能作为调整银行存款账面余额的原始凭证。“银行存款余额调节表”与收付款凭证装订在一起保管。日记账不能跨年度使用。

(1)站段银行日记账的记账

① 凭每日银行盖章的“收款通知”联按日逐笔记账。

② 上缴各铁路运输企业运输收入和退还旅客票价、托运人、收货人运费，凭“汇款单”、“支票存根”逐笔记账。

③ 对银行责任误进、误支款，凭银行出具的特种转账凭证记账。

④ 银行退回空头支票，如银行已入账按退票处理，凭“退票凭证”记账。如银行未入账退回空头支票，不记账，同时登迟交运杂费辅助账，通知经办人补收。

(2)银行存款日记账的核对

① 银行存款日记账应及时与“进账单”、“银行对账单”核对，并在“银行对账单”上标明运输收入日期。

② 汇缴铁路局款和退款，要逐笔核对，并标明运输收入期间和“退运费”字样。

(3)银行存款日记账发生不符的处理

① 银行存款日记账应与银行对账单或进账单核对，发现银行存款日记账漏登时，应补记入账，标明原运输收入日期。

② 发现银行存款日记账金额记错时，应在原金额上用红色墨水画双线并加盖戳记将正确金额写在原金额上面，并改正结余额。

③ 发现银行对账单记错时，应及时通知银行纠正。并在对账单错记项中注明。

④ 发现已开出退运杂费支票未从银行列支产生未达账项时，应按规定编制银行余额调节表。

(4)银行存款动态报告的报送

“车站银行流转额表”(财收—31)是站段银行存款动态的综合反映。“车站银行流转额表”应与银行存款日记账、银行对账单完全相符。对银行未进账的运输收入单据和未交银行的现金、支票按规定填写清单，清单金额应与本表“本月运输收入次月存入银行”栏金额相符。清单同本表一并报送。实行会计电算化的单位，日记账可以不采用订本式，但必须达到如下要求：

① 当天必须输入收款凭证和付款凭证。

② 月末打印全月的现金和银行存款日记账。

③ 除日记账外的其他会计账簿按季打印。

(三)记账规则

记账是会计核算的重要环节，运输收入会计应按照会计人员分工负责制的原则处理经济业务,做到分工明确,登账及时,内容完整,摘要清楚,字迹端正清晰。账簿应保持整洁,按规定修改差错。

1. 开账

年初开账应将上年度余额转为本年度各科目的年初数,在新账页第一行记明"上年结转",不需编制转账凭证。

2. 记账

登记账簿,以审核无误的记账凭证为依据,按照记账凭证日期、编号、摘要、金额逐项填写清楚。

在登记入账前,如果发现填制的记账凭证错误,应重新填制。

已登记入账的记账凭证,在当年内发现填写错误时,应用红字更正法处理。如果会计科目没有错,只是金额错误,也可将正确数字与错误数字之间的差额,另编一张调整的记账凭证。调增金额用蓝字,调减金额用红字。发现以前年度记账凭证的错误,应用蓝字填制一张更正的记账凭证。

收、付款凭证原则上不能出现红字,发生科目错误应用转账凭证进行更正。实行会计电算化的单位,发现已输入并审核通过或登账的记账凭证有错误的,可以采用红字冲销法或补充凭证法进行更正;记账凭证输入时,红字可用负号"—"表示。

日记账和明细账按记账凭证顺序号记账,总账可按记账凭证或汇总凭证记账,记账后要在记账凭证规定栏画"/"符号,以表示记账完了。记账必须用蓝黑墨水书写,不得用圆珠笔书写,使用红色墨水仅限于结账画线、改正画线、红字冲账。

3. 结账

每月记账完毕,应对各个账户结账,先结总账,后结明细账、辅助账。需要结出当月发生额和截至本月累计发生额的,应在摘要栏内加盖"本月合计"和"本月累计"字样,并在其上下方各画一条红线。需要结出余额的账户,结出余额后,应在"借或贷"栏内注明"借"或"贷"字样。没有余额的账户,应在"借或贷"栏内写"平"字样,余额栏内用"0"符号表示。

年度终了,要各个账户的余额结转到下一会计年度,并在摘要栏注明"结转下年"字样。

结账时,如结账行上方有空白处,应从余额栏的右上角向下至摘要栏的左下角画一条红色对角截止线。

4. 账户备用戳记

为了明确经济责任,简化手续,运输收入会计应备有"银行收讫"、"银行讨讫"、"转讫"、"借"、"贷"、"上年结转"、"本月合计"、"本月累计"、"期初余额"、"期末余额"、"上月结转"、"过次页"、"程前页"、科目编号、名称等小型戳和印章,以及刻有单位全称的小型横条戳和刻有会计人员姓名为记账专用的扁方形名章。

(四)财务处理程序

财务处理程序包括从审核、整理原始凭证、编制记账凭证和汇总凭证,登记账簿,进行试算平衡,到提供编制会计报表资料等全过程。运输收入会计账务处理程序如下。

1. 根据审核无误的原始凭证分别按收款、付款和转账的业务,编制收款、付款和转账凭证。

2. 根据收款和付款凭证办理出纳业务,并按时登记现金、银行存款日记账、明细账。

3. 根据收、付款凭证编制汇总的收、付款凭证登记总账。

4. 根据转账凭证登记明细账和总账。

5. 月份终了，应将现金、银行存款日记账和明细账的余额，与总账的有关余额核对相符。

6. 根据各科目试算平衡后的余额或发生额，提供编制会计报表的资料。

第三节　会计交接和会计档案

一、会计交接

1. 会计人员工作调动或离职，必须与接替人员办理交接手续，没有办清交接手续不得离职。

2. 会计人员交接，要编制移交清册，逐项移交，接受人逐项核对点收。会计凭证、账簿、会计报表和其他会计资料必须完整无缺，如有缺少时，应在移交清册上注明，由移交人负责，移交后发现缺少时，由接受人负责。

3. 会计人员交接，由会计主管监交，会计主管交接由单位领导监交，必要时上级领导部门派人监交。

4. 单位撤销或机构合并，交接双方应全面办理交接手续，未交接清楚不得离职。

二、会计档案的保管

运输收入会计档案包括会计凭证、会计账簿和会计报表，按国家《会计档案管理办法》进行保管。所有会计凭证、会计账簿、会计报表和说明书以及有关汇总资料必须按月(季)整理、装订成册，妥善保管。

运输进款收支总表、分站段的车站银行流转额汇总表作为记账凭证的附件，随会计档案一起保管。

站段银行进账单、缴款单、汇款单等收付款原始凭证及车站银行对账单，经上级收入部门审核后，由站段负责装订、保管。

票据整理报告(财收—4)、运输进款收支报告(财收—8)、退票报告、车内补票移交报告和车内补票移交报告汇总表、退款证明书等原始凭证及原始凭证汇总表须审核后装订、保管。

三、会计档案的保管期限

1. 原始凭证中客货票据报告页为 3 年，其他凭证和原始凭证汇总表为 15 年。

2. 会计凭证(包括银行现金原始凭证、运输进款收支报告及附随原始汇总凭证、记账凭证)为 15 年。

3. 现金和银行存款日记账为 25 年。

4. 总账、明细账、辅助账为 15 年。

5. 季度会计报表和说明及有关附随资料为 3 年。

6. 年度会计报表和说明及有关附随资料永久保管。

四、票据、凭证及账簿的保管和缴销

铁路运输企业使用过的客货运输票据以及各种原始凭证，应按月整理、装订，妥善保管。

使用过的运输票据、凭证和账簿保管期满，由保管单位编制记录，经领导审批后，派人监销。缴销所得价款转同级财务部门。

第四节　铁路货物运输票据

一、铁路客货运输票据的范围和性质

铁路办理客货运输使用的各种车票、行李票、包裹票、货票、客货运杂费收据、定额收据、有价表格等统称为铁路客货运输票据。

铁路客货运输票据是国家批准的专业发票，属有价证券，是铁路运输企业核算运输收入的原始凭证，铁路客货运输票据的各联任何单位不得增减。

二、票据的印制及请领

1．各铁路运输企业所使用的铁路客货运输票据，必须在由铁道部批准并颁发“铁路客货运输票据印制准印证”的铁路印刷厂印制。印刷厂必须严格保密和遵守安全制度，按照铁道部规定的技术标准及批准印制的票种、式样、供应范围印制铁路客货运输票据，并按季将所印制票据的字符、号码、订印单位等事项填写“铁路客货运输票据印制情况表”呈报铁道部财务司备案。

铁道部收入管理部门及经铁道部授权的国家铁路的铁路局收入管理部门，负责对印刷厂的铁路客货运输票据的印制、保管、保密、寄送等工作进行监督检查。

2．站段应在每年11月份提出次年客货运输票据的印制计划，经本企业的收入管理部门审核汇总后，向铁道部指定的印刷厂安排印制计划。

3．站段根据客货运输票据使用量，按2～4个月的储备量，填报“票据请领单”，向本企业收入管理部门请领客货运输票据。铁路运输企业收入管理部门对站段报送的客货运输票据请领单要认真审核发现错误及时纠正，防止误印、脱销和积压，经审核无误后向印刷厂订印票据。

4．经铁路运输企业有关部门批准，在车站范围以外设立的旅客售票点、行包和货物托运制票点，必须建立严格的票据领取、保管、使用、报送、进款汇缴等管理制度，并接受收入管理部门的检查、指导。

5．国家铁路以外的其他铁路运输企业，与国家铁路办理直通运输业务的铁路客货运输票据，由与其接轨的国家铁路的铁路局提供。票据的请领、使用、保管（含到达票据）等工作应接受提供票据的铁路局收入管理部门的监督检查。发生票据事故要及时向提供票据的铁路局收入管理部门通报，并按《铁路运输收入管理规程》的有关规定处理，票据事故赔偿款交提供票据的铁路局列报。

6．站段收到请领的票据后，应对卡片式车票（逐张）及电子车票（逐卷）在15天内，其他票据（逐本）在10天内，清点、验收、登记入账。及时向本企业收入管理部门签回请领单的丙联。

客货运输票据使用前，必须逐张（联）清点，经确认无误后启封使用。清点客货运输票据发

现错误时，应填制“客货票据印刷验收差错记录”（财收—19）报本企业收入管理部门。收入管理部门经审核确认，填制“客货票据缺号证明书”（财收—23）交上报单位作为销账的依据。

7. 车站、列车（包括本站段各售票口及班组）使用的铁路客货运输票据，未经本企业收入管理部门批准，不准相互调拨和借用。

第五节 票据库、票据账与票据

一、票 据 库

铁路运输企业的收入管理部门和客货营业站段均应设立铁路客货运输票据库。配置专（兼）职管理人员，并实行票、账分管制度。未使用票据与使用过的票据应实行分库保管、专人负责的管理制度。

1. 票据库管理的基本要求如下。

（1）站段票据库负责请领、发放票据，掌握票据使用情况，按规定库存量储备客货运输票据，保证运输生产需要，严格控制出库量，确保客货运输票据的安全。

（2）站段票据库应不定期地对所储备、保管的客货票据进行清查，保证账实相符。

（3）建立严格的票据出入库管理制度。

（4）票据库管理人员工作变动时，必须对现存的铁路客货运输票据进行清查，填制“客货票据清查单”（财收—26），与客货票据账核对无误后，由交接双方和单位领导共同签章留存备查。交接不清，移交人不得离职，接收人有权拒绝接收。移交后发生差错，由接收人负责。

（5）票据库必须配备专用的票柜、票架，并有防火、防盗、防湿、防虫蛀、防鼠咬设施，有条件的要设置自动报警装置。库内不准存放与票据无关的其他物品，严禁无关人员出入，保证票据的绝对安全。

2. 客货运输票据入库、领发、出库，均要建立交接清点、登记、签收制度。客货运输票据必须有领票人与票据库办理领用手续，领发时要当面点清，检查无误后双方在“客票票据领发单（财收—12—1）”上签认。领出的客货运输票据，班组间交接时必须办理交接手续，严禁信用交接。

二、票 据 账

1. 票据账的设置

票据账是登记、掌握各种客货运输票据收支情况的专用账簿。铁路运输企业及其站段都必须建立完整的客货票据账。每本“客货票据总账”（财收—5）的封皮后面均应附有“经管人员一览表”（财收—5—1）、“客货票据账目录”（财收—5—2）及“客货票据明细账”（财收—5—3），账页应连续编号装订成册。

填写式册页票据按票据名称、定额票按票面金额设置账页。业务量较大的车站可按营业点分别建账。

2. 票据账的登销

客货票据账登记时必须使用蓝、黑墨水笔填写，并应注意账簿的完整和账面的整洁。账簿记录发生差错时，不准涂改、挖补、刮擦或用药水消除字迹，不得重新抄写，应将错误的文字或数字画双红线注销，但必须使原有字迹仍可辨认，然后在画线上方填写正确的文字或数字，并由记账人员在更正处盖章。对于错误的数字，应全部画线更正，不得只更正其中的错误数字。对于错误的文字，可只更正错误部分。由于记账凭证错误而使账簿记录发生错误，应按更正的记账凭证登记账簿。

客货票据账的领收方应根据票据请领单等登记。发售方应根据票据整理报告、收发月报、缴销单等登记。并严格按照铁道部《运输收入报表格式及说明》中"客货票据总账(财收—5)"的说明所规定的"客货票据账的登销方法"，按月登销，掌握使用和结存数量。

使用计算机登销客货票据账时，应按月备份票据账信息，按年打印书面账页。

三、票据的保管和缴销

1. 对使用完毕的客货运输票据存根页和票据整理报告，要按种别、日期、顺号装订成册，按规定的保管期限保管。对使用过的计算机票(电子客票)碳带也应按规定期限保管备查。

2. 到达客货运输票据的保管。车站对到达的行李、包裹、货运票据(包括相关附件)、到达变更货票抄件，要按照票种、时间顺序分别装订成册，按规定时间保管。

3. 客货运输票据的保管期限。计算机票碳带为 1 年；代用票、区段票、行李票、包裹票、各种货票、客货运杂费收据和其他票据(含到达行李票、包裹票、各种货票)为 3 年；铁路客货运输票据账为 10 年；售出卡片式车票报告、票据整理报告、票据收发月报、铁路客货运输票据请领单为 15 年。

4. 客货运输票据的缴销。对不适用的客货运输票据，应及时清点并填制"客货票据缴销单"(财收—24)并报上级收入管理部门审批后，连同客货运输票据寄送上级收入管理部门点收销账。

对保管期满的客货运输票据、碳带及报表，应填报"票据、报表保管期满销毁单(财收—25)"，报上级收入管理部门审批，并由其派专人负责监销。

四、票据的使用

1. 客货运输票据必须按照票据符号、票号顺序使用。如因工作失误出现越号时，应及时向上级收入管理部门报告，在"票据整理报告(财收—4)"上分行填记上报，并尽快采取措施恢复顺序使用。

2. 对填写式票据，不论是手工填写还是计算机填写，都必须各联同时复写，不得分联填写。

3. 客货运输票据的内容应按照规定逐项填写，不得省略项目。

货运票据的金额、货物品名、重量等与计费有关的栏目填写错误时，按作废票处理。

作废的客货运输票据必须各联齐全，票面上画对角线，并需加盖"作废"戳记。除存根联外其他各联一并上报。

4. 使用计算机填制客货运输票据的，在实际制票工作中如果出现计费方面的错误，应及时报告上级收入、客运、货运和信息管理部门解决。

5. 到达票据的处理。车站对到达的货票，应在票面上填记货物到达、卸车、催领、交付和搬出日期。发生杂费时，应将杂费收据号码、款额、日期填记在到达货票上。对变更到站的货票，除在货票上按上述要求填记外，还应使用"货物运单"根据原票的内容做成抄件留存，原票报上级收入管理部门。

第六节 运输收入构成及运输费用的核收与结算

一、运输收入的构成

铁路运输收入分为客运收入、货运收入、铁路建设基金、代收款。

1. 客运收入是指铁路运输企业在办理旅客运输业务和辅助作业中，使用铁路运输票据，按规定向旅客、托运人、收货人核收的票款、运费、杂费。

2. 货运收入是指铁路运输企业在办理货物运输业务和辅助作业中，使用铁路运输票据，按规定向托运人、收货人核收的运费、杂费。

3. 铁路建设基金是指铁路运输企业在办理货物运输业务过程中，使用铁路运输票据，按规定向托运人、收货人核收的经国家批准征收的铁路建设基金。

4. 代收款是指铁路运输企业在办理旅客、货物运输业务和辅助作业中，使用铁路运输票据或其他专用票据，按规定向旅客、托运人、收货人核收的下列费用：

(1)国际联运应清算给外国铁路的旅客票价收入，行李、包裹、货物运杂费；内地与香港直通运输中应清算给有关铁路方的旅客票价收入，行李、包裹、货物运杂费。

(2)装卸费及其他作业费。

(3)旅客、托运人、收货人预付款。

(4)经铁道部批准的其他代收款。

二、运输费用的核收

铁路运输企业在办理客货运输业务时，必须使用铁道部规定的铁路客货运输票据核收运输费用。使用计算机制票的，必须使用铁道部统一制、售票软件计算运输费用。不得使用铁路客货运输票据核收铁道部规定以外的任何费用。

三、运输费用的核收方式

铁路运输费用具体核收方式分为现付、到付、后付、预付四种。

1. 现付：货物运费以及发站发生的杂费实行发送核算制，由发站负责计费收款，发送运输企业审核列账。

2. 到付：批准按到付办理的货物运杂费、中途站和到站发生的杂费，由到站负责计费收款，到达运输企业审核列账。

3. 后付：符合后付范围的军事运输发生的票款、运费、押运人乘车费，以及铁道部批准的按后付办理的货物运输费用，由发站负责制票，发送运输企业集中审核、列账，并按铁道部制定的结算办法向指定单位进行结算。

4. 预付：铁路客货运输费用在付款人和收款人双方自愿的原则下可签订协议按预付办理。

四、运输费用的结算方式

铁路运输费用结算方式分为现金结算和非现金结算两种。

运输货物发生的运输费用可核收现金。但对企业、事业单位、机关团体和签有协议的单位运输货物发生的票款和运杂费，也可按非现金结算方式办理。中国人民银行规定结算起点以下的票款和运杂费按现金结算方式办理。

对经常发到货物的单位，在不影响车站运输收入进款送存银行的前提下，可按日汇总结算。

铁路运输费用不办理异地托收。

发生退款时，按原收款结算方式办理。

五、军事运输费用的结算

按现付办理的军事运输，其运输费用结算方式，按现付的有关规定办理。

符合后付范围的军事运输发生的票款、运费、押运人乘车费，以及铁道部批准的按后付办理的货物运输费用按后付办理，其他杂费一律按现付办理。

车站对按军运后付办理的客货运输，应使用专用代用票和“军运后付货票”。

六、预付款的结算

旅客或托运人交纳预付款时，受理单位应填开“预付款存入凭证”(财收—33)作为收款依据，由铁路运输企业集中管理。受理单位应按预付款单位建立明细账。

已缴纳预付款的旅客购票、托运人托运货物发生运输费用或要求退还预付款时，受理单位应根据应收费用和应退预付款金额填开“预付款抵用凭证”(财收—33—1)，作为已缴运输收入或退还预付款的依据。

七、行包及货物品名、重量不符的处理

车站发现品名、重量不符造成运输费用多收或少收时，按下列规定处理：

发站发现的，应重新制票，票据各联不全时，应用客货运杂费收据或“车站退款证明书”进行补退，列原运输收入项目，并发电报通知到站及双方收入管理部门。

中途站或列车发现的，通知到站处理。

到站发现或接到中途站、列车通知的，在未接到发站补退处理的电报时，少收运输费用的由到站补收列本企业运输收入，多收运输费用的通知发站退款。到站应将处理情况发电报通知发站及双方收入管理部门。

如发生重复补费时，由违反本条规定的车站办理退款。

发、到站补收的铁路建设基金(不含违约金)必须列原运输收入项目。

八、租、占用运输设备费用的核收

铁路运输企业对外出租铁路运输设备时，应与租、占用方签订租、占用合同，按规定时间及标准核收租用费，并建立“路产出租、使用账簿”(财收—18)，所签订的租用合同内容应包括缴

款日期和发生迟交时核收迟交金等条文，合同副本抄送本企业运输收入管理部门。

九、运输变更费用的处理

货物取消托运时，应将原票据收回注销，注明“取消托运”字样。当日办理时比照作废票据处理。次日以后办理时，另以“车站退款证明书”(财收—16)办理退款，收回的票据(报销联、运输凭证联、领货凭证)随“车站退款证明书”上报。因取消托运发生的各项杂费，另填客、货运杂费收据核收，并将收据号码、收费项目及金额填记在原票据记事栏内。

车站办理行李、包裹或货物变更到站时，由变更后的到站重新计算运输费用，补退差额，在交付时填发客、货运杂费收据或“车站退款证明书”(财收—16)办理补退款手续，原变更票据上报本运输企业收入管理部门，另以运单作成抄件留站存查。新到站发现发站原收运输费用计算错误时，应发电报向原发站及其上级收入管理部门查询答复后再办理补退款手续。

十、多、少收款的处理

站、段必须建立健全铁路客货运输票据及报表的“三检”(自检、互检、总检)复核制度，防止发生差错。

发站复核发现计算错误时，应及时办理补退款手续，并发电报通知到站及本企业收入管理部门，发生的补退款，列原运输收入项目。

到站发现发站原收运输费用计算错误造成少收款时，应发电报通知发站及其上级收入管理部门查询答复后办理补款，补收款(不含铁路建设基金)列其他收入。发、到站补收的铁路建设基金必须列原运输收入项目。

多、少收款超过180天无法处理时，少收款由责任者赔偿，责任者无力赔偿或少收款属单位责任的，由单位负责赔偿，在责任单位营业外支出科目列支。多收款转运营财务部门列营业外收入。

十一、迟交运输费用的处理

付款单位未按规定时间交付运输费用，或交付的转账支票空头，以及属于托运人、收货人责任发生的银行退票，均按迟交运输费用处理。发生欠款时，按欠交款单位分别填开“运输进款欠补款报告”(财收—35)收回欠款时，按规定核收迟交金。发生和收回欠款均应在“运输进款收支报告”(财收—8)中单独列报。

十二、托运人责任垫付款的处理

在运输过程中，对属于托运人责任造成的货物换装、整理、加固或包装补修发生的人工、材料费，车站应填开“垫款通知书”(财收—6)，使用运输进款垫支。垫款在1 000元以下的，冲减垫款本企业其他收入；垫款在1 000元及其以上的，由垫款运输企业列应收账款。垫款站应将“垫款通知书”(财收—6)及有关单据随货物交到站，由到站负责向收货人收回；垫款在1 000元以下的由收回垫款的运输企业列其他收入，垫款在1 000元及其以上的由收回垫款运输企业向支出垫款的运输企业清算。车站发生和收回上述垫款，均应在“运输进款收支报告”(财收—8)中单独列报，并附支付和收回垫款的通知书。

十三、多、少缴款的处理

收入管理部门审核、对账，发现车站、列车应缴款和实缴款不符时，按多、少缴款处理，填发“多、少缴款订正通知书”(财收—11)，并按权责发生制列账。

少缴款处理期限不得超过 30 天，对超过期限未处理的少缴款，转同级运营财务部门先予垫付，由其向责任站、段扣款，在责任人工资内归还。

多缴款超过 180 天未能处理时，转运营财务部门列营业外收入。

第七节　运输收入进款管理

一、运输收入进款管理的基本要求

客货营业单位必须建立严格的运输收入进款管理制度，指定专人负责运输收入进款的保管、存汇及账表编报工作，并实行账款分管制度。专职负责运输收入进款的人员不得直接对外办理客货运输及收付款业务。

运输收入进款存放地点必须有安全设备和防范措施。

车站向银行送存运输收入进款时，从存款地点到送款车辆、送款途中及从送款车辆到银行，必须由公安人员全程护送，没有公安人员的车站，由站长派人护送，日均现金收入超过 1 万元时应使用机动车辆送存银行。

二、运输收入进款的存汇

铁路运输企业和所属客货营业单位应在当地银行开立运输收入存款专户。当地无银行或未在当地银行开户的车站，应按上级收入管理部门规定日期和指定的列车将运输收入进款寄送至代缴站办理存汇或由收入管理部门派专车取送。各级运输收入存款专户均应建立“运输进款银行日记账”(财收—8—1)，车站必须按月将银行对账单报收入管理部门审核。

运输收入进款必须坚持专户管理的原则，专户内不办理运输收入范围以外的其他收付款业务。

站、段的运输收入进款必须在收款次日 12 点前送存银行，并按规定日期上缴上级收入管理部门。各级运输收入会计核算单位应按上级规定办法办理运输收入资金的缴拨。各级缴款单位必须努力压缩资金在途时间，加速资金周转。各级运输收入存款专户的存款利息收入应在银行结息的当月列账。

三、运输收入进款结账与报账

车站、列车运输收入进款应遵守先交款后结账的原则，按日进行结账。结账时间除特定者外，统一规定为 18 点。当月运输收入进款应在当月列账。实行计算机售票和制票的车站、列车，直接收款人员必须在办理交款手续后方可打印结账报表。

现金交接必须当面清点，不准以支票套取现金。结账时发生多出款，应在当日列账上缴，严禁保留账外现金。短少款由责任者当时赔补，不准以运输收入进款或找零款顶数滚欠。

站、段必须按日登记“运输进款收支报告”(财收—8)，做到收支正确，账款相符。“运输进款收支报告”(财收—8)、各种票据、收付款凭证及有关运输收入报表按规定日期分别向上级收入管理部门报账。

四、运输收入进款的动支范围

运输收入进款除下列规定范围外，一律不准动支。

1. 铁道部规定支付的待结算款。
2. 垫付旅客和路外人员意外伤亡、急救或埋葬费。
3. 铁路运输企业批准垫付自然灾害急需款。
4. 垫付托运人责任的途中货车整理换装费和包装补修费。
5. 垫付保价行李、包裹赔偿款。
6. 支付代收款。
7. 支付行李、包裹、货物运到逾期违约金；支付铁路运输企业批准的运输计划违约金。
8. 退还旅客和托运人、收货人的客货运输费用。

五、运输收入进款的汇缴

运输收入进款按规定时间逐级汇缴上级运输收入存款专户。

站段运输收入进款按照本铁路运输企业收入管理部门规定的时间直接上缴本铁路运输企业运输收入存款专户。

股改铁路和合资、地方铁路运输企业向接轨铁路局，以及铁路局向铁道部汇缴运输收入进款的时间为每月逢5日、逢10日(月末为最后一日)。

国家铁路核收的运输收入进款集中上缴铁道部。

股改铁路、合资铁路、地方铁路核收的国铁、其他铁路运输企业运输收入进款除铁道部另行规定结算的运输收入进款外均通过接轨铁路局报缴。铁道部另行规定结算的运输收入进款按已缴款(或已结算款)处理。

军事运输后付运费、铁路大客户的运杂费集中在铁道部结算。

第八节　运输收入事故

一、事故分类与等级

1. 运输收入事故的种类分为现金事故、票据事故和坏账损失。

(1)现金事故：现金丢失、被盗、被抢劫。

(2)票据事故：在印制、保管、发放、寄送、运输和使用过程中所发生的铁路客货运输票据(含使用过的发送、到达铁路客货运输票据和印刷过程中的半成品)丢失、灭失、被盗、短少。

(3)坏账损失：因失职造成的无法收回的运输收入进款。

2. 运输收入事故的等级分为一般事故、大事故和重大事故。

(1)一般事故：损失金额不足1万元。

(2)大事故：损失金额1万元及其以上，不足10万元。

(3)重大事故：损失金额10万元及其以上。

二、事故金额的计算

1. 现金、银行票据和坏账损失按实际损失计算。

2. 卡片式车票和印有固定金额的票据，按票面金额计算。

3. 各种货票、货运杂费收据等未印金额的票据按每组 1 000 元计算。

4. 对使用过的到达铁路客货运输票据事故的金额按上述相应票据计算。

5. 对使用过的发送铁路客货运输票据事故金额能确定运输收入实际损失的，按造成的运输收入实际损失计算，不能确定实际损失的按上述相应票据计算。

三、事故的处理

发生运输收入事故时，应保护好现场，并立即电告收入管理部门和公安部门，及时组织破案。

事故发生后应于 5 日内向本企业收入管理部门提出“收入事故报告表”并附责任人书面材料。重大、大事故应及时书面报告铁道部。发生运输收入事故除经济赔偿外，可视情节轻重对责任者给予行政处分，情节严重的应追究主管领导的行政责任。

一般事故由站、段处理，并报本企业收入管理部门备案。

重大、大事故由铁路运输企业处理，并报铁道部收入管理部门备案。

四、事故的经济赔偿

发生运输收入事故造成的经济损失须由责任者和责任单位赔偿，责任者无力赔偿的部分由事故发生单位负责赔偿，收回的事故赔款列原科目，其中票据事故赔款列其他收入。

第九节　运输收入报表

运输收入报表是由于铁路客货运输票据(原始凭证)所具有的数量大、种类多的特点而产生的。铁路运输企业各营业站段在运输生产过程中因核收客货运杂费而产生了大量的客货运输票据，这些客货运输票据数量庞大、种类繁多，为了便于装订保管、监督检查和提高工作效率，除了将客货运输票据按规定的时间要求向主管收入部门提报外，采取以编制各种业务报表(原始凭证汇总表)的形式向主管收入部门进行报账。

一、运输收入报表的作用和种类

1. 运输收入报表的作用

(1)它是运输收入完成实绩的原始依据。

(2)它是报账单位据以报账的原始报表。

(3)它是主管收入部门据以编制会计报表的原始依据。

2. 运输收入报表的种类

运输收入报表总的来说分为三类。

(1)反映运输收入进款收支管理动态的报表，如：运输进款收支报告(财收—8)、运输进款银行日记账(财收—8—1)、车站银行流转额表(财收—31)等。

(2)反映客货运输票据、发管理动态的报表,如:客货票据请领单(财收—12)、客货票据总账(财收—5)等。

(3)反映运输收入管理工作动态的报表,如:运输收入分析报告与工作总结(财收—38)等。

二、运输收入报表的特点及填报要求

运输收入信息是铁路运输企业经济信息系统中的一个子系统,是计算铁道部、铁路局运输利润的主要信息数据。运输收入信息的传递,主要是通过编制各种业务报表来反映,所以正确、快速、适时地编制好各种业务报表,满足各有关部门对运输收入信息的需要,是至关主要的。为此填报运输收入报表必须遵循以下原则:

(1)客观性原则。即报表中的一切填写数据都要有根有据,真实、可靠。

(2)及时性原则。即各种收入信息和报表必须按主管收入部门的规定时间及时上报。

(3)明晰性原则。即所编制的报表要达到三个要求:一是看得懂(便于阅读和审核);二是看得清(填写字迹要清楚);三是能理解和运用。

(4)权责发生制原则。即要以《铁路运输收入管理规程》规定的列账时间为界限,对收入的列账,不论其款项是否收到均作为实现的运输收入进款在报表中列账(即在"运输进款收支报告"(财收—8)的收入方列账),对支出(退款)的款项,不论银行是否已经支付,均作为已退出的款项在报表中列账(即在"运输进款收支报告"(财收—8)的支出方列账)。

(5)相关性原则。即运输收入信息既要满足财政、审计、税务、银行等国家宏观经济部门的需要,又要满足铁路运输企业各级领导、运输、调度、计划、财务等部门加强内部管理和收入决策的需要。提供运输收入信息应满足以下三点要求:提供时间要快,提供内容要满足需求,提供信息要保证质量。

(6)可比性原则。即在编制运输收入计划中,其数据的口径应当一致,有可比性。例如:遇到运价调整、运价浮动、增开列车等因素,必须注意剔除不可比数据。

(7)一贯性原则。即对运输收入科目必须严格按照《铁路运输收入管理规程》的规定内容填列,前后做到一致。

复习思考题

1. 请解释货运收入、铁路建设基金、代收款、现付、到付、后付、货运收入、票据事故。
2. 铁路运输费用的结算方式是怎样规定的?
3. 到站发现货物品名、重量不符造成运输费用多收或少收时怎么处理?
4. 迟交运输费用怎么处理?
5. 请叙述运输收入进款的动支范围。
6. 运输收入事故分哪几种?请分别叙述。
7. 运输收入事故等级是怎样划分的?
8. 发生运输收入事故后应怎样处理?

9. 编制运输收入报表应遵循哪些原则?

10. 简述铁路运输收入会计核算的原则、会计核算的要求。

11. 简述记账凭证的分类及编制说明。

12. 银行存款日记账发生不符时怎么处理?

13. 请叙述铁路客货运输票据的范围和性质。

14. 票据库管理的基本要求是什么?

15. 客货运输票据的保管期限是怎么规定的?

16. 发生运输收入事故时,各种货票按每组多少元计算?

17. 铁路运输收入分为哪些?

18. 多、少收款超过几天无法处理时,少收款由责任者赔偿,责任者无力赔偿或少收款属单位责任的,由单位负责赔偿,在责任单位营业外支出科目列支,多收款转运营财务部门列营业外收入?

19. A. 国际联运应清算给外国铁路的货物运杂费;B. 装卸费;C. 托运人、收货人预付款;D. 铁路建设基金,这四类费用哪类不属于代收款?

20. 车站应建立货票自核、互核、总复核制度以及票据现金管理制度,制票和收款一般情况不得由一人负责,但特殊情况经铁路局批准可由一人负责。对吗?

21. 铁路客货运输票据,未经上级收入管理部门批准,不准相互调拨和借用。对吗?

22. 三检复核制度的内容是什么?

23. 付款单位未按规定时间交付运输费用,或交付的转账支票空头,以及属于托运人、收货人责任发生的银行退票,均按迟交运输费用处理。对吗?

24. 车站发现运费计算错误时如何处理?

第七章　货票信息管理系统

第一节　货运制票子系统说明

货运制票系统适用于国家铁路、合资、地方铁路的大、中、小型货运站，应用于车站货运发送制票，包括普通整车、零担、集装箱制票，集装箱一口价、汽车箱、军运后付运输制票，进出口整车、零担、集装箱制票及过境联运制票。

一、制票软件的管理与使用

1. 软件功能菜单

(1)设置

文件菜单共有五项内容：

① 发站设置：完成软件的发站属性参数的设置。

② 系统设置：根据用户的设置来完成软件系统参数的配置。

③ 打印设置：完成各种票据的纸张大小，打印偏移等属性的设置。

④ 制票员维护：完成制票员的密码修改。管理员可以添加删除制票员，以及修改制票员的权限。

⑤ 退出：退出软件。

(2)制票

制票功能包括整车制票、零担制票、普通集装箱制票、集装箱一口价制票、国际联运进口货物制票(包括整车、零担、集装箱)、国际联运出口货物制票(包括整车、零担、集装箱)。对每一项功能都可以通过菜单选择项来实现，也可以通过图标选项来实现。

菜单显示如图 7-1 所示。

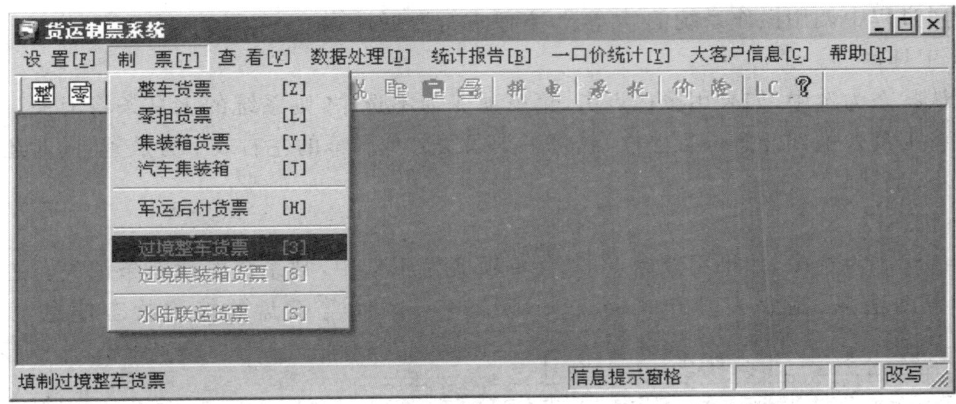

图 7-1　货运制票系统菜单显示

(3)查看

查看项菜单共有 8 项内容,如图 7-2 所示。

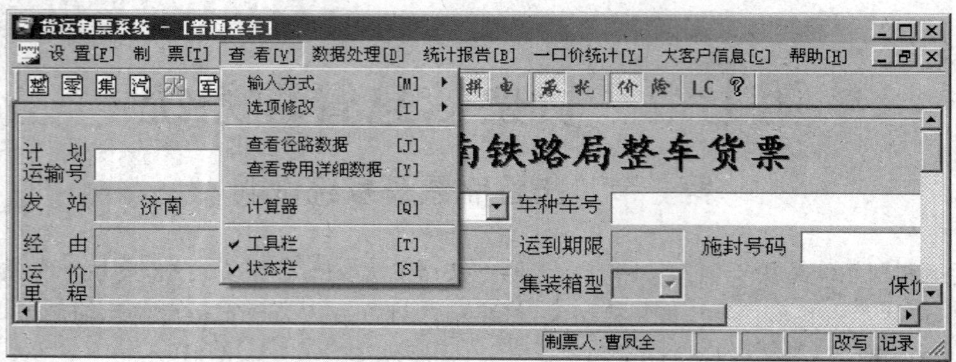

图 7-2 查看项菜单

① 输入方式

输入方式项菜单共有 6 项内容,主要用来在制票过程中对站名输入方式、装车人、货物的保价、保险方式进行选择。被选择的方式在菜单条前面打上对号,系统默认的方式为拼音码、承运人装车、货物保价。

② 选项修改

选项修改菜单共有 5 项内容,完成在制票过程中对发站、货票票号、整车标重、水陆联运第一换装站(目前停用)、水陆联运第二换装站(目前停用)的修改操作。

③ 查看径路数据

显示制票过程中发站、到站之间的径路。包括发到站间的全程、计费、基金、杂费里程及特价区段里程、经由车站等详细数据。

④ 查看费用详细数据

显示整张货票的全部费用,可用来查看费用的计算过程数据。

⑤ 查看系统版本号

显示目前应用软件的制票、综合处理、径路、一口价数据等软件模块的不同版本信息。

⑥ 计算器

制票过程中调用操作系统的计算器,方便进行数据计算。

⑦ 工具栏

默认状态为选中,如果用鼠标点击,菜单项变为不选中,则系统的工具条将消失。也可以用鼠标将工具条拖到任意位置停放,或将工具条摆放到屏幕的左右或下方放置,同时还可以改变其大小、形状。

⑧ 状态栏

默认状态为选中,如果用鼠标点击,菜单项变为不选中,则系统的状态条消失。主要显示系统的帮助信息、制票人、NumLock、ScrollLock、Insert 等键盘的控制状态信息,如图 7-3

图 7-3 状态栏

所示。

(4)数据处理

数据处理项菜单共有 11 项内容，处理制票中的货票查询及作废票、发送装卸费查询、计划返回数据生成、取回执文件、生成车站共享文件、取货运计划、货票共享数据生成、发送货票共享数据、备份存根文件、删除存根文件、删除过期文件等操作。如图 7-4 所示。

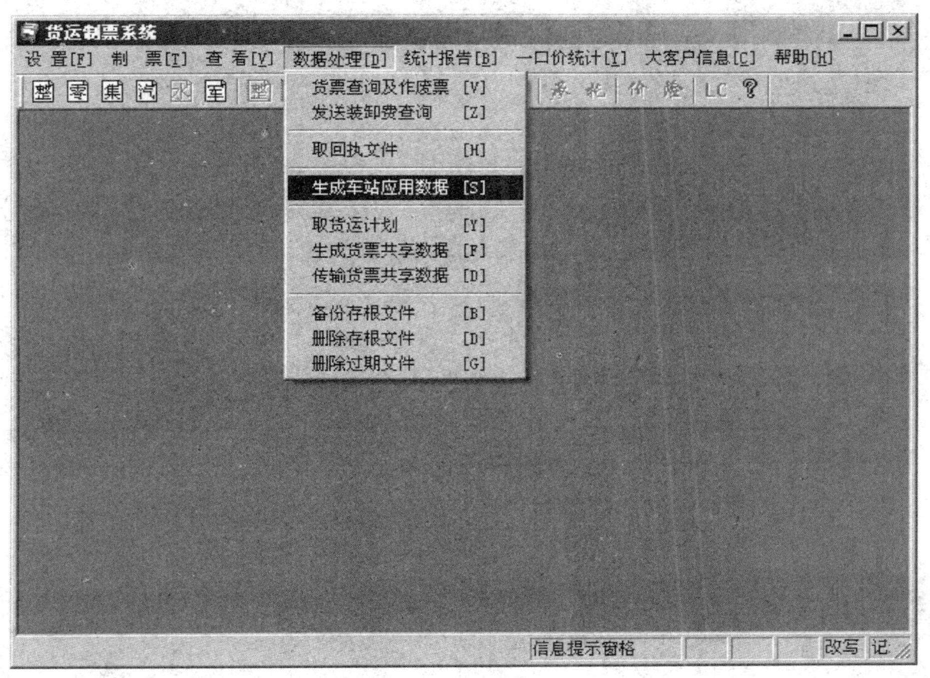

图 7-4 数据处理项菜单

(5)统计报告

统计报告项菜单共有 13 项内容，包括财收四、货报二、本统计、企业货主统计、装车去向统计、货票清单、制票人结账、票号段结账、货物承运簿、装卸费报告、装卸费班组统计、保价报告、保险报告。如图 7-5 所示。

(6)一口价统计

一口价统计项共有 5 项内容，包括集装箱格式二、集装箱格式三、集装箱格式四、集装箱格式七、集装箱格式八。

(7)大客户信息

大客户信息项共有 10 项内容，包括抵扣款文件传输、预付抵用信息统计、大客户装车去向统计、大客户分类装车统计、大客户收入统计、大客户保价统计、大客户保险统计、大客户货票查询、大客户字典查询、大客户信息浏览。如图 7-6 所示。

(8)帮助

帮助菜单共有两项内容。

① 帮助主题：整个软件的操作使用帮助、说明。

② 关于货运制票：软件的系统信息提示。

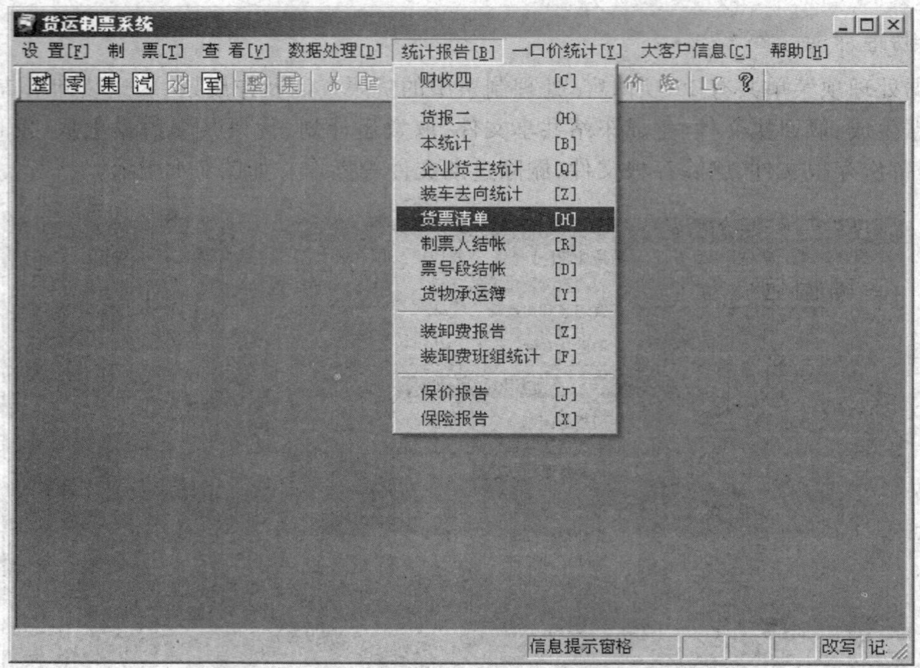

图 7-5 统计报告项菜单

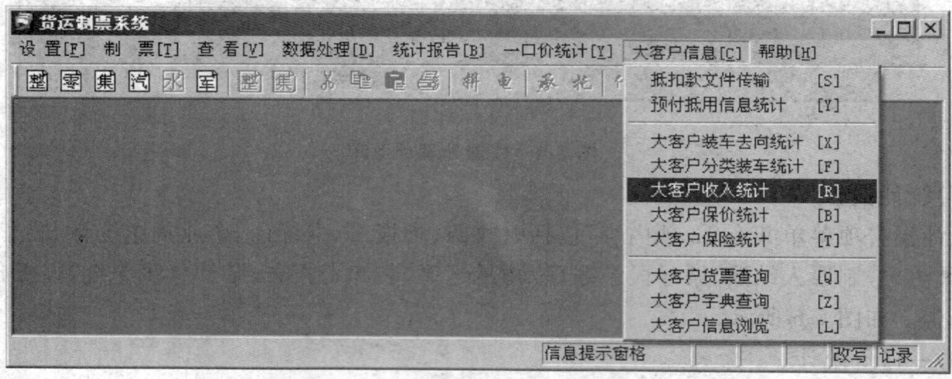

图 7-6 大客户信息项菜单

2. 普通货票填制

(1)功能

该模块是基层货运制票软件的重要模块，它执行货票信息输入、修改、径路里程计算、费用计算、打印货票、存储货票信息等一系列操作，完成整个制票操作过程。

普通货票的填制分整车、零担、集装箱。

(2)模块启动

可以通过屏幕顶部的下拉菜单选择项“制票(T)”选择制票的票种；也可以通过热键(Alt+Z)选择整车制票，(Alt+L)选择零担制票，(Alt+J)选择集装箱制票；还可以通过鼠标点击图标完成选择，如图 7-7 所示。

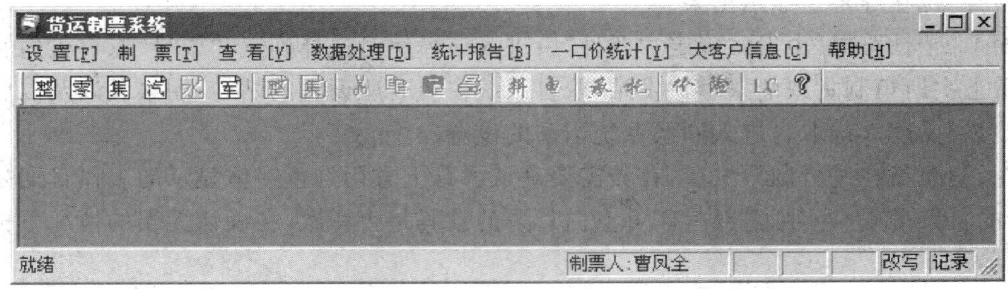

图 7-7　模块启动

按照铁道部运输、财务、统计、信息等部门联合制订的基层货运制票工作流程和控制流程要求，每次选择票种时软件将对制票业务流程进行一次判断，如不符合校验则提示用户注意业务流程控制是否合法。

零担、集装箱制票过程和整车制票在输入和提示上有些不同，二者共用同一制票界面。

3. 整车货票填制

在屏幕菜单上选择整车货票后进入整车制票，屏幕上显示一张空白货票格式如图 7-8 所示。

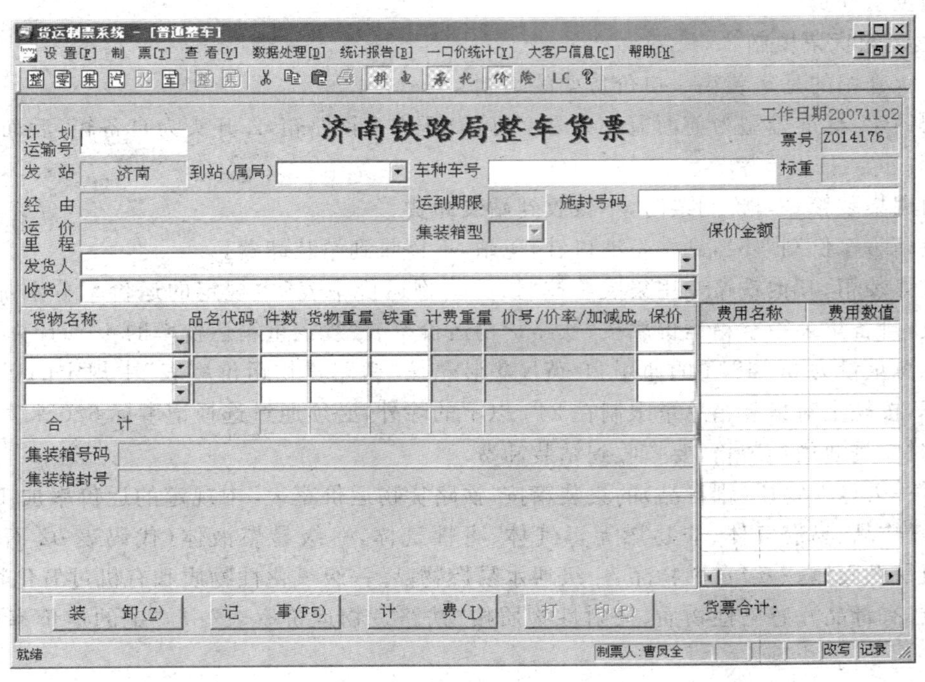

图 7-8　整车货票填制

屏幕所显示的票号是由制票机内自动取出的，每填制完一批货票并打印后，票号自动加“1”，显示的日期取自工作日期，即用户登录时所确定的工作日期。票号和日期都可以人工调整。

这里显示的是一个简化货票格式，和实际货票略有不同，有些内容在屏幕上放不下，可以在输入过程中随时提示并在屏幕显示，然后覆盖；有些内容在实际货票中无显示，但为方便制票人员检查，也在屏幕上显示出来。

票面上的“铁路局”由发站确定；“票种”由进入该模块时选择确定；“票号”取自机内所记录的紧接着上次所填制货票的票号；“发站”取自系统安装时所设置的站名；制票人以及以后打印时的复核人、受理人都取自进入制票系统当前的设置。

注意：制票员在进行制票之前，首先需要确认屏幕上方用红色字体显示的工作日期是否正确，显示的货票号码与实际需要打印的空白货票的号码是否一致，在确认无误的情况下再进行下一步制票。

4. 零担货票填制

零担与整车货票的输入大部分相同。

零担货物以 10 kg 为单位，不足 10 kg 进为 10 kg；零担货票填制发重以公斤(kg)为单位进行输入，与整车不同。

零担货物按货物重量或货物体积折合重量择大计费，即每立方米重量不足 500 kg 的轻浮货物，按每 1 m^3 体积折合重量 500 kg 计算，但是对《铁路货物运价规则》有规定计费重量的货物(指裸装货物)按规定计费重量计费，“铁路货物运输品名分类与代码表”列“童车”、“室内健身车”、“209 其他鲜活货物”、“9914 搬家货物、行李”、“9960 特定集装化运输工具”等裸装运输时按货物重量计费。

5. 集装箱货票填制

本系统介绍的是集装箱一口价货票的填制。

箱型约定：标准箱型为前面冠一大写字母，T 开头为铁路箱，Z 开头为自备箱，后面是重量标志。

非通用集装箱一口价制票时，不核收到站装卸费。

集装箱一口价制票时，到站是港口、国境站，不核收到站装卸费。

罐式集装箱、其他铁路专用集装箱按“铁路货物运价率表”中规定的运价率分别加 30%、20%计费；自备集装箱空箱运价率按“铁路货物运价率表”规定重箱运价率的 40%计算。

标记总重量为 30.480 t 的通用 20 英尺集装箱按“铁路货物运价率表”中规定的运价率加 20%计算，按规定对集装箱总重限制在 24 t 以下的除外，必须通过选择记事标 620 来实现运费计算，同时它是通用集装箱，要核收到站装卸费。

装运一级毒性物质(剧毒品)的集装箱按“铁路货物运价率表”中规定的运价率加 100%计算；装运爆炸品、易燃气体、非易燃无毒气体、毒性气体，一级易燃液体(代码表 02 石油类除外)、一级易燃固体、一级自燃物品、一级遇水易燃物品、一级氧化性物质和有机过氧化物、二级毒性物质(有毒品)、感染性物质、放射性物质按“铁路货物运价率表”中规定的运价率加 50%计算。

6. 游车制票填制

超长、超限货物使用游车时，游车运费按主车货物的运价率和游车标重计费。利用游车装运货物，所装货物运价率高于主车货物运价率时，按所装货物的运价率核收游车运费。

7. 汽车集装箱货票填制

在汽车集装箱货票填制时，首先必须要明确是集装箱制票，还是汽车集装箱制票。汽车集装箱货票的填制与集装箱制票操作基本相同，但是汽车集装箱货票不是一口价货票，不包含到站费用。

8. 军运后付货票填制

铁路军事运输是铁路运输的组成部分，是保障部队机动和物资供应重要手段，也是铁路和军队各有关部门的共同任务。

军运货票填制时，需要通过菜单项或用鼠标点击相应的图标启动软件，如图 7-9 所示。

图 7-9 军运后付货票填制

(1)运输等级

根据任务性质和装备物资性能，铁路军事运输依次分为特殊、重点和普通三个运输等级。

物资军运号码：用分数表示，特殊运输分子为 3 位数；重点运输分子为 3 位数；普通运输分子为 2 位数。

填制军运货票时，根据军运号码判断运输等级，当是特殊运输时，必须人工调整运输等级为“特殊”，如图 7-10 所示。

图 7-10 运输等级

(2)普通运输军运后付填制

普通运输填写日期、军运号码、付费号码、托运部队代号、收货部队代号、发站、到站、车种、吨位、实重等栏，如图 7-11 所示。物资运输不填写货物运单。此种运输，要计费，打印票据，并将原始数据存盘。

货运制票系统 - [军运后付货票]
设 置[F] 制 票[T] 查 看[V] 数据处理[D] 统计报告[B] 一口价统计[Y] 大客户信息[C] 帮助[H]
一般运输
级别 一般
军 运 后 付 货 票
工作日期20071103
票号 J001032
军运号码 72/863
发 站 济南
发货部队代号 2100751
付费号码 270012
到站(南局) 福州东
收货部队代号 9760076
车种车号 C60 1234567
标重 60
篷布号码
部队装车
货物重量 50
经由
里程

序号	车种	标重	车号
1	C60	60	1234567

车数	计重	运价号	运价率	运费
1	52			

记 事(F5)　计 费(I)　打 印(P)
就绪　制票人:曹风全　改写　记录

图 7-11　普通运输军运后付填制

(3)重点运输军运后付填制

重点运输,不填写到站和收货部队代号,其余各项按普通运输规定填写,如图 7-12 所示。此种运输,不计费,打印存盘原始数据。

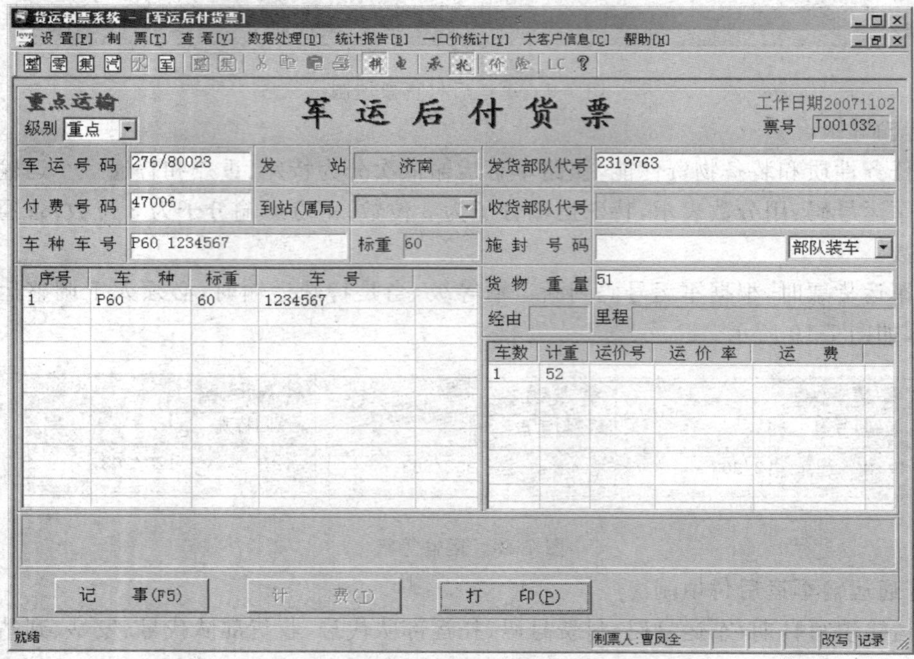

图 7-12　重点运输军运后付填制

(4)特殊运输军运后付填制

按《科学尖端保密产品、国防保密物资运输警卫工作规定》办理或上级有特殊要求的运输，填写日期、军运号码、付费号码、车种、吨位、请求车数、物资实重，不填写发、到站和托运部队、收货部队代号，在记事栏内注明"△W"标记，如图 7-13 所示。

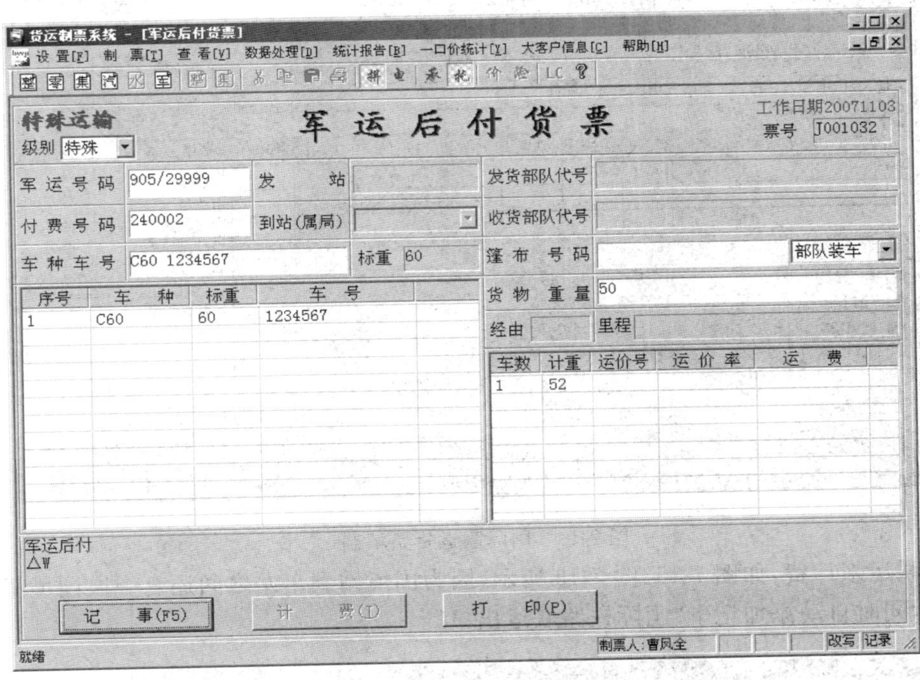

图 7-13　特殊运输军运后付货票填制

(5)军运后付其他规定

① 危险品货物运输，后付货票应填记"组级代号"，军运后付制票应该选择记事标 191，输入危险品代码和危险品大类。

② 超限货物运输应注明超限等级。根据实际情况，选择记事标 150、151、152 其中之一超限等级。一级超限货物，按货物运价率加 50%；二级超限货物，按货物运价率加 100%；超级超限货物，按货物运价率加 150%。

③ 自装自卸或加装分卸的物资运输，应在后付货票上自由记事上输入"自装"、"自卸"或"加装"、"分卸"。

④ 棚车、敞车按 52 t，平车按 50 t，米轨均按 25 t 计费。

⑤ 凡按后付办理的整车货物运输，除军品外贸运输外，均按 5 号运价率计费。

9. 国际联运货票填制

国际联运货票分为进口、出口、过境运输，目前能够使用的功能是进口和出口货票。分别为整车、零担、集装箱进口和出口。目前系统能够通过整车、零担、集装箱货票的填制根据发站、到站自动判断进出口的国际联运货票，如图 7-14 所示。

在出口货票填制时，要求出口货物的到站必须是国境站，如济南到阿拉山口的出口整车货票，到站要填写阿拉山口境，否则如果填写阿拉山口站，这时软件就会自动判断是普通货票，按

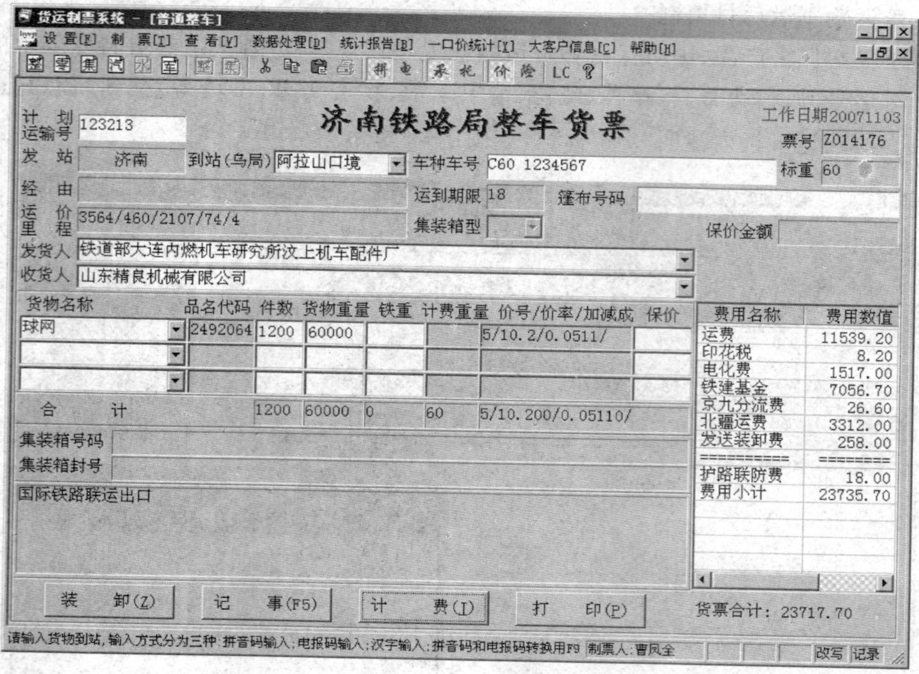

图 7-14 国际联运货票填制一

照非国际联运来计费,如图 7-15、图 7-16 所示,因为国境站到车站之间还有一段国境里程需要进行计算,同时自动添加记事“国际铁路联运出口”。

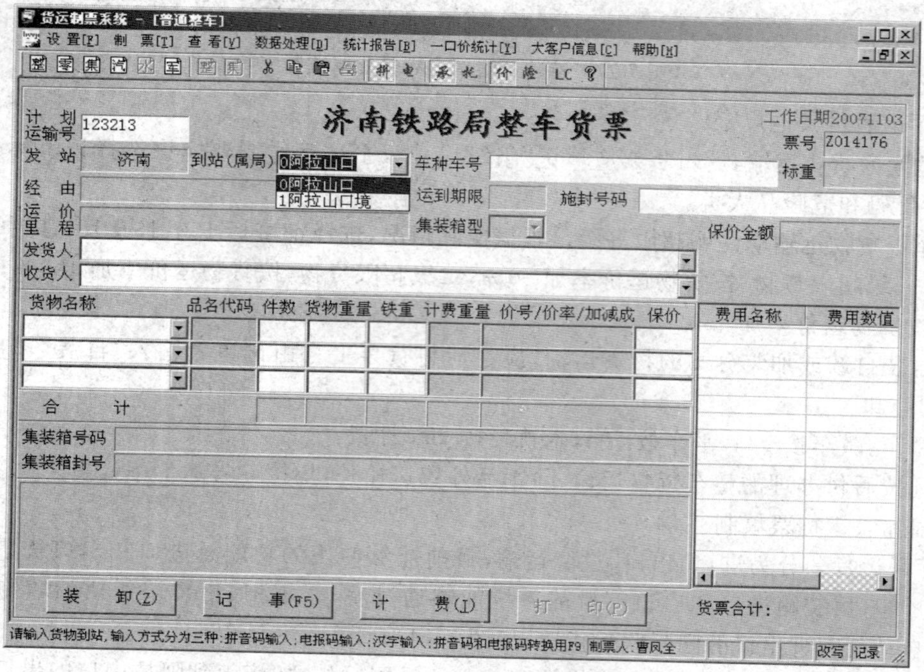

图 7-15 国际联运货票填制二

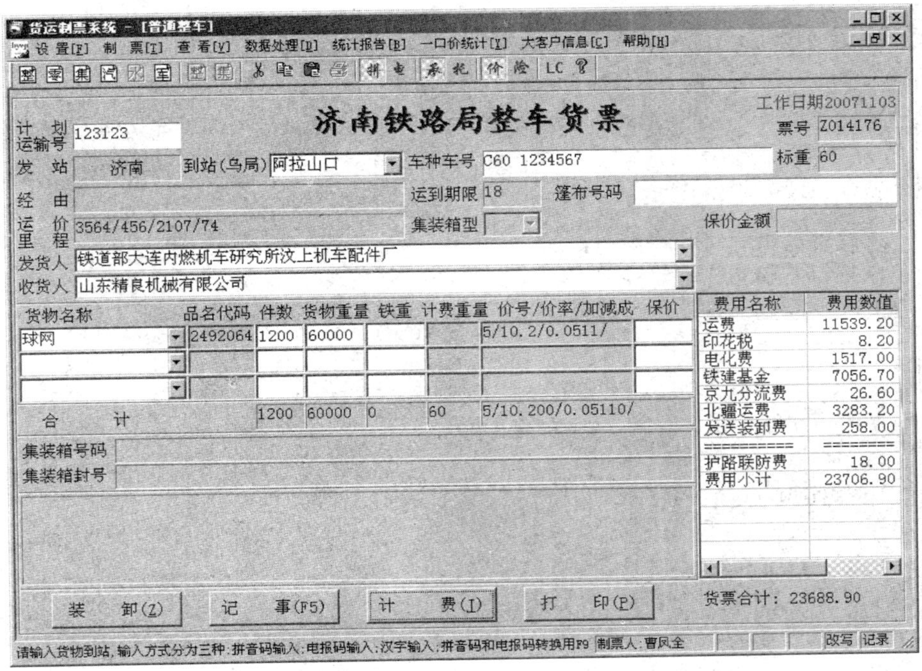

图 7-16　国际联运货票填制三

同样在填制进口货票时则要求发站必须是国境站，这些国境站的车站汉字站名的共有特征必须是（境）或境。

国际联运货票的打印采用普通整车、零担、集装箱的货票。

10. 大客户的货票填制

大客户的货票填制方法与整车货票的填制方法一样，要求发货人必须是铁道部全路统一编码的大客户发货人。大客户名称存放在 zhpdkhzd. way 字典中，由铁道部信息中心货票运行维护部按照清算中心和大客户签订的集中结算协议集中维护。

（1）大客户信息输入

大客户名称的输入方式有三种：分别是大客户代码方式输入、拼音码方式输入、大客户全称输入。

（2）大客户的信息控制

大客户发货人货票填制时，如果在指定的发站，并签署大客户集中结算协议，在计费时会自动产生记事标 011 信息“大客户集中结算（×××××××）”，该记事标是制票软件在判断发货人是否是集中结算的大客户时自动产生的，不能手工删除，也不得手工选择输入，记事标 011 的产生与发站、发货人、工作日期的信息产生控制关系，只有符合条件才能够产生记事信息，一张填制完成的大客户货票如图 7-17 所示。

大客户集中结算信息控制字典为 zhpdkhbl. way，是由铁道部货票信息系统运行维护部根据清算中心和大客户签订的集中结算协议进行统一维护的，不可进行私自修改信息。

11. 与计划、运货五数据共享填制货票

货票系统与计划、运货五信息共享通过文件系统来实现。

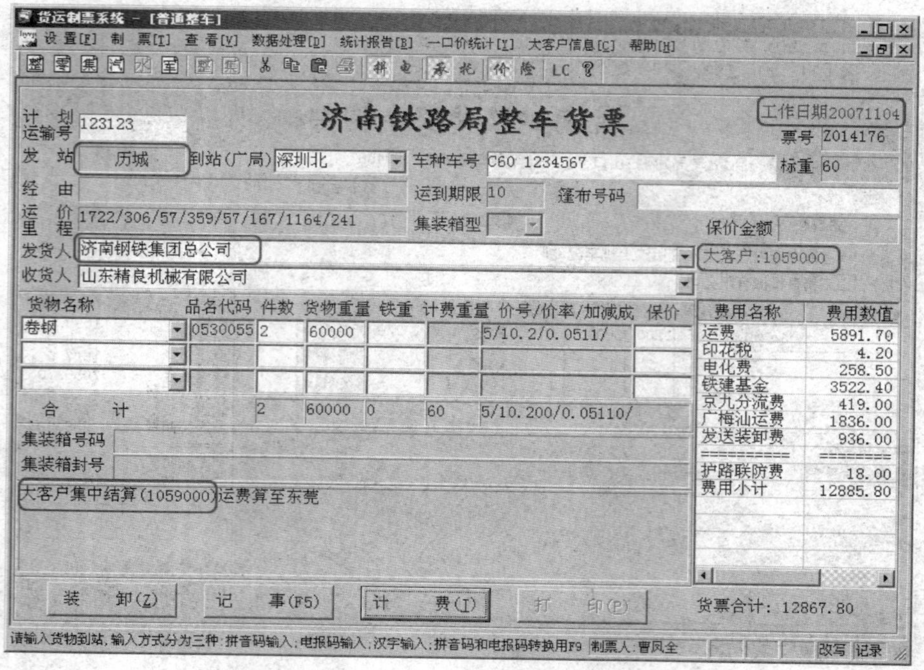

图 7-17　已填制完成的大客户货票

二、发送装卸费的核收

1. 启动设置

发送装卸费模块，整车可以打印发送货物装卸费作业清单，零担不打印只存盘。发站装卸费的科目号是:898000，有以下几个分项:卸汽车费;装火车费;搬运费;人工费等，其中还有一项是协议装卸费，这一项是车站与某单位的协议装车费用，不区分以上 4 项费用。一批货物每项装卸作业费的尾数，不足 0.1 元时按四舍五入处理。整车、零担发送装卸费中搬运距离超过 30 m，属于超距离搬运。

2. 发送装卸费的核收过程

在核收发送装卸费的过程中，需要设置相关参数才能正确的核收费用。这些参数包括:货物包装、装车作业、卸车作业、搬运作业、人工作业、装卸协议费用等。

(1)货物包装

货物的包装种类繁多，在发送装卸费中，只列出了与装卸费计费相关的包装类型。根据实际包装的情况应该归结到列出的包装类型。具体的包装内容如图 7-18 所示。

包装主要影响装卸费的加减成情况，根据包装的不同，可能适应不同的加减成。其中“浸沥青”主要用于浸泡沥青的枕木、电杆、铸铁管货物按 4 号费率计费;“易碎包装”主要应用于玻璃器皿等包装的货物，属于易碎货物，例如，玻璃瓶装的白酒、酱油、醋等。

(2)装车作业

装车作业主要参数有两个，作业的班组和装车费用的浮动参数。作业班组的内容主要根据作业班组字典的内容设置实际装车作业的班组，根据作业班组的属性(铁路作业班组或者委

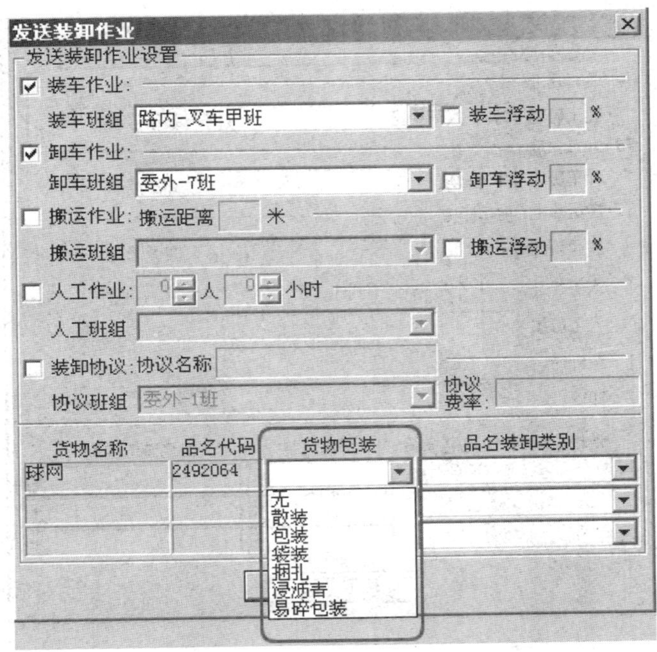

图 7-18 货物包装内容

外作业班组)确定装车费的路内和委外的情况。如图 7-19 所示为铁路装车的作业班组。

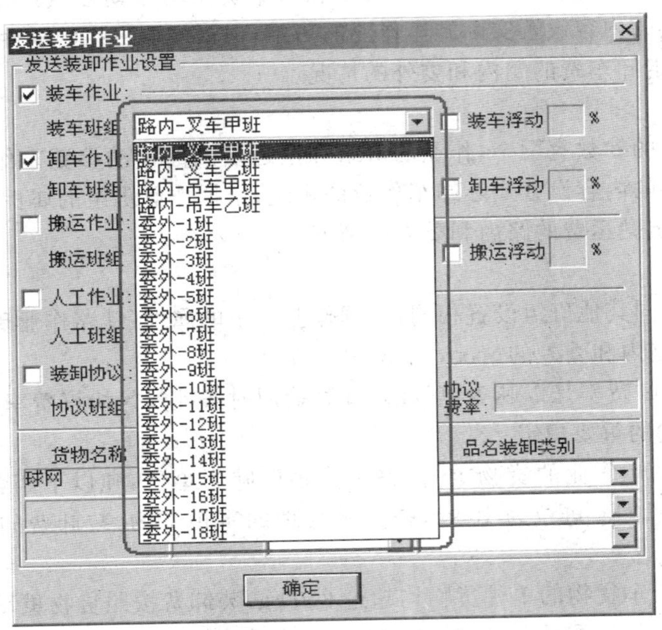

图 7-19 铁路装车的作业班组

装车浮动:是指对装车作业费进行浮动设置,如果上浮设置为正数;如果下浮设置为负数。如图 7-20 所示为装车作业费下浮 10%的情况。

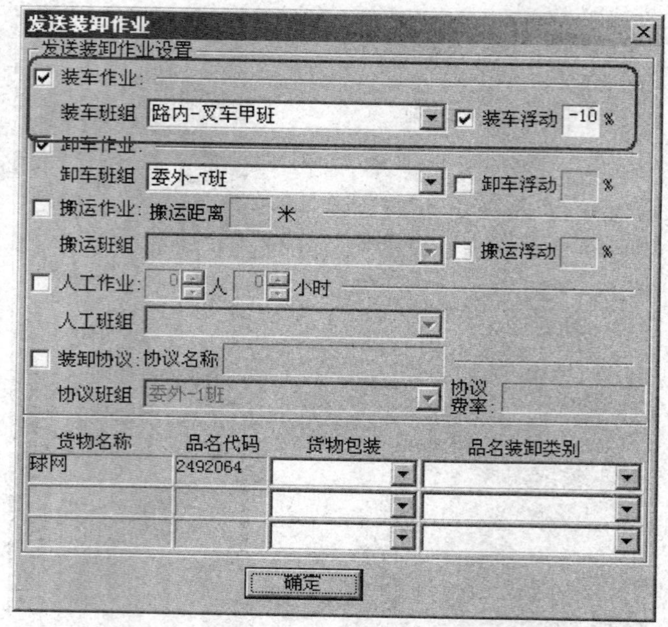

图 7-20 装车作业费下浮 10%的情况

(3)卸车作业

卸车作业主要的参数有两个,作业的班组和卸车费用的浮动参数。作业班组的内容主要根据作业班组字典的内容设置实际卸车作业的班组,根据作业班组的属性(铁路作业班组或者委外作业班组)确定卸车费的路内和委外的情况。

(4)搬运作业

搬运作业主要的参数有两个,作业的班组和搬运费用的浮动参数。作业班组的内容主要根据作业班组字典的内容设置实际卸车作业的班组,依据作业班组的属性(铁路作业班组或者委外作业班组)确定搬运费的路内和委外的情况。

(5)人工作业

人工班组设置同其他班组设置相同,依据作业班组的属性(铁路作业班组或者委外作业班组)确定人工费的路内和委外的情况,如图 7-21 所示。

设置的协议装卸费率是以吨为单位的,计算费用时按吨数×协议费率的计算方法。

3. 核收装卸费的重要规定

(1)计算装卸搬运作业的货物重量,整车货物以吨为单位,吨以下四舍五入;零担货物以 10 kg 为单位,不足 10 kg 进位为 10 kg,按一批办理的零担货物,装卸费的计费的起码重量为 100 kg。

(2)整车货物全车货物的单件货物均超过 200 kg,装卸费按照货物重量计。

(3)整车货物的货物重量不足标重的 60%时,整车装卸费计费重量按货车标重 60%计算。

(4)使用棚车运输的散装货物和木材、竹材,装卸费率按表定费率加成 50%。

(5)不同品类的整车货物按一批办理时,按其中费率高的货物适用的费率计算装卸费。但重件货物,不论其是否与其他货物按一批办理,均以每件的重量和费率分别计算。

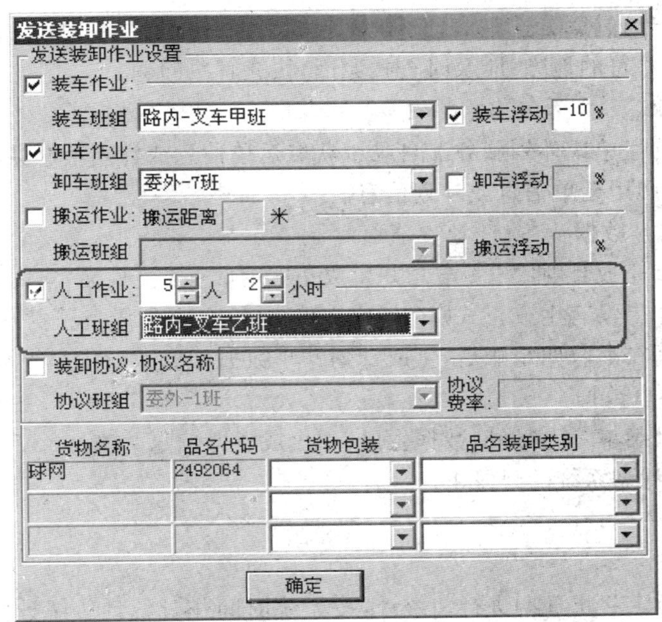

图 7-21　人工作业设置

(6)一批或一项货物适用两种以上的加成时,应将不同的加成率之和作为其适用的加成率;适合两种以上减成时,只适用其中较大的一种减成率;同时适用加成和减成时,应以加成率和减成率相抵后的差额作为其适用的加(减)成率。

(7)按件数和重量承运计算装卸费,每车货物超过 3 200 件,装卸、搬运费率加 30%。

(8)零担货物,轻浮货物按体积计费时,按折合重量计算装卸费。

三、货票综合处理

(一)数据处理

1. 货票查询及作废票

功能:查询并浏览当日已存储的货票信息,在财收四未结账前可对货票进行作废、恢复等操作。

在财收四未结账前,由于以下原因,可以对某张货票作废。

(1)成功打印出一批货票之后,发现票面信息输入有误,需要进行修改,这时应作废货票,然后重新填制新货票。

(2)正确输入并且在屏幕显示出货票信息完整无误,但打印中由于卡纸,对位不当等原因,打出的货票不能使用,而又在打印后的人机会话中未选择作废,即未按废票写盘,这时应用此模块作废本批货票,再重新选择。

(3)成功填制一批货票,由于各种原因该车不能发出,应作废本批货票。是否重新制货票,视具体情况而定。

2. 发送装卸费查询

功能:查询每张货票的装卸费及对应的装卸费班组信息。

3. 取回执文件

功能:取回执文件是每日制票环节中重要的一个部分,回执文件中记录了货票信息和财收四信息的核对，用户通过察看这些信息了解财收四上报文件是否正确，如果出现与制票操作中货票张数和金额等不符的地方，应及时查找原因，快速解决问题。

4. 取货运计划

功能：从车站的运单或计划服务器目录中获取运单信息或计划信息共享文件，制票软件通过输入计划号可以调用运单信息或计划信息。

5. 生成货票共享数据

功能：当制票点完成日财收—4 汇总并生成正式财收—4 文件后，点击该功能菜单，生成货票共享信息文件，如果没有生成正式财收—4 文件，系统也会生成货票共享信息文件。系统在每次生成钱给出“请在财收四结账后，生成计划共享数据！”提示。

6. 传输货票共享数据

功能：在同一级菜单“计划返回数据生成”中生成货票信息共享文件后，调用此功能模块将该文件传输到车站计划系统的目录下。

(二)数据报告与统计

1. 财收四报表

功能：可以按指定起止日期进行旬统计，按系统时间作日统计。统计内容包括票数、作废张数、财收情况、发送重量等。财收回报表是本站财务统计上报的基本文件，也是路局(分所)收入审核的重要依据之一。

2. 货报二

功能：分品类统计装车数和发送重量。

3. 本统计

功能：分票种统计车站当日整车、零担、集装箱货票票号、发重、费用，以及箱型统计。

4. 企业货主统计

功能：指定时间段，对企业货主货票数、发送吨、费用等信息进行统计。

5. 装车去向统计

功能：指定时间段，按到站、到分区或到局统计车数、吨数信息。

6. 保价报告

功能：按本站的发送货票(集中结算的大客户货票除外)统计出总发送吨数、保价货物发送量、保价金额和保价费收入等。

7. 保险报告

功能：按本站的发送货票(集中结算的大客户货票除外)统计总发送吨数、保险货物发送量、保险金额和保险费收入等。

8. 货票清单

功能：指定时间段，统计货票票符票号、费用等信息。

9. 制票人结账

功能：指定时间段，按制票人统计货票票符票号、费用等信息。

10. 票号段结账

功能：指定时间段，按票号段统计货票票符票号、费用等信息。

11. 货物承运簿

功能:统计车站所有票种的货物承运信息。

12. 装卸费报告

功能:按指定条件,浏览发货单位、票种、票符票号、车种车号、货物重量及装卸金额等信息,并统计货物重量、各项装卸费用及合计金额等数据。

13. 装卸费班组统计

功能:按指定条件,统计各个装卸班组发生的装卸费用及路内和委外的装卸费用。

四、大客户信息

1. 大客户完整货票查询

功能:查询单个或全部大客户货票信息。提供查询所有大客户或是按名称查询单个用户票据两种方式。

2. 大客户字典查询

功能:可以浏览全路大客户的代码和对应的名称及拼音码。

3. 大客户预付抵用信息统计

功能:统计大客户装车收入信息,生成正式财收四前表头显示“非正式”字样。指定时间段,统计货票票符、票号、费用等信息。按大客户排序,一个客户信息连续显示打印,同一客户的信息按票符和票号排序。

4. 抵用凭证文件传输

功能:完成制票机端抵用凭证文件向车站服务器端传输功能。此模块是通过共享文件夹实现传输抵用凭证文件的。

5. 大客户信息浏览

功能:指定时间段,统计货票票符票号、费用等信息。

6. 大客户装车去向统计

功能:指定装车站、时间段内发生的和大客户相关的装车数、吨数去向信息。

7. 大客户分类装车统计

功能:分品类统计大客户装车数和发送重量。

8. 大客户收入统计

功能:分票种统计车站当日大客户货票发重、费用等信息。

9. 大客户保价统计

功能:按本站的发送的大客户货票统计出总发送吨数、保价货物发送量、保价金额和保价费收入等。

10. 大客户保险统计

功能:按本站的发送的大客户货票统计总发送吨数、保险货物发送量、保险金额和保险费收入等。

第二节 杂费核收子系统说明

货票信息管理系统(WinHP)之杂费核收子系统适用于国家、地方、合资铁路各大、中、小型货运站货运杂费核收信息管理，主要完成车站货运杂费的计算、收费、清算、统计、分析、信息处理、上报等功能，包括铁路货运整车、零担、集装箱、进出口、联运等部分。

一、系统参数维护

参数字典维护是该系统中所涉及的所有字典参数的维护，包括：参数备份还原、车种车号字典、专用线字典、货车延期占用费费率字典、专用线作业时间字典、催领方式字典、付款方式字典、常用客户字典、票据字典、车间字典、班组字典、货场字典、货区字典、货位字典、装卸班组字典、装卸协议字典、打印格式字典、包装字典、记事字典。

参数备份还原功能提供系统内参数字典数据与外部数据交换接口，通过此功能可以把系统中的参数字典导出到计算机上，也可以从计算机上将参数文件导入系统中。导入、导出文件格式是纯文本文件，操作员在不破坏文件固有格式情况下可以修改、编辑，但文件的固有格式若被破坏或导入、导出的文件与所选择的字典不对应，系统将返回错误，不能正确执行操作。及时地通过此功能备份字典可以减少系统因病毒、误操作等原因导致的系统瘫痪、数据丢失不能正常运行而带来的损失。

二、到达处理

完成到达货票的接受、录入、查询和催领等操作。

1. 到达货票接收

用来将指定目录下的到达货票文件导入到本系统中，目录文本框显示的是当前到达文件的存放位置，另外还有一个备份目录用来存储分解后的货票文件，这两个目录需要在【系统设置】功能中进行设置。

界面中有两个进度条(图 7-22)，第一个显示的是总体的进度，第二个显示的是单个货票文件的处理进度。在分解过程中可以随时中止处理过程，中止后还可以继续分解。分解完毕后系统会显示出完成情况。

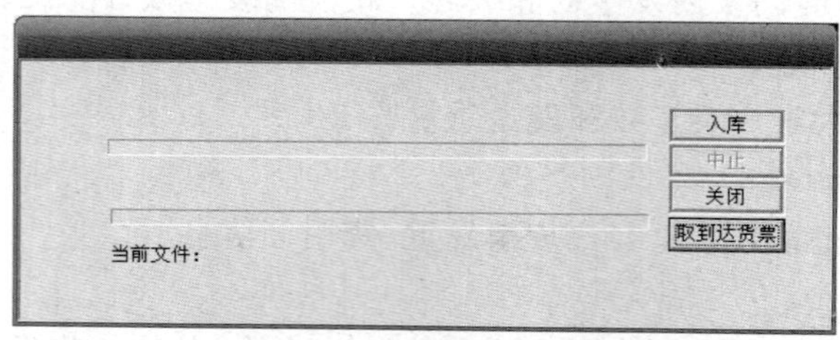

图 7-22　到达货票接收界面

2. 到达货票录入

到达货票录入完全模仿制票系统实现，界面样式和操作习惯都很类似，以下是操作界面，如图 7-23 所示。

3. 到达货票确认

到达货票确认的主要功能是为了填写【到货日期】、【卸车日期】、【催领日期】等确认信息。首先在【票号】一栏中输入要确认的货票票符票号，回车后就会将货票信息调出来显示，填写完确认信息后选择【保存】完成货票确认操作，如图 7-24 所示。

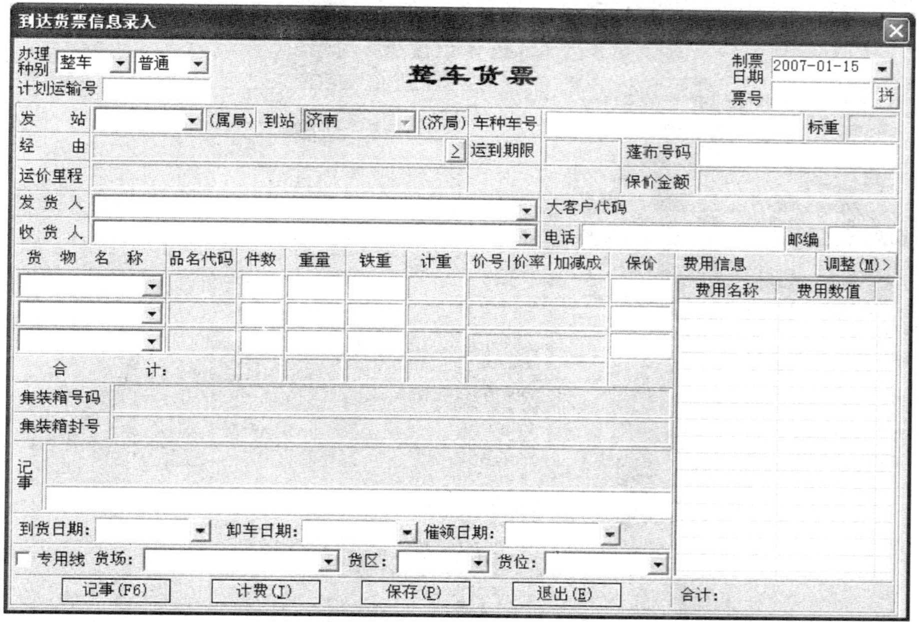

图 7-23　到达货票录入界面

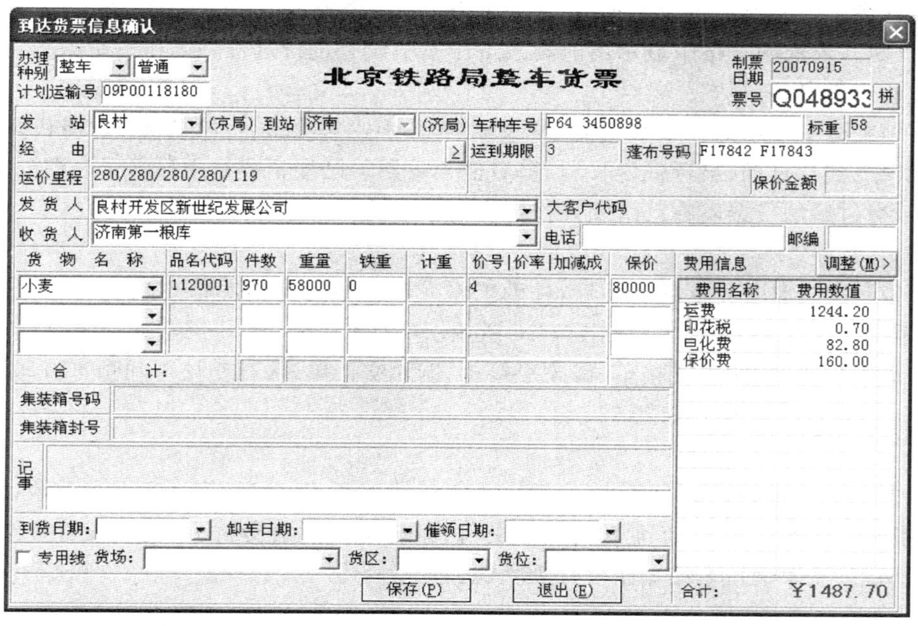

图 7-24　到达货票确认界面

4. 到达货物催领

从到达杂费菜单中选择到达货物催领菜单项，进入到达货物催领窗口，如图 7-25 所示。操作界面如上图，未催领和已催领两个表格分别显示货票数据中与催领相关的信息。

货票信息管理系统(WinHP)之杂费核收子系统

系统设置 到达处理 业务处理 统计与报告 预付款处理 参数维护 帮助

到达货票催领

多选设置

☐ 全部选择 ☐ 反向选择 按收货人筛选: 济南巨鑫机车车辆配件有限公司

催领设置

催领方式: 催领日期: 2007-11-04 票符票号: ☑ 打印 查询 催领 打印清单 退出

未催领 已催领

	选择	票符票号	发站	品名	收货人	催领方式	制票日期	到达日期
1	☑	X077914	杏林	轮胎	济南广友集团八里桥起重运输分公司		20070915	
2	☑	A068847	沈阳	普通机械零配件	济南站劳动服务公司运输服务部		20070915	
3	☐	Q048933	良村	小麦	济南第一粮库		20070915	
4	☐	Q048934	良村	小麦	济南第一粮库		20070915	
5	☐	Q048935	良村	小麦	济南第一粮库		20070915	
6	☐	M019111	成都东	瓶装野山椒	李谋均		20070915	
7	☐	M019142	成都东	泡菜	贾伟		20070915	
8	☐	M019166	成都东	元明粉	济南市公铁联运有限公司		20070915	
9	☐	B063099	桂林北	添加剂	济南雪琪经贸有限公司		20070914	
10	☐	H031236	沈阳	书	山东地图出版社		20070915	
11	☐	B078279	宜宾北	酒	赵德国		20070914	
12	☐	B038322	灵山	盒板	中国重汽集团济南卡车股份有限公司		20070914	
13	☐	B038323	灵山	盒板	中国重汽集团济南卡车股份有限公司		20070914	
14	☐	A035036	太原北	卷钢	94528部队西郊货场		20070914	
15	☐	A035088	太原北	卷钢	山东煤炭物资总公司		20070914	
16	☐	N006357	武昌东	硅钢卷	山东省济南生建电机厂		20070914	
17	☐	B063082	桂林北	添加剂	周阳		20070914	
18	☐	T078127	马鞍山	线材	济南实达紧固件有限公司		20070914	
19	☐	R054524	安阳西	圆钢	94528部队		20070913	
20	☐	E079976	包头北	无缝钢管	94528部队西郊货场		20070913	
21	☐	E079977	包头北	无缝钢管	济南军区空军后勤部物资站008		20070913	
22	☐	L092514	胶州	摇枕	中国北车集团济南机车车辆厂		20070831	
23	☐	M022725	郑屯	白酒	贵州醇通灵实业总公司济南公司		20070914	
24	☐	D080670	四合永	硅砂	济南二机床集团有限公司		20070914	
25	☐	D080712	四合永	硅砂	济南一机床集团有限公司		20070914	

车站:济南 制票机:A 操作人员:管理员 工作日期:2007年11月04日 系统运行模式:网络

图 7-25 到达货物催领界面

未催领表格中显示的货票数据有:货票票符票号、发站、品名、收货人、催领方式、制票日期、到达日期。未催领表格中显示当前货票工作库中没有进行过催领的所有货票数据,不包括专业线作业的货票。

已催领表格中显示的货票数据有:货票票符票号、发站、品名、收货人、处理状态、催领方式、催领次数、到达日期、最近催领日期、最后催领日期。已催领表格中显示了当前处于催领状态的货票,交付后的货票不在已催领表格中列出。

5. 到达货物交接

到达货物交接是货物到达车站后,外勤工作人员记录卸车情况信息功能模块,包括整车、集装箱、零担三种业务,操作界面如图 7-26 所示。

本功能提供查找、添加交接单,修改交接单,删除交接单,保存交接单和预览打印功能。

三、业务处理

在货票完成到达处理作业环节后,即进入业务处理环节,包括:到达运杂费核收、发送运杂费核收、中间运杂费交付、货车延期占用费交付、无运杂费货票交付、超期未交付货票处理、车站退款证明书、联票交付未结账杂费处理功能。

1. 到达运杂费核收

到达端货运杂费的核收,分两种情况:一是在到达车站能够接收到达货票,经过确认催领,通过货票号调出进行计费核收,二是在车站没有接收到达货票信息的情况下,通过到达货票录入进行确认,再通过货票号调出进行杂费核收。

2. 发送运杂费补收

在正常情况下发送端的货运杂费均在货票上进行核收,在货运杂费漏收的情况下,使用发

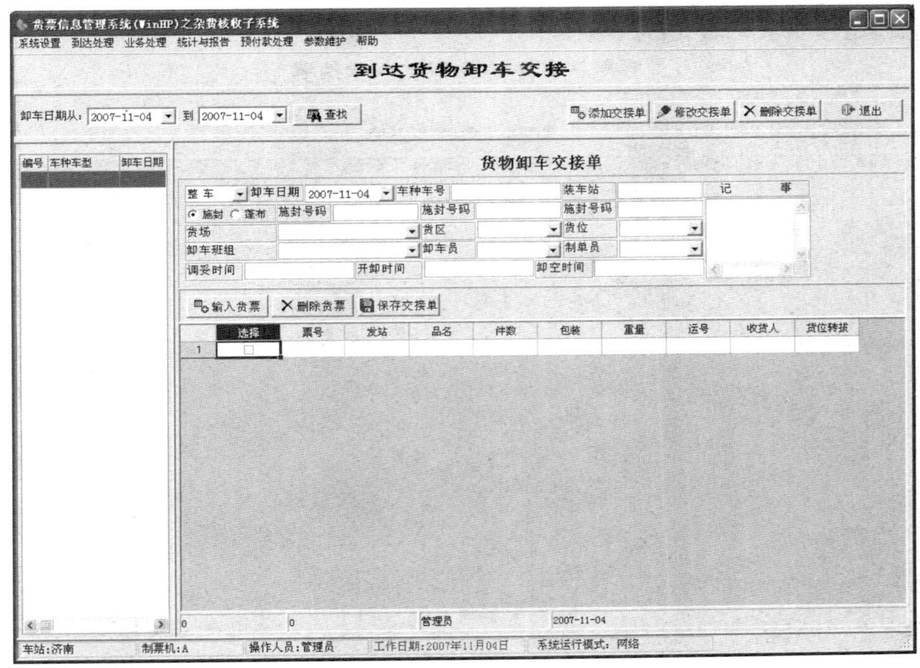

图 7-26 到达货物交接界面

送端货运杂费核收软件进行核收，通过调用原发送货票内容，通过修改记事内容或通过手工选择按钮“费用调整”输入进行货运杂费的核收。

3. 中间运杂费核收

中间杂费交付过程目前和发送杂费核收过程一致。

4. 货车延期占用费核收

货车延期占用费核收单录入一列或一批车辆按车录入，并根据每车的车种、部署自备、品名、货物类型、计费时间计算货车延期占用费。

5. 无运杂费货票交付

功能：按指定的条件，将不产生运杂费的到达货票进行交付。

6. 超期未交付货票处理

功能：按指定的条件，将超期未交付的货票进行交付状态变更。

7. 车站退款证明书

功能：车站办理完退款业务后，通过此功能将车站退款证明书的内容录入到计算机，并随杂费财收包数据上报。

8. 联票交付未结账杂费处理

在进行联票交付时，系统要求首先要按单票交付生成一张临时杂费，待联票交付的所有临时杂费生成后，执行联票结账操作，将多张临时杂费合并到一张杂费中，最终打印。当出现交付的临时杂费收费有误或者是货票票号输入错误不该联票交付，或者是由于其他原因系统生成了错误的临时杂费，在实际联票结账时经常会影响操作员选择，也给系统积存了大量的垃圾数据，本功能旨在及时清理这些数据，操作界面如图 7-27 所示。

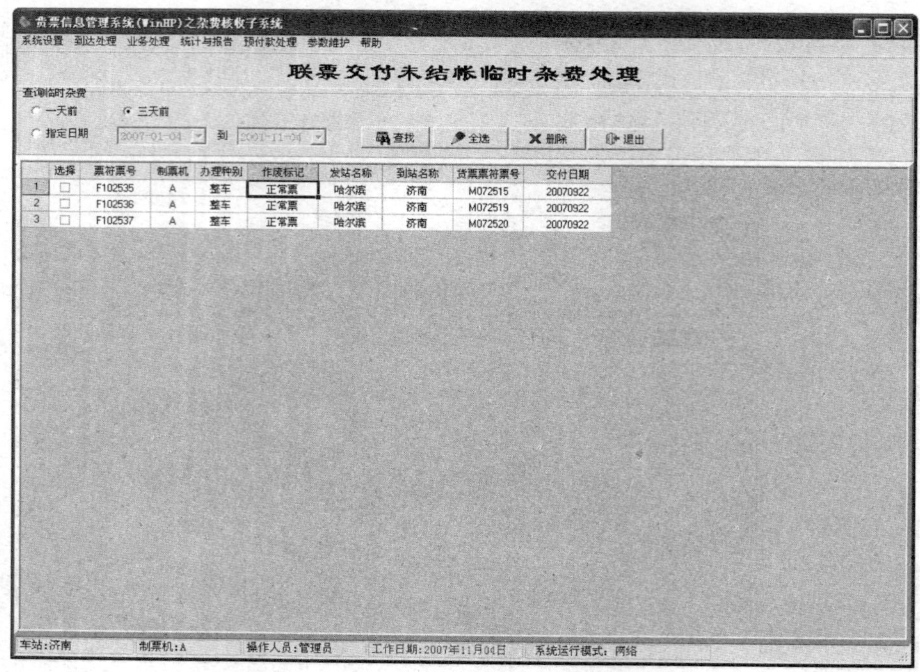

图 7-27　联票交付未结账杂费处理界面

四、预付款处理

预付款处理管理使用预付款方式交付的货主的资金账户信息。处理的是在到达运杂费核收模块中付款方式选择预付款交付产生的杂费信息。预付款管理包括:存入预付款、支付明细查询、预付款扣款、预付款退补和预付款结账五部分内容,以下分别介绍这五部分功能和具体操作。

注意:使用预付款方式交付的货主必须要存在协议号,必须要在常用客户字典中编辑其协议号信息。预付款操作必须在网络数据库模式下允许。

1. 存入预付款

对使用预付款方式交付的用户,交付之前需要存入预付款。

协议号是根据常用客户信息填写到界面的,若客户信息不正确或是该客户没有与站段签署预付款协议或是没有在常用客户字典中编辑协议号信息,则不能在客户名称列表框中列出,操作员必须先在常用客户字典中设置客户的协议号,才能选择客户进行存款处理。

2. 支付明细查询

预付款明细查询是查询使用预付款方式交付的客户的资金总账信息和明细账信息。

系统列车所选客户当前总账信息,支付明细表格中显示与查询时间段相符合的支付明细。包括:常用客户名、日期、单据名称、单据号、发生金额、结账标志、经办人,如图 7-28 所示。结账标志标明“结”的,表示该日该客户已结账。

3. 预付款扣款

预付款扣款:完成扣除付款方式是预付款的客户费用。该功能会列出客户未进行扣款处理的杂费票据信息,包括:杂费主键、杂费票符票号、窗口号、客户名称、应付金额、卸车日期、交

图 7-28　预付款明细查询界面

付日期和经办人信息。

4. 预付款退补

预付款退补:在进行结账前可以对已经扣款的杂费进行退补处理,系统在选择客户列表框中列出了具有协议号的客户,选择进行退补款处理的客户,点击未结账查询,该功能会列出客户进行扣款处理但未进行结账处理的杂费票据信息,包括:杂费主键、杂费票符票号、窗口号、客户名称、应付金额、卸车日期、交付日期、经办人和清账状态。

5. 预付款结账

预付款结账:对已经进行扣款的杂费信息结账,结账后将不能再进行退补,结账会直接从客户的余额中扣除本次结账的金额,账户余额不能低于本次结账金额,否则结账不能成功,结账后的信息通过支付明细查询功能查询。

五、统计与报告

在“统计与报告”菜单里包括“杂费财收四统计”、“杂费票据查询/作废/恢复”、“整车货物卸车登记簿”、“集装箱/零担卸车台账”、“货票交付情况统计”、“杂费统计”、“杂费信息查询”、“到达/交付货票查询”、“数据处理”等子菜单。

1. 杂费财收四统计

功能:对当前工作日的杂费票据做财收四结账,生成杂费/财收四打包上报文件,在屏幕上显示财收四报表,可通过打印机输出财收四报表,财收四报表内容包括:票符、起号、止号、票数、作废张数、金额合计和各科目费用。也可以按指定起止日期进行旬/月统计,旬月统计不生成报告文件,只显示/输出旬/月财收四报表。本日无杂费票据时,通过此功能生成零报告文件。当前工作日进行财收四结账后,不能在本制票机上继续核收杂费、作废/恢复杂费和变更货票交付状态等操作。

2. 杂费票据查询/作废/恢复

功能:按指定日期和查询方式查询杂费票据,在本工作日未进行财收四结账之前,可以根据实际情况对本机填制的杂费票据进行作废或恢复操作。

3. 整车货物卸车登记簿

功能:指定工作日期范围,默认为当前工作日,生成整车货物卸车登记簿,在屏幕上显示,并可以输出到打印机。内容包括货票摘要信息和卸车信息,如车号、货位、调妥时间、开卸时间,卸车完了时间等。

4. 集装箱/零担卸车台账

功能:指定工作日期范围,默认为当前工作日,生成集装箱/零担卸车台账,在屏幕上显示,并可以输出到打印机。内容包括零担和集装箱货票的票号、运号、发站名称、货位等信息。

5. 货票交付情况统计

功能:指定货票到达日期范围,统计货票交付情况,内容包括:每天交付货票批数和已到达未交付的货票批数。

6. 杂费统计

在此菜单下有"按装卸班组统计装卸费"、"按付款单位统计费用"、"按整车交付品类统计"、"匿报品名专项统计"、"重量不符专项统计"、"变更到站专项统计"、"按付款方式统计杂费"等子菜单。

(1)按装卸班组统计装卸费

功能:输入统计日期、车站、制票机号等统计条件,按核收杂费时选择的作业班组统计装卸费,装卸费内容按装车、搬运、卸车等分项显示,并统计路内和委外装卸费。

(2)按付款单位统计费用

功能:指定统计时间段,按杂费票据上载明的付款单位统计杂费批数、废票批数、重量及杂费费用。系统默认统计全部付款单位,也可以选中"选择货主"单选按钮,在下拉框中选择付款单位,按选定的付款单位进行统计。

(3)按整车交付品类统计

功能:指定统计时间段,按整车交付的货物品类统计交付车数、重量及核收的杂费费用。

(4)匿报品名专项统计

功能:指定统计时间段,对交付时发现品名不符的进行专项统计,统计内容包括:交付货票批数、金额合计,显示发生品名不符杂费票据的工作日期、匿报品名、实际品名及对应的杂费费用等。

(5)重量不符专项统计

功能:指定统计时间段,对交付时发现重量不符的进行专项统计,统计内容包括:交付批数、超重公斤数、超允重公斤数及金额合计等。

(6)变更到站专项统计

功能:指定统计时间段,对变更到站进行专项统计,统计内容包括:交付货票批数及金额合计等。

(7)按付款方式统计杂费

功能:指定统计时间段,按付款方式统计杂费批数、货票批数、重量及费用。

7. 杂费信息查询

在此菜单下有"杂费摘要查询"、"装卸费专项查询"、"按经办人查询"、"指定发站查询"、"按办理种别查询"、"指定品名查询"、"按杂费核收类别查询"等子菜单。

(1)杂费摘要查询

功能：指定工作日期范围，查询到数据后显示杂费摘要信息，包括：杂费票据的工作日期、票符票号、办理种别、费用合计、付款单位或姓名、经办人及对应的货票日期、货票票符票号、发站、到站、品名及重量等。

(2)按经办人查询杂费

功能：指定工作日期范围，按选择的经办人(默认按所有经办人)查询到数据后显示杂费摘要信息，内容包括：经办人、杂费工作日期、制票机号、票符票号、重量、费用合计等。

(3)装卸费专项查询

功能：指定工作日期范围，查询到数据后显示杂费摘要及装卸费，包括：杂费票据的工作日期、杂费票符票号、对应的货票票符票号、票种、车种车号、品名、件数、重量和杂费票据核收的装卸费金额等。

(4)指定品名查询杂费

功能：指定工作日期范围，指定品名查询到数据后显示杂费摘要信息，内容包括：品名、杂费工作日期、票符票号、件数、包装、重量及费用合计等。

(5)按杂费核收类别查询杂费

功能：指定工作日期范围，查询补变更运费、货车延期占用费及补到达运费等杂费核收类别所对应杂费票的日期、票符票号、发站名称、品名、重量、杂费合计及付款单位或姓名等。

8. 到达/交付货票查询

在此菜单下有"查询手工补录货票"、"查询多次催领未交付货票"、"查询已交付货票"、"查询超期未交付货票"等子菜单。

(1)查询手工补录货票

功能：输入起止日期，查询到数据后显示在指定日期范围内手工补录的到达货票信息，显示内容包括：货票工作日期、票种、票符票号、车种车号、品名、处理状态及收货人等信息。

(2)查询已交付货票

功能：输入交付日期范围，查询到数据后显示已交付的货票信息，显示内容包括：货票日期、机器号、对应杂费票符票号、票符票号、车种车号、发站、品名、件数、重量、付款单位或姓名。

(3)查询多次催领未交付货票

功能：查询到数据后显示到本日所有的多次催领未交付的货票(催领次数大于1)，显示内容包括到达日期、催领次数、票种、票符票号、首次催领日期、收货人、品名、件数和重量。

(4)查询超期未交付货票

功能：统计在起始日期和截止日期之间的未交付的到达货票，默认的截止日期为当前日期前45天，起始日期为当前日期前135天，可以根据时间情况进行调整，此模块的日期指货票到达日期，显示内容包括到达天数、票符票号等信息。

9. 数据处理

在此菜单下有"转储杂费工作数据"、"恢复杂费工作数据"、"删除杂费历史数据"、"转储交付货票工作数据”、“恢复交付货票工作数据”、“删除交付货票历史数据”、“删除超期未确认货票”等子菜单。

(1)转储杂费工作数据

功能:指定工作日期范围,将此范围内工作库中杂费数据转储到历史库中。按操作规定要求,工作库中杂费数据保留三个月。如果点击“快速转储”按钮后,在不查询杂费数据的情况下将指定条件工作库中的杂费数据转储。

(2)恢复杂费工作数据

功能:指定工作日期范围,将转储到历史库中的杂费恢复到工作库中,执行此操作后,历史库中不再保留相应的数据,待这些数据不再使用后,要再执行一次转储操作,将这些数据从工作库中转储到历史库中。

(3)删除杂费历史数据

功能:指定工作日期范围,将存储在历史库中的杂费数据删除。按操作规定要求,制票点历史数据最少联机保留两个年度。

(4)转储交付货票工作数据

功能:指定工作日期范围,将此范围内工作库中货票数据转储到历史库中。点击“快速转储”按钮后,在不查询货票数据的情况下将指定条件工作库中的货票数据转储。

(5)恢复交付货票工作数据

功能:指定工作日期范围,将转储到历史库中的货票恢复到工作库中,执行此操作后,历史库中不再保留相应的数据,待这些数据不再使用后,要再执行一次转储操作,将这些数据从工作库中转储到历史库中。

(6)删除交付货票历史数据

功能:指定工作日期范围,将存储在历史库中的货票数据删除。

(7)删除超期未确认货票数据

功能:指定工作日期范围,将超期未确认的货票数据删除,界面上的日期为货票日期,删除后,数据不再备份,无法恢复,界面上的日期为货票日期,为工作日期前180天。

六、关于实施货票系统2.0相关事项的通知(铁运电[2007]221号)

为保证货票系统2.0版的顺利实施,将货票系统2.0在实施中涉及到的票据填记、费用核收和信息共享等相关事项明确和要求如下。

1. 车站承运货物时,对货物运单中由托运人填记的内容要按规定认真核实,发站、到站应按铁道部公布的营业站名填写;托运人名称、收货人名称应填写完整名称;“件数”栏应根据实际填记货物件数或“堆”、“散”、“罐”字样,不得不填。货运员受理时要将“托运人名称”栏与“托运人盖章或签字”栏内容进行核对,保证完全一致。不符合规定的,不得受理。整车货物装车完毕,车站必须在货物运单“车种车号”栏完整、准确填记车种、车型、车号。

2. 因托运人或收货人责任发生集装箱、篷布、绳索丢失和损坏时的赔偿和无法交付货物变卖收入,使用运费杂费收据分别按“集装箱赔偿费”、“篷布赔偿费”、“绳索赔偿费”和“无法交付货物变卖收入”费目核收。因承运人组织的装卸、换装等承运人责任发生的集装箱、篷布、绳索丢失和损坏不得使用运费杂费收据核收上述费用。

3. 一项杂费项目涉及多个费率时，运费杂费收据的“费率”栏可不填。使用一张运费杂费收据核收多车费用，有关车号、票号等信息在“附记”栏不能全部填记时，可附同样规格的纸张，并记明对应运费杂费收据号码。军运后付货票和运费杂费收据应使用可打印的碳写纸印制。

4. 途中装卸货物填制运单和货票时，可将货主方便办理承运和交付的发到站填制为运单和货票的发站和到站，与计费发到站不一致时，将计费的后方装车站和前方卸车站在货票记事栏注明。

5. 按《铁路货物装卸作业计费办法》中“关于施行铁路货物装卸作业费率的规定”规定的幅度进行上浮时，以公布的费率表中的费率作为浮动基础，浮动后的费率为该局执行的基准费率。按条款或费率表备注栏规定，一批或一项货物适用两种以上加成率时，应将不同的加成率相加之和作为适用的加成率；同时适用加成率和减成率时，应以加成率和减成率相抵后的差额作为适用的加(减)成率。

6. 不得使用货票、运费杂费收据核收铁道部规定并公布的运费和杂费项目以外的任何费用，不得在营业大厅收取上述运杂费和护路联防费(治安费)、保险费以外的任何其他费用。

7. 新靖线、江长线、江阴轮渡线、无锡北线、宁启线林南段各站发到的自轮运转货物运价，暂按 0.48 元/轴公里核收。湛海线、海南西环线海叉段、海安南—海口轮渡线各站发到的自轮运转货物运价，暂按 0.48 元/轴公里核收。北仑线各站自轮运转货物运价，按 0.226 5 元/吨公里核收。

8. 集装箱公司所属站点的装卸费均执行该站点所处铁路局的相关规定。

9. 发站对承运后发送前货物过衡发现超过计费重量的，在当日财收四结账前可将货票作废，按确定的重量重新填制货票。发站结账后以及中途站对承运后货物过衡发现货物重量超过计费重量的，依据《铁路货物运输规程》、《铁路货运计量安全检测设备运用管理暂行办法》规定，由到站核实后按《铁路货物运价规则》有关规定处理，不得在发站和中途站用杂费收据补收运费，但对于由承运人确定重量的货物和发站已经过衡的货物，不得另行补收。

10. 米轨与准轨线路间相互发到的货票信息，均在王家营按发到录入。国境站到发的进出口货物，其发送和交付可一次办理；经国境站出口的货物，在与外方办理票据交接后，应按规定生成电子交付货票等相关信息。

复习思考题

1. 制票员在进行制票之前，首先需要确认的内容是什么？

2. 制票时如何进行指定特定经由的操作？

3. 使用游车时制票如何操作？

4. 财收四统计的功能有哪些？统计内容主要包括什么？生成财收四的操作规范内容有哪些？

职业技能（分级部分）

中　级　工

一、铁路运输收入票据管理

(一)票据请领、保管与缴销

1. 客货票据请领单(财收—12)

客货票据请领单,是站段向上级单位请领各种客货票据(包括电子客票)和运单、标签等有价表格的单据。本请领单由用票单位票据库编制一式四联,全部请领单逐级寄至铁路局收入管理部门,车务段根据所属车站请领票据种类和数量情况,可汇总另填制请领单上报铁路局收入管理部门,由其核实请领数量并填写"实发"栏、"局编号"栏等内容。"站编号"由用票单位自年初顺序编号,"局编号"由铁路局统一编号,每年更换一次。"单位"栏应按票据种类填写张、组、个等数量单位。客货票据的符号和号码,应与上次请领相衔接,符号按 A～Z 的顺序排列(I、O 除外)循环使用。电子客票、站台票按营业窗口为一个循环,其他票据按运输企业为一个循环。

处理程序:甲联由铁路局管账人员登账和留存,乙、丙、丁联随票据寄至请领单位。请领单位收到后,应于 10 日内将票据全部清点完毕并登记相关账簿。乙联收票站段留存,丙联由收票单位加盖公章和点收人名章,及时返回铁路局收入管理部门,由管库人员登记留存,丁联返回车务段留存备查。

车站请领军运后付客、货票据填制的请领单各联,以专封挂号直接寄铁路局,由铁路局单独编号发放。车站收到票据后,按以上规定点收后,将请领单丙联以专封挂号寄送上级管理部门。

客货票据请领单(财收—12)的格式见表 1。

表 1　客货票据请领单

中华人民共和国铁道部　　　　财收—12

______铁路局　　**客货票据请领单**

______站(段)(盖章)　　年　月　日　　站编号______局编号______

票据名称	窗口	单位	请领时库存	每月平均使用量	请领数量	实发				记事
						符号	起号	止号	数量	
上列票据已于　月　日寄出。于　月　日收到。 发票单位______站、段长___㊞___经办人___㊞___										

甲联:铁路局收入管理部门登账

2. 客货票据领发单(财收—12—1)

客货票据领发单,是站段票据库向所属营业窗口发放客货票据时办理交接事项的专用单据。本单应由管账人员填写一式两份(运输企业根据实际需要统一规定份数),一份交管库人员按票据种别、符号、起止号码发放,并登记"收发票据登记簿(财收—12—4)"、"客货票据总账(财收—5)"、"客货票据明细账(财收—5—3)",一份交领票人。领票人领到客货票据后,应及时按规定检查清点,经点收无误后签收,登记"客货票据进款交接班登记簿(财收—22—1)"。

客货票据领发单(财收—12—1)的格式见表2。

表2 客货票据领发单

中华人民共和国铁道部　　　　财收—12—1

______铁路局

______车站(段)

客货票据领发单

年　月　日　　　　编号______

营业窗口	票据名称	符　号	起　号	止　号	实发数量	记　事	领票人签收

管账人员______　　管库人员______

3. 收发票据登记簿(财收—12—4)

收发票据登记簿,是票据库登记和掌握库存票据领入、发出和结存等动态情况的专用账簿。票据库根据业务量情况,按票据种类、所属单位、营业窗口设置账簿,运输企业及所属单位应保持账簿设置的一致性。

收发票据登记簿的登账流程如下:

(1)铁路局票据库,票据验收入库根据"客货票据订印单(财收—12—2)"在"收到"栏登记,票据核发出库根据"客货票据请领单(财收—12)"在"发出"栏登记。

(2)站段票据库,票据验收入库根据"客货票据请领单(财收—12)"在"收到"栏登记,票据核发出库根据"客货票据领发单(财收—12—1)"、"客货票据请领单(财收—12)"在"发出"栏登记。

(3)票据库管库人员应及时登账，保证账实相符。票据发出需签回的，管库人员应按规定日期及时督促签收。

(4)结存数量＝结转库存＋收到－发出。

日期填记要求如下：

(1)收到日期：铁路局票据库以订印单回执联收到日期填记，站段票据库以票据清点完毕无误后的入库日期填记。

(2)发出日期：以票据出库实际日期填记。

(3)签回日期：以收到票据请领单签回(丙)联日期填记。

(4)结转票据在“记事”栏标注。

收发票据登记簿(财收—12—4)的格式见表3。

表3　收发票据登记簿

中华人民共和国铁道部　　　　　　　　　　　　　　　　　　　　　财收—12—4

收发票据登记簿

__________铁路局

__________票据库　　票据名称______________数量单位：每本______组，每组______联

收到					发出											结存数量	签回日期	记事
日期	票据号码			数量	日期		请领单(领发单)			挂号	件数	票据号码			数量			
年月日	符号	起号	止号		月	日	站名窗口	站编号	局编号			符号	起号	止号			年月日	

4. 使用完毕票据报表出入库保管登记簿(财收—12—6)

本登记簿是票据库登记掌握使用完毕的客货运输票据及运输收入报表，移交票据库保管时的专簿。本登记簿由管库人员按票据报表出入库日期顺序登记，客货票据与报表可分册建簿，不同年份的票据报表分页登记，序号重新计数，交接双方清点无误后签认。票据报表出库销毁时由管库人员清点签认，并在“备注”栏内注明“销毁单(财收—25)”编号。

使用完毕票据报表出入库保管登记簿(财收—12—6)的格式见表4。

表 4 使用完毕票据报表出入库保管登记簿

中华人民共和国铁道部

财收—12—6

__________铁路局

使用完毕票据报表出入库保管登记簿

__________票据库

序号	票据报表名称	形成日期	数量（册）	入库时间	交票人	接票人	保管期限	出库销毁时间	销毁册数	经办人	备注

5. 运输收入资料调阅登记簿（财收—12—7）

运输收入资料调阅登记簿，是铁路局、站段票据库保管的使用完毕客货运输票据及运输收入报表发生借阅、查询时，票据库管库人员登记的专簿。运输收入资料被调阅时由管库人员在本登记簿上如实登记，发生抄录、复制或借出运输收入资料，在"调阅事由"栏内详细说明，路内单位凭加盖公章的单位证明办理调阅手续，路外单位凭介绍信、调阅人工作证及相关法律文书办理调阅手续。对办理借出调阅手续的运输收入资料应在双方约定的时间内及时督促收回。

运输收入资料调阅登记簿（财收—12—7）的格式见表 5。

表 5 运输收入资料调阅登记簿

中华人民共和国铁道部

财收—12—7

__________铁路局

运输收入资料调阅登记簿

__________票据库

年 月 日

调阅人签字	
派出单位	
联系电话	
调阅日期	
调阅案卷名称及内容	
调阅事由	
经办人签字	
退还日期	
备 注	

注：① 原则上不得借出、抄录、复制。需抄录、复制或抽调原始凭证的，由单位负责人签署意见，经上级主管单位批准后办理；
② 严禁在资料上作任何记录、符号或标记，严禁涂画、抽换和拆封。

6. 客货票据缴销单(财收—24)

客货票据缴销单,是票据库缴销不适用票据和因停止营业而剩余票据时填报的清单和销账依据。对不适用和因停止营业而剩余的客货票据,需要缴销时,应先填制本单一式 3 份,报请铁路局收入管理部门批准。铁路局收入管理部门审查后,应在本单上批注是否同意缴销和处理意见,并加盖公章返回站段。收到批准的缴销单后,1 份留存,2 份连同所缴销票据按贵重品车递或送交铁路局收入管理部门。铁路局收入管理部门收到的缴销票据应在 10 日内清点完毕。并将本单签回站段 1 份据以核销票据账,铁路局收入管理部门留存 1 份凭以销账。

客货票据缴销单(财收—24)的格式见表 6。

表 6 客货票据缴销单

中华人民共和国铁道部 财收—24

______铁路局

客货票据缴销单

______站(段) 年 月 日 局编号____

票据名称	符号	起号	止号	单位	数量	缴销原因
铁路局收入管理部门审批意见	年 月 日(公章)					
点收情况	年 月 日 铁路局收入管理部门主管人 点收					

缴销单位____㊞____主管人________制单人________

7. 票据、报表保管期满销毁单(财收—25)

票据、报表保管期满销毁单,是票据库对保管期满的客货票据、报表等需要销毁时,填制的报批清单。本销毁单由申报单位根据"使用完毕票据报表出入库保管登记簿(财收—12—6)"记录的保管期满的票据、报表,填制一式两份,报铁路局收入管理部门审查批准。审批后留存一份,寄回申报单位一份凭以处理和销账。

票据、报表保管期满销毁单(财收—25)的格式见表 7。

表 7　票据、报表保管期满销毁单

中华人民共和国铁道部　　　　　　　　　　　　　　　　　　　　　　　　　　　财收—25

＿＿＿＿＿＿铁路局

票据、报表保管期满销毁单

编号＿＿＿

票据、报表名称	规定保管期限	销毁票据报表起止年月			记　事
		自　年　月	至　年　月	册数	

申请单位＿＿㊞＿＿　　　　　　　　　　　　　　　　　　批准单位＿＿㊞＿＿

经 办 人＿＿＿＿＿　　　　　　　　　　　　　　　　　　负 责 人＿＿＿＿＿

年　月　日　　　　　　　　　　　　　　　　　　　　　　　　　年　月　日

8. 客货票据清查单(财收—26)

客货票据清查单，是铁路局收入管理部门和站段清查票据库或营业窗口结存客货票据时的明细记录。票据库自查时，填制本单一式三份，一份留存，两份报铁路局收入管理部门。铁路局收入管理部门经与票据账核对无误后，留存一份，签回站段一份，作为对账依据。对票据库或营业窗口进行实地检查时，填制本单一式两份，一份留存，一份交被查单位。清查中发现账实不符，应由责任单位及时查明处理，必要时应写出书面报告，报铁路局收入管理部门审批。

客货票据清查单(财收—26)的格式见表 8。

表 8　客货票据清查单

中华人民共和国铁道部　　　　　　　　　　　　　　　　　　　　　　　　　　　财收—26

＿＿＿＿＿＿铁路局

客货票据清查单

＿＿＿＿＿站(段)＿＿＿＿＿(处所)

年　月　日　　　　　　　　　　　　　　　　　　　　　　　第＿＿页

顺号	票据名称	票据账				未使用票据				记　事
		符号	起号	止号	数量	符号	起号	止号	数量	

清查人＿＿＿＿＿　　　　　　　　　　　　　　　　　　　　经管人＿＿＿＿＿

（二）票据使用

1. 货票

货票一式四联（甲、乙、丙、丁），甲联为发站存查联，乙联报发站所属局收入检查部门，丙联为托运人报销联，收款后交托运人，丁联随同货物运单运递送到站，货物交付后由到站存查。货票各联填制时必须一次复写打印，各栏内容应根据货物运单记载的内容填写，金额不得涂改，填写错误时按作废处理。如图 1、图 2、图 3 所示。

货　　票

××铁路局

G073974

计划号码或运输号码　09W00957133

甲联　发站存查

发　站	贵阳东	到站(局)	萍乡(南)	车种车号	C62BK　4624769	货车标重	60 t	承运人/托运人装车
经　由		货物运到期限	5	施封号码或铁路篷布号码				
运价里程	960/956/5/960	集装箱箱型		保价金额	30 000			
托运人名称及地址	康联公司							
收货人名称及地址	萍乡市星达公司							

货物品名	品名代码	件数	货物重量	计费重量	运价号	运价率
矾土	0630002	散	63 000		2	
合　计			63 000	63		6.400 0.037 800
集装箱号码						
记事	搬运作业距离[1 米]；装卸费浮动[装费 20%，卸费 0%，搬运费 30%]，汽车装卸搬运出入库，凭单斗装载机称重装置磅单承运。					

现付费用			
费别	金额	费别	金额
运费	2 689.30	印花税	1.70
电化费	722.70	铁建基金	1 995.80
保价费	60.00	京九分流费	1.90
发站装卸费	626.00		
合　计	￥6 097.40		

发站承运日期　贵阳东盖章　经办人章××

图 1　整车货票填制格式

2. 运费杂费收据

运费杂费一式三联（甲、乙、丙），甲联为车站存查联（图 4），乙联报车站所属局收入检查部门，丙联为托运人、收货人报销联，收款后交托运人、收货人，运费杂费收据各联填制时必须一次复写打印，各栏内容根据货物运单相关内容填写。各项杂费按照铁路货物运价规则的相关规定核收。运费杂费收据填制时金额不得涂改，填写错误时按作废处理。

货　　票

计划号码或运输号码　304　　　　×　×　铁　路　局　　　　甲联　发站存查　　　　G073974

发站	贵阳东	到站(局)	南京西(上)	车种车号		货车标重		承运人/托运人装车
经由		货物运到期限		施封号码或铁路篷布号码				
运价里程	2030/1361/5/399/2030	集装箱箱型		保价金额				

托运人名称及地址	贵阳昌威商贸有限公司　5595077
收货人名称及地址	冯××

货物品名	品名代码	件数	货物重量	计费重量	运价号	运价率
塑料	1620089	16	290	290	22	
合计		16	290	290		0.167 0.0750

现付费用			
费别	金额	费别	金额
运费	49.00	电化费	4.70
铁建基金	19.40	发站装卸费	5.70
合计	￥78.80		

集装箱号码	
记事	搬运作业距离[61 米];重量 100 kg,体积 0.58 m^3,太保 1 万元,保单号 20461。

发站承运日期　贵阳东盖章　经办人章××

图 2　零担货票填制格式

货　　票

计划号码或运输号码　01　　　　中铁集装箱运输公司　　　　甲联　发站存查　　　　F022710

发站	贵阳东	到站(局)	石家庄南(京)	车种车号		货车标重		承运人/托运人装车
经由		货物运到期限	13	运输方式	施封数 4 个			
运价里程	2034/176/1607/933/2210	集装箱箱型/箱类	T01	保价金额	10 000			

托运人名称及地址	孙××
收货人名称及地址	河间市沧联铁路转运站

货物品名	品名代码	箱数	货物重量	计费重量	运价号	运价率
刹车蹄	9990999	4	3 200		2	
合计		4	3 200			10.10 0.036 90

现付费用			
费别	金额	费别	金额
运费	340.60	印花税	0.2
电化费	46.30	铁建基金	161.10
表格材料费	1.20	铁路箱使用	60.30
保价费	30.00	施封材料费	6.00
京九分流费	13.40	长荆运费	42.20
到站装卸费	32.40	发站装卸费	32.40
合计	￥766.10		

集装箱号码	TBJU 16207　TBJU 195502　TBJU 2375917　TBJU 2946050
施封号码	205437　205438　205439　205440
记事	搬运作业距离[29 米];施封锁数[4 个]

发站承运日期　贵阳东盖章　经办人章××

图 3　集装箱货票填制格式

成都铁路局

运费杂费收据

付款单位或姓名 安得物流公司　　N071721

原运输票据	2008年09月12日第Z069612号	办理种别	整车
发站	绵阳	到站	贵阳东
车种、车号	P_{64AK} 342154	标重	58

货物名称	件数	包装	重量	计费重量
电视机	232		35 000	58 t

费别	费率	款额	附记
暂存费	60×2天	120.00	程序记事 1.免收装卸费（免装费锡卸费、免装运） 2.货物暂存（1天超3天3倍）
合计		¥120.00	
合计（大写）零万零仟壹佰贰拾元零角零分			

甲联（存根）

车站日期戳 贵阳东盖章　　经办人签章 ××2008年9月21日

图 4　运费杂费收据填制格式

（三）票据账

1. 客货票据总账(财收—5)

客货票据账，是铁路局、站段(包括车站、客运段、车务段，下同)票据库登记客货票据各项业务事项的账簿。各级票据库均应分别设置总账和明细账，不得相互替代。客货票据总账，是按照票据种类或用票单位设置的账簿，用于分类登记客货票据请领(订印)、发放、结存等业务事项总括情况的账簿。票据库管账人员应根据实际发生的业务事项，及时、全面地登记账簿(包括不入库的直接寄送至用票站段的票据)，做到账簿的完整和账面的整洁，不准随意更换、挖补、涂改、撕毁账页。手工登记账簿(不得使用圆珠笔登账)出现错误需要改正时，按照国家统一的会计制度规定的方法更正，并由经办人在更正处盖章，实行计算机系统登账的不得篡改电子信息。本条规定适用所有运输收入票据账簿差错的更正。铁路局、车务段和车站(含客运段，下同)根据工作量情况，选择按票据种类、所属单位、营业窗口设置总账，运输企业及所属单位应保持总账设置的一致性。

客货票据总账的登账程序如下：

(1)票据总账的登记以经过审核确认的单据和业务事项为依据，采用先进先出法登账。

(2)铁路局票据库入账时，根据“客货票据订印单(财收—12—2)”在“领收”栏登账，发放时根据“客货票据请领单(财收—12)”、“客货票据缴销单(财收—24)”在“发出”栏登账。

站段票据库入账时，根据“客货票据请领单(财收—12)”在“领收”栏登账，发放时根据“客货票据领发单(财收—12—1)”、“客货票据调拨单(财收—21)”、“客货票据缴销单(财收—24)”或“客货票据请领单(财收—12)”在“发出”栏登账。

结存数量＝结转库存＋领收－发出。

使用铁道部统一的票据管理系统的电子账页，应按月备份保存，按年打印装订成册。每本票据账的封皮后面，附“经管人员一览表(财收—5—1)”、“客货票据账目录(财收—5—2)”、账页等。票据账页应连续编号装订成册。

客货票据总账(财收—5)的格式见表9。

表9　客货票据总账

中华人民共和国铁道部　　　　　　　　　　　　财收—5

______铁路局　　　　**客货票据总账**　　　　编号______

______票据库

票据种类：______　　　　站段：______　　　　窗口/班组：______

领收								发完日期	发出							结存数量	记事
核转年月	收到日期	订单或领单		票据					请领单位	日期	领单编号	票据					
		站编号	局编号	符号	起号	止号	数量					符号	起号	止号	数量		

2. 客货票据明细账(财收—5—3)

客货票据明细账，是按照票据总账所属票据种类、使用票据的基本单位(指车站营业窗口、客运段列车班组等)设置的账簿,用于分类登记某一种票据的请领、发放、使用和结存等业务事项明细情况的账簿。票据库管账人员应根据实际发生的全部业务事项登记账簿(包括印刷厂直接寄送至用票站段的票据)。票据库按照票据种类、所属单位、营业窗口(含列车班组,下同)设置明细账,运输企业及所属单位应保持明细账设置的一致性。

票据库明细账设置要求如下:

(1)电子客票按营业窗口设置。

(2)册页式票据按票种分用票单位或营业窗口和有关规定设置账页。定额票按金额由小到大分营业窗口设置账页。客货兼办的车站可合并建账。

(3)账页内的"站编号"由请领单位按自站编的单据号码填记,"局编号"按铁路局的统一请领单编号填记。

客货票据明细账的登账如下:

(1)票据明细账的登记以经过审核确认的单据和业务事项为依据。

(2)铁路局和车务段票据库入账时,根据"客货票据请领单(财收—12)"在"领收"栏登账,车站票据库根据"客货票据领发单(财收—12—1)"在"领收"栏登账。

(3)铁路局和车务段票据库根据铁路局收入管理部门审核后的、车站根据复核后的各种客货票据整理报告,以及"客货票据调拨单(财收—21)"、"客货票据缴销单(财收—24)"等在"使用"栏登销账。

结存数量=上期结存+领收-使用,不同票符分行填记。

(4)各组票据使用完了,应在"使用终了日期"栏记入用完日期。

(5)在同一月份使用两组以上客货票据或跳号使用时,应分格销号,跳号使用的还应在"记事"栏注明"跳号使用"字样。

(6)站段缴销票据时,根据铁路局批准的"客货票据缴销单(财收—24)"在"使用"栏登记销账,减少结存数量,并在"记事"栏注明批准日期和缴销单号码及"已缴销"字样。

(7)客货票据丢失、被盗时,按事故报告和实少票据的起号、止号、数量在"使用"栏登记销账,减少结存数,并在"记事"栏注明丢失、被盗的时间及责任者,待铁路局批准后,再将批准的文号记入。

客货票据调拨、借用时情况如下:

(1)铁路局收入管理部门在不同站段之间、站段内部各售票窗口或营业处、所之间调拨票据,调出账面在使用方销号,调入账面在领收方登记增加。并在"记事"栏分别注明批准日期和"拨×窗口(处、所)"或"由×窗口(处、所)调入"字样并相应调整总账。铁路局收入管理部门的票据账亦应作相应调整。

(2)客运列车长向车站借用代用票时,借出票据的车站根据客运记录或电报在票据明细账的使用方销账,在记事栏注明"×月×日×次车长借用"及电报号码。借票的客运段凭借票电报登入票据明细账的领收方,增加结存数,在"记事"栏注明"×月×日×次车长借×站票据"。

使用铁道部统一的票据管理系统的电子账页,应按月备份保存,按年打印装订成册。每本票据账的封皮后面,附"经管人员一览表(财收—5—1)"、"客货票据账目录(财收—5—2)"、账页等。票据账页应连续编号装订成册。

客货票据明细账(财收—5—3)的格式见表10。

表 10　客货票据明细账

中华人民共和国铁道部　　　　　　　　　　　　　　　　　　财收—5—3

客货票据明细账

＿＿＿＿＿＿铁路局　　　　　　　　　　　　　　　　　　编号＿＿＿＿

＿＿＿＿＿＿票据库

票据种类：＿＿＿＿＿＿　　　　站段：＿＿＿＿＿＿　　　　窗口/班组：＿＿＿＿＿＿

领收								使用终了日期	使用					结存数量	记事
核转年月	收到日期	请领或领发单		票据					使用日期	票据					
		站编号	局编号	符号	起号	止号	数量			符号	起号	止号	数量		

3. 经管人员一览表(财收—5—1)

经管人员一览表，是记载经管客货票据账人员动态的表格，装订在每本票据账的账页前面，在启用账簿时，由单位领导和经管人员签章以明确责任。经管人员工作变动时，应在原经管人员名下另行填写接管人员姓名，并注明交接日期，由双方签章，并将新接管人员名单报铁路局收入管理部门备案。

经管人员一览表(财收—5—1)的格式见表 11。

表 11　经管人员一览表

中华人民共和国铁道部　　　　　　　　　　　　　　　　　　财收—5—1

＿＿＿＿＿＿铁路局

经管人员一览表

单位名称	
账簿名称	客货票据总账(或明细账)
账簿页数	自第　　页起至第　　页止，共计　　页
使用日期	自　　年　　月　　日起至　　年　　月　　日
单位领导签章	

经管人员职别	姓名	经管或接管日期	签章	移交日期	签章
		年　月　日		年　月　日	
		年　月　日		年　月　日	
		年　月　日		年　月　日	
		年　月　日		年　月　日	
		年　月　日		年　月　日	
		年　月　日		年　月　日	
		年　月　日		年　月　日	
		年　月　日		年　月　日	

4. 客货票据账目录(财收—5—2)

客货票据账目录,装订在每本客货票据账的“经管人员一览表(财收—5—1)”后面,分别票种、单位按账页编号顺序填记。

客货票据账目录(财收—5—2)的格式见表12。

表12 客货票据账目录

中华人民共和国铁道部　　财收—5—2

______铁路局　　**客货票据账目录**　　第______页

账页号	票据名称	单位	页数	附注	账页号	票据名称	单位	页数	附注
1					1				
2					2				
3					3				
4					4				
5					5				
6					6				
7					7				
8					8				
9					9				
0					0				

注:“单位”栏根据账簿设置要求填记站段或营业窗口名称。

5. 客货票据收发月报(财收—15)

客货票据收发月报,是站段票据库记录和向上级单位报告各种票据的领入、发出和结余等业务事项情况的报表,也是上级单位票据库进行对账的依据。站段票据库按月编制和上报,逐级进行票据核对,不得相互替代。票据库管账人员根据需要增减所需份数,1份留存与本票据库相关账簿对账,1份于次月2日报上级票据库对账。

本报表按客货票据分页填报。“票据名称”栏按下列票据名称顺序填报。

货运:①现付货票;②集装箱货票;③特货货票;④国际联运货票;⑤军运后付货票;⑥运费杂费收据;⑦护路费收据;⑧其他各种定额收据及凭证。

同种票据分为2组以上使用时,必须在本月报组别栏内注明“1、2、3……”组,每一种票据填完后,再按以上顺序填写另一种票据,票据明细账亦应按此顺序排列,运输企业及所属单位应保持本月报与有关账簿设置的一致性。

报表栏说明:

“上月结存”栏,应根据上月票据收发月报填报的结存数量转抄。

“本月领收”栏,应根据票据总账当月实际入账的领收数量填列(新领收的票据在没有清点入账前,应在本月报的“记事”栏内注明“局编××号领单,票已收到,尚未入账”)。

“本月使用”栏,应根据全月各种票据的整理报告存根,分别结算出全月使用数量进行填列,填报的起号应与上月填报的止号互相衔接。

"本月结存"栏，填报的数量应与实存票据核对相符。对当月窗口未使用的票据，也应在本栏列报。"本月结存"栏＝票据库结存票据＋窗口未使用票据。

各种票据，如因丢失、短少、越号或更换符号、号码、使用发生不衔接时，应分行填写，并在"记事"栏内简要注明原因。

发送国际联运客票、卧铺票、票皮及国际联运行李票、包裹票，应按月单独编制本月报，一式两份，一份留存，一份报送铁路局收入管理部门。

铁路局、车务段票据库审核所属单位本报告，发现错误时，应通知上报单位及时查找原因进行处理。

客货票据收发月报(财收—15)格式见表13。

表13　客货票据收发月报

中华人民共和国铁道部

财收—15

______铁路局

客货票据收发月报(　　)

______站(段)

年　　月

票据		上月结存				本月领收						本月使用				本月结存				记事
名称	组别	符号	起号	止号	数量	领收日期	请领单局编号	符号	起号	止号	数量	符号	起号	止号	数量	符号	起号	止号	数量	

收入管理部门审核人______　站　长______　制表人______　　提报日期：　年　　月　　日

注：对当月未使用的各种票据，也应在"上月结存"和"本月结存"栏内列报。

(四)统计、上传货票信息

1. 相关运输指标统计

相关运输指标每日根据各制票点生成的财收四进行汇总统计。

(1)货物发送吨：包括整车、零担、集装箱货物发送吨。

(2)货运收入。

① 货物运费收入：车站核收的各种货物运费，包括整车、零担运费、集装箱、特货运费，军事运输运费，国际联运国内段运费，变更到站运费，快运费，轴公里运费，自备货车装备物品及

集装用具的回送费和加收京九线分流运费等。

② 电气化附加费。

③ 货运其他收入，具体分为：

a. 表格材料费，冷却费，D型长大货物车使用费和空车回送费，取送车费，机车作业费，押运人乘车费，货车篷布使用费，集装箱使用费。

b. 货物过秤费，货物暂存费，专用线、专用铁路货车延期占用费，D型长大货物车延期使用费，货车篷布延期使用费，集装箱延期使用费，冷藏车(取消托运时)空车回送费，机械冷藏车制冷费，货物运输变更手续费，货车清扫除污费等。

c. 合资、地方铁路及在建线货车占用费，合资、地方铁路货车篷布占用费，自备或租用铁路货车停放费，车辆租用费，铁路码头使用费，路产专用线租用费，集装箱租赁费等。

d. 非运用车使用费，分卸作业费，防风网使用费。

e. 整车、集装箱到站补收货物品名、重量不符运杂费及违约金。

f. 货运运杂费迟交金，互不清算的托运人责任的垫付款，运输计划违约金，国际联运集装箱服务费，集装箱赔款，篷布赔款，集装箱一口价组织服务部。

g. 铁路机车出租费，货场场地出租费，翻卸车维检费，自备车管理费，煤炭抑尘费等。

h. 国际联运运输发生的货运杂费，货运票据事故赔款，货运变价款。

i. 无法交付货物(包括货底)变卖扣除各项费用后的变价收入，无法交付货物变价剩余款以及拾得款等。

j. 提供服务清算收入。

k.《铁路货物运价规则》中规定的其他货运杂费(特定者除外)。

④ 货运保价收入。

⑤ 铁路建设基金：经国家批准征收的铁路建设基金。

(3)代收款。

① 国际联运应清算给外国铁路的旅客票价和行李、包裹、货物运杂费，内地与香港直通旅客列车运输中应清算给有关铁路方的旅客票价和行李、包裹、货物运杂费。

② 装卸费及其他作业费。

③ 旅客、货主预付款。

④ 经铁道部批准的其他代收款。

2. 货票、杂费票据信息的上传

(1)信息报告

无论设置为何种报告生成方式，制票人员在每日财收四结账后必须人工启动传输功能，报告货票和财收四捆绑数据。传输后系统为制票点提供两个传输回执，一个是上传回执、一个是接收回执。

制票点报告后在本地检查上传回执，以确定捆绑文件已经报告上传。

制票点在确认捆绑文件已经上传，等待一段时间后，要获取并查收接收回执。接收回执反馈为传输成功的，报告完成；否则根据回执信息及时补报，并再次查询对应的接收回执文件，重复该过程直至核对全部正确。

(2)信息补报

制票点补报货票，只能选择综合处理模块的漏票补报或更正补报功能逐票生成货票报告，不能重复报告打包数据。

(3)财收四统计

货票财收四的统计与结账权限只能由进款员(或总账人员)负责编制，窗口制票人员每天结账前先办理完交款手续后，再由进款员打印财收四。

① 制票过程中，正式结账前，可以随时做财收四统计，此时系统不存盘并且打印时加“非正式”字样，供临时核对参考。

② 正式财收四一天只能生成一天，是否生成正式财收四由人工确认，一旦确认正式打印后，系统依次完成货票和财收四捆绑存盘、修改控制状态、打印财收四操作。正式财收四的确认要特别慎重，此项操作将记录控制文件的状态内容，且不可恢复。一旦财收四正式生成后，系统将封闭该工作日的货票存根文件，不能再填制该工作日的货票，也不能再进行作废、恢复等操作，只允许填制本工作日以后的货票。

③ 正式结账后可多次打印正式财收四，此时的操作不能再生成数据文件，如果系统发现存根文件改变，进行提示并且标示为违规。

④ 每个制票点每天只能正式生成一个财收四；一台制票机代多个站制票时，每天每站生成一个财收四文件。生成方式为货票、财收四打包文件。

⑤ 在任何时候都可以进行财收四的旬统计(可以灵活指定起止日期)，旬计划不生成数据报告文件。

⑥ 财收四及其他报表统计的特殊说明。

按轴公里计费的货票，不统计车数、重量。

货票存根文件内包括了在制票过程中产生的所有费用，有些费用没有打印在货票上，通过打印杂费收据核收，这些杂费收据数据不计入货票的收入总会计。

(4)车务段录入更正软件

只适用对车务段非报告点信息采集软件上报后已入库的信息进行更正，输入完整货票信息。生成信息报告传同级货票系统，由货票系统逐级上报。

打包内容同普通货票，此财收四只作为打包数据校验使用，生成方式按照指定起止日期，允许旬或日报；报告生成前，允许对输入的信息进行删除操作并重新输入。

车务段报告更正信息量作为准确率计算的依据之一。

(5)上传电子货票信息的操作步骤

① 每日生成财收四结账，结账正确后将财收四打包，然后退出制票系统。

② 启动货运信息管理系统基层报告子系统。

③ 在电脑桌面上双击“货票传输”图标进行货票传输。

④ 直至窗口显示“货票财收包数据上传成功”即为电子货票信息上传成功。

二、计算运输费用

(一)审核货物运单

【例1】 某站专用线货运员在装完车后，到内勤制票，所拿运单见格式1，请指出图5运单的错误处。

格式 1

货物指定于 3 月 6 日搬入
货位：
计划号码或运输号码：
运到期限　　日

成 都 铁 路 局

货 物 运 单

托运人→发站→到站→收货人

承运人/托运人装车
承运人/托运人施封

货票第　　号

托运人填写					承运人填写				
发站	贵阳西	到站(局)	昆明东		车种车号	P3310203	货车标重		
到站所属省(市)自治区					施封号码	F3301/3302			
托运人	名称	贵阳市粮食公司	邮编	630010	经由	铁路货车篷布号码			
	住址	贵阳中曹司	电话	26528891		集装箱号码			
收货人	名称	昆明市供销公司	邮编	640020	运价里程				
	住址	昆明路 1 号	电话	68350699					
货物名称	件数	包装	货物价格	托运人确定重量(kg)	承运人确定重量(kg)	计费重量	运价号	运价率	运费
大米		编织袋	80 000	60 000					
合计									
托运人记载事项：					承运人记载事项：				

注：本单不作为收款凭证，托运人签约须知见背面。	托运人盖章或签字 年　月　日	到站交付日期戳	发站承运日期戳

图 5　货物运单

答：该运单有 8 处错误：①无计划号；②无车型；③无标重；④无件数；⑤未盖受理章；⑥托运人未盖章；⑦托运人未注明“保价”或是“保险”；⑧未划掉“承运人装车”。

(二)计算运杂费

重点介绍整车，其他运输方式计算方法一样。

运杂费的计算方法如下：

整车运费＝(基价 1＋基价 2×运价里程)×计费重量

铁路建设基金＝费率×基金里程×计费重量

印花税＝（统一运价运费＋电气化附加费＋特价或加价运费＋合资和地方铁路运费）×0.5‰

电气化附加费＝费率×电气化里程×计费重量

装卸费：按《铁路货物装卸作业计费办法》计算

押运人乘车费＝费率×（押运费计费里程÷100）×人数（里程除以100的得数进整处理）

施封费＝费率×个数

保价费＝保价金额×保价费率

篷布使用费：费率×张数（500 km以内和501 km以上的费率不同）

过秤费（零担货物）＝费率×（实际重量/100）

京九分流费（整车货物）＝费率×指定区段运行里程×计费重量

取送车费＝费率×取送车里程（往返合计进整）×车数

暂存费（20英尺箱）＝费率×箱数×计费天数

集装箱延期使用费＝费率×箱数×计费天数

集装箱清扫费＝费率×箱数

集装箱使用费（20英尺）：500 km以内130.00元/箱×箱数

500～2 000 km每增加100 km加收13.00元/箱×箱数

2 001～3 000 km每增加100 km加收6.50元/箱×箱数

3 001 km以上计收390.00元/箱×箱数

货车延期占用费（一般货车）：1～10 h4.4元/（车·h）×车数×计费时间

11～20 h 8.8元/（车·h）×车数×计费时间

21～30 h 13.2元/（车·h）×车数×计费时间

30 h以上17.6元/（车·h）×车数×计费时间

洗刷除污费（整车货物）＝费率×车数

变更手续费＝费率×批数

临管运费＝费率×计费里程×计费重量

【例2】 由贵阳西站盐业集团公司专用线（距车站中心1.5 km）装运1批铝锭到衡阳，用一辆60 t的棚车装运，货物重量60 t。保价金额200 000元。使用施封锁2枚。计算发站运杂费。

解：运价里程1 017 km，基金里程1 017 km，电气化里程1 017 km，京九分流139 km。

铝锭的运价号是5号，基价1为11.7元/t，基价2为0.063 0元/（t·km）。

运费：（11.70＋0.063 0×1 017）×60＝4 546.30（元）

电气化费：0.012×1 017×60＝732.20（元）

京九分流费：0.006×139×60＝50.00（元）

印花税：（4 546.30＋732.20＋50.00）×0.5‰＝2.70（元）

建设基金：0.033×1 017×60＝2013.70（元）

取送车费：9.00×1×（1.5×2）＝27（元）

保价费：200 000×4/1000＝800（元）

施封费：1.5×2＝3.00（元）

合计:8 174.90(元)

【例 3】 贵阳西发昆明东一车大米,用 60 t 敞车装运,使用路用篷布两块,并派有两名押运人。承运人卸汽车、搬运、装火车。计算运杂费。

解:运价里程 621 km,基金里程 621 km,电气化里程 621 km,押运里程 621 km。

大米 4 号运价,基价 1 为 10.8 元/t,基价 2 为 0.055 3 元/(t·km)。

大米为粮食,免收铁路建设基金。

运费:(10.8+0.055 3×621)×60=2 708.50(元)

电气化费:0.012×621×60=447.10(元)

印花税:(2 708.50+445.7)×0.5‰=1.60(元)

篷布使用费:84.00×2=168.00(元)

押运人乘车费:3.00×621/100×1=21.00(元)

发站装卸费:卸汽车 4.3×60=258.00(元)

装汽车 4.3×60=258.00(元)

搬运费 2.6×60=156.00(元)

合计:672.00(元)

总合计:4 018.20(元)

【例 4】 贵阳西站某专用线装一车水渣到八里站,使用标重 70 t 的自备矿石车,货物重量 70 t。专用线距车站中心线 1.7 km。试计算发站核收的运杂费。(保价费除外)

解:查水渣 2 号价,基价 1 为 7.00 元/t,基价 2 为 0.044 4 元/(t·km),因使用自备车,运价率减 20%。

运价里程 931 km,基金里程 931 km,电化里程 931 km。

运费:(7.00+0.044 4×931)×(1-20%)×70=2 706.80(元)

电气化费:0.012×931×70=782.00(元)

印花税:(2 706.80+782.00)×0.5‰=1.70(元)

建设基金:0.033×931×70=2 150.60(元)

取送车费:9.00×1×(1.7×2)=36.00(元)——取送车旦程往返合计后进整

自备车管理费:120×1=120.00(元)

合计:5 797.10(元)

【例 5】 从贵阳西回空一自备罐车(4 轴)到湛江,试计算发站应收的运杂费。

解:运价里程 1 059 km,基金里程 1 059 km,电化里程 611 km。

自备车回空,按 7 号运价率计费,基价 2 为 0.287 6 元/(轴·km)。

运费:0.287 6×1 059×4=1 218.30(元)

电气化费:0.036×611×4=88.00(元)

印花税:(1 218.30+88.00)×0.5‰=0.70(元)

建设基金:0.099×1 059×4=419.40(元)

自备车管理费:120×1=120.00(元)

合计:1 846.40(元)

【例 6】 成都局管辖的某站到达 20 英尺箱 2 箱,3 月 1 日发出催领通知,3 月 5 日收货人来车站办理手续，当天将重箱运走（"门到门"运输），3 月 10 日将空箱送回车站但未清扫。计算到站应核收的费用。

解：从发出催领通知的次日起，免费保管 2 日（免费保管的天数、暂存费的费率各局另有规定的按规定办理）。

(1)3 月 5 日应收的费用

暂存费：30.00×2×2=120.00(元)

集装箱延期使用费：60.00×2×2=240.00(元)

(2)3 月 10 日应收的费用

集装箱延期使用费：60.00×2×4=480.00(元)

集装箱清扫费：5.00×2=10.00(元)

合计：850.00(元)

【例 7】 贵阳东站 8 日到达一车服装，计费重量 60 t，件数 3 700，8 日发出催领通知，9 日收货人提货，试计算到站应收的运输费用（承运人卸火车、搬运、装火车）。

解：到站应收的费用为装卸费，件数 3 700 超过 3 200 件，装卸、搬运费率加 30%。

卸火车：4.30×(1+30%)×60=335.40(元)

搬运费：2.60×(1+30%)×60=202.80(元)

装汽车：4.30×(1+30%)×60=335.40(元)

合计：873.60(元)

【例 8】 从贵阳东站发 1 个 20 英尺箱到大朗站，试计算集装箱使用费。

解：运价里程 1 226 km，广坪段里程 296 km，全程里程 1 522 km。

集装箱使用费：130.00+13.00×[(1 522−500)÷100)]=273.00(元)

【例 9】 某站专用线到 5 辆棚车（路用车）卸，9 点 20 分送到专用线卸车地点，最后一辆车 14 点 30 分卸完（一批作业能力 5 辆，标准作业时间为 2 小时）。计算该站应收多少货车延期占用费。

解：装卸作业时间：(14:30−9:20)−2:00=5:10→5(h)

货车延期占用费：4.40×5×5=110(元)

【例 10】 成都局管辖的某站到达一车炭黑，试计算洗刷除污费。

解：洗刷除污费 120.00×1=120.00(元)

【例 11】 某物资公司 1 日在某站发运一批书籍，按零担托运。该站在 1 日承运。准备在 3 日装车。2 日该公司来到该站要求取消托运。该站按规定办理了取消托运。试计算货物运输变更手续费。

解：发送前取消托运的货物运输变更手续费

10.00×1=10.00(元)

【例 12】 株洲北发北碚站一整车铝锭，使用 60 t 的棚车。根据已给条件计算发站应核收的运杂费。

解：运价里程 454 km，基金里程 454 km，电气化里程 454 km，渝怀临管（广）196 km，渝怀临管（成）425 km。

铝锭 5 号价：基价 1 为 11.70 元/t，基价 2 为 0.063 0 元/(t·km)。

运费:(11.70+0.0630×454)×60=2418.10(元)

电气化费:0.012×454×60=326.90(元)

渝怀运费(成):0.12×425×60=3060.00(元)

渝怀运费(广):0.12×196×60=1411.20(元)

印花税:(2418.10+326.90+3060.00+1411.20)×0.5‰=3.60(元)

建设基金:0.033×454×60=898.90(元)

合计:8118.70(元)

【例 13】 某部队持军运后付凭证从贵阳西站发往昆明东站一整车货物,派 2 人押运该车。军运号码为 16/02345,货物重量 35 t,使用 60 t 平车装运,试计算运杂费。

解:运价里程 621 km,基金里程 621 km,电气化里程 621 km。

军运后付物资适用 5 号价,基价 1 为 11.70 元/t,基价 2 为 0.0630 元/(t·km)。

计费重量:60 t

免收押运员乘车费

运费:(11.70+0.0630×621)×60=3049.40(元)

电气化费:0.012×621×60=447.10(元)

印花税:(3049.40+447.10)×0.5‰=1.70(元)

建设基金:0.033×621×60=1229.60(元)

合计:4727.80(元)

(三)运费、杂费补退计算

1. 计算逾期违约金

【例 14】 1 月 20 日北郊站承运一车大米到贵阳西站,运价里程 2046 km,使用 P_{62} 型棚车装运,2 月 5 日到贵阳西站,当天卸车。试计算运到逾期违约金。

解:(1)计算运到期限

发送期间:1 日

运输期间:北郊到贵阳西的运价里程 2046 km

$$2046 \div 250 = 8.18 \rightarrow 9(日)$$

运到期限为:1+9=10(日)

(2)逾期违约金

货物实际运到日数:从 1 月 20 日的次日起算,到 2 月 5 日止,总共 16 日。

逾期日数:16-10=6(日)

根据《铁路货物运输规程》第 37 条可知,运到期限 10 日。逾期总日数 6 日以上,按运费的 20%核收违约金。

运费:(10.80+0.0553×2046)×60=7436.60(元)

违约金:7436.60×20%=1487.30(元)

2. 计算运杂费迟交金

【例 15】 某单位于 9 月 1 在某站装运一批钢材,运杂费 7899.00 元,用支票结账。9 月 3 日支票因印鉴不清发生银行退票,当天该单位接车站通知后立即来重新换支票。计算应核收的迟交金。

解:迟延天数:9 月 3 日－9 月 1 日＝2(日)

迟交金:7 899.00×2×3‰＝47.40(元)

三、核收、结算运输费用

(一)运输费用核收与结算

运输费用的结算方式为现金结算和非现金结算,在这里我们主要介绍非现金中的支票结算。

1. 支票的概念

支票是出票人签发的、委托办理支票存款业务的银行在见票时无条件支付确定的金额给收款人或者持票人的票据。它适用于单位和个人在同一票据交换区域的各种款项结算,在适用范围内,均可以使用票据。

2. 支票的种类

支票分为现金支票、转账支票和普通支票。转账支票只能用于转账,普通支票可用于支取现金,也可用于转账。在普通支票左上角划两条平行线的,为划线支票,划线支票只能用于转账,不能支取现金。

3. 转账支票填制说明

签发支票要用碳素墨水或墨汁填写,要求内容齐全,大小写相符,不准涂改、更改。

支票可用支票打印机填写,时间、金额只需输入阿拉伯数字,即可打印出大写的时间、金额;手写填写时,应注意时间的大写,1～9 大写应写成零壹～零玖,10 写成壹拾。

其具体分述如下。

(1)签发日期应填写实际出票日期,支票正联出票日期必须使用中文大写,支票存根部分出票日期可用阿拉伯数字书写。

在支票正联用大写填写出票日期时,为防止变造支票的出票日期,在填写月、日时应注意:一是当月为壹、贰和壹拾的,日为壹至玖和壹拾、贰拾和叁拾的,应在其前加零。二是当日为拾壹至拾玖的,应在其前加壹。例如,2 月 16 日,应写成零贰月壹拾陆日。10 月 20 日,应写成零壹拾月零贰拾日。

(2)收款单位名称应填写全称并与预留银行印签中单位名称一致。

(3)大写金额应紧接“人民币”书写,不得留有空白,以防加填;大小写金额要对应,要按规定书写。

(4)阿拉伯小写金额数字前面,均应填入人民币符号“¥”。阿拉伯小写金额数字要认真填写,不得连写分辨不清。

(5)如实写明用途,存根联与支票正联填写的用途应一致。

(6)在签发人签章处按预留银行印鉴分别签章,签章不能缺漏。

(7)现金支票签发后,将支票从存根联与正联之间骑缝线剪开,正联交给收款人办理提现,存根联留下作为记账依据。

(二)迟交运杂费处理

付款单位未按规定时间交付运输费用,或交付的空头转账支票,以及属于托运人、收货人责任发生的银行退票，均按迟交运输费用处理。发生欠款时，按欠交款单位分别填开“运输收入欠补款报告”(财收—35)，收回欠款时，按规定核收迟交金。发生和收回欠款均应在“运输进款收支报告”(财收—8)中单独列报。同时填记运输进款债权债务登记簿(财收—36)。

1. 运输进款欠补款报告(财收—35)

运输进款欠补款报告，是车站在付款单位未按规定时间交付运输费用，或交付的转账支票空头，以及属于旅客、托运人和收货人责任发生的银行退票时填开的欠款凭证。本报告一式三份，甲联是欠款报告，乙联是补款报告，丙联是存根。

各站发生的托运人、收货人欠款，应在当日按欠交单位分别填制本报告，列入“运输进款收支报告(财收—8)”的“迟交运杂费款”栏内。甲联作为列报欠款的报单，随“运输进款收支报告(财收—8)”报铁路局收入管理部门。根据乙、丙联和发生欠款的票据报销联，追收欠款。收回欠款时，应列入“运输进款收支报告(财收—8)”的“收回迟交运杂费款”栏内报缴。同时在本报告的乙、丙联上注明补交日期，将乙联作为列报补交欠款的报单，随“运输进款收支报告(财收—8)”报铁路局收入管理部门，丙联留存备查。

发生因发收货单位交付无效支票经银行退回时，不应更改“运输进款收支报告(财收—8)”原列的应汇缴铁路局款额，应依据银行退回支票填开的本报告，在支票退回日列报欠款，减少支票退回日的应汇缴铁路局款额，向原交款单位换回支票时，在换回日列入“运输进款收支报告(财收—8)”的“收回迟交运杂费款”栏内报缴(月末收的支票，在次月初发生退票，涉及两个月份时，亦同样处理)。

使用自动售票机的车站，在售票结账日不能取、送、存款时，应填制本报告作为分项列账的依据。发生时列入“运输进款收支报告(财收—8)”的“发生自动售票机欠款”栏内，收回时列入“运输进款收支报告(财收—8)”的“收回自动售票机欠款”栏内。

运输进款欠补款报告(财收—35)格式见表14.1、表14.2、表14.3。

2. 运输进款收支报告(财收—8)

运输进款收支报告，是站段登记和反映每日办理运输进款收支业务事项的一种特殊账簿，以及向铁路局收入管理部门报账的报告。

办理客货运输营业并核收运输进款的站段，均应逐日编制本报告，真实反映运输进款业务情况。车站应指定专人负责按日编制一式两份。一份站段收入部门留存，一份连同各种收支单据、凭证按照规定日期报送铁路局收入管理部门。被代缴站负责本站“运输进款收支报告”的编制，由代缴站负责稽核。按营业窗口管理的被代管车站的“运输进款收支报告”，由代管站根据规定分别或合并编制。

本报告根据“票据进款交接单(财收—22)”按日逐项登记，各项收入金额与支出金额必须与有关票据整理报告和相应凭证、单据相符，做到项目正确、账款相符、收支平衡。

表 14.1　运输进款欠补款报告甲联

中华人民共和国铁道部

____________铁路局　　　　　　　　　　　　　　　　　　　　　　　　　　　财收—35

运输进款欠补款报告

____________车站　　　　　　　　年　月　日　　　　　　　　编号________

票据名称	起　　号	止　　号	张　　数	款　　额
	合　　计			
欠款单位名称				
欠款原因				
上项进款临时发生欠缴在　　月　　日运输进款收支报告内列报欠款。				
上项进款已在　　月　　日收回，列入运输进款收支报告内报缴。并以第　　号杂费收据核收迟交金　　元。				

甲联：欠款联

主管________　　　　　　　　　　　　　　　　　　　　制表人________

表 14.2　运输进款欠补款报告乙联

中华人民共和国铁道部

____________铁路局　　　　　　　　　　　　　　　　　　　　　　　　　　　财收—35

㊣补

运输进款欠补款报告

____________车站　　　　　　　　年　月　日　　　　　　　　编号________

票据名称	起　　号	止　　号	张　　数	款　　额
	合　　计			
欠款单位名称				
欠款原因				
上项进款临时发生欠缴在　　月　　日运输进款收支报告内列报欠款。				
上项进款已在　　月　　日收回，列入运输进款收支报告内报缴。并以第　　号杂费收据核收迟交金　　元。				

乙联：补款联

主管________　　　　　　　　　　　　　　　　　　　　制表人________

表 14.3　运输进款欠补款报告丙联

中华人民共和国铁道部

＿＿＿＿＿＿铁路局　　　　　　　　　　　　　　　　　　　　　　财收—35

运输进款欠补款报告

＿＿＿＿＿＿车站　　　　　　年　月　日　　　　　　　　编号＿＿＿＿

票据名称	起　号	止　号	张　数	款　额
合　计				
欠款单位名称				
欠款原因				
上项进款临时发生欠缴在　月　日运输进款收支报告内列报欠款。				
上项进款已在　月　日收回，列入运输进款收支报告内报缴。并以第　号杂费收据核收迟交金　元。				

丙联：车站存查联

主管＿＿＿＿＿＿　　　　　　　　　　　　　　　　　　制表人＿＿＿＿＿＿

填报本报告必须数字正确、清楚，盖章齐全。手工编制本报告的金额有错误需要改正时，按照国家统一的会计制度规定的方法更正，并由记账人员在更正处盖章，不得修改实行计算机系统编制报告的电子信息。本条规定适用所有运输收入报表差错的更正。

报告中与银行相关的各项数据，必须根据每日银行的收支凭证按日填写，收支金额应与银行日记账所记金额相等，并应与当日的银行收支凭证相符（包括现金、支票、银行退回支票、银行支票退款等）。代缴站应根据各被代缴站分别设置银行日记账的分户账。

本报告加盖站段收入部门印章（未设置收入部门的为站段公章，下同）后留存和上报。

本报告项目根据票据、凭证和单据的种类设定。

运输进款收支报告格式见表 15。

3. 运输进款债权债务登记簿（财收—36）

运输进款债权债务登记簿，是车站登记掌握运输进款中各项债权债务发生处理情况的登记簿。各站对托运人、收货人欠款，应使用本簿按日登记掌握发生和处理情况。对托运人、收货人欠款，应按欠款单位分行登记，全月发生额和处理额应与“运输进款收支报告（财收—8）”上填报的“迟交运杂费款”和“收回迟交运杂费款”核对相符。本登记簿内容应与对应的“明细账”款额相符。

表 15 运输进款收支报告

中华人民共和国铁道部　　　　财收—8

______铁路局

______站(段)

运输进款收支报告

年　月　日　　　　单位:元

顺号	项目	收入	顺号	项目	支出
1	电子客票进款		41	应汇缴上级单位进款	
2	电子月票进款		42	其中:现金	
3	代用、区段(市郊)票进款		43	支票	
4	其他票据车票进款		44	支票退款	
5	行李票进款		45	银行退回支票	
6	包裹票进款		46	本站 POS 机收款	
7	快运运单进款		47	本站 POS 机退款	
8	发送现付货票进款		48		
9	客运运价杂费收据进款		49		
10	货运运费杂费收据进款		50	退票报告退款	
11	客运定额收据进款		51	改签原票款	
12	货运定额收据进款		52	车站退款证明书退款	
13	护路联防费票据进款		53		
14	保险费票据进款		54	发生迟交运杂费	
15	其他票据进款		55	预付款抵用、退款	
16	收客货运预付款		56	铁路大客户结算款	
17	银行利息		57	邮运运费结算款	
18	发生溢收款		58	军运后付结算款	
19	退票报告退票费		59	电子支付已缴款	
20	收回其他后付结算款		60	其他后付结算款	
21	收回垫款通知书垫款		61	支付垫款通知书垫款	
22	收回迟交运杂费		62	支付动支凭证垫款	
23	收回动支凭证款		63	其他支付款	
24	收回其他款		64		
25	发生多缴款		65		
26	处理少缴款		66		
27	收回自动售票机欠款		67	处理多缴款	
28	代收客运段车补进款		68	发生少缴款	
29	国际联运行李票进款		69	发生自动售票机欠款	
30	国际联运包裹票进款		70	客运段已缴车站代收车补进款	
31	快通卡款		71	快通卡退款	
32	车票代售点手续费		72	退车票代售点手续费	
33	自然灾害借款		73	自然灾害还款	
34			74		
35			75		
36			76		
37			77		
38			78		
39			79		
40	收入合计		80	支出合计	

站段长______　　经办人______　　审核人______

运输进款债权债务登记簿（财收—36）格式见表16。

表16 运输进款债权债务登记簿

中华人民共和国铁道部

______铁路局　　**运输进款债权债务登记簿**　　财收—36

______年度　　项目______　　单位______

单 位	日 期	摘 要	发 生	处 理	结 余	单 位	日 期	摘 要	发 生	处 理	结 余

（三）预付款结算

1. 预付款存入凭证（财收—33）

预付款存入凭证，是旅客、托运人和收货人交纳预付款时，铁路受理单位（包括铁路运输企业、车站）填开的收款凭证。

本凭证应编号填发一式三联。甲联为报告页，随“运输进款收支报告（财收—8）”上报，乙联为收款收据由受理单位加盖公章交给付款单位，丙联受理单位留存。

本凭证是登记预付款明细账的依据。

预付款存入凭证（财收—33）格式见表17。

表17 预付款存入凭证

财收—33

中华人民共和国铁道部

______铁路局　　**预付款存入凭证**

______（收款单位）　　年　月　日　　编号______

预付款单位或个人		收款单位										
账号或地址		账号或地址										
结算方式												
存款金额	人民币（大写）		仟	佰	拾	万	千	百	十	元	角	分
备注：												

甲联：随运输进款收支报告上报

收款单位 ㊞______　　单位主管______　　经办人______

2. 预付款抵用（退款）凭证（财收—33—1）

预付款抵用（退款）凭证，是已交纳预付款的旅客、托运人和收货人发生购票、运杂费或要求退还预付款时，原预付款受理单位根据应收费用或应退预付款金额填开的抵用或退款的凭证。

本凭证应编号填发一式三联。甲联为报告联，随“运输进款收支报告（财收—8）”上报；乙联交领款单位；丙联由办理抵用的单位留存。

本凭证应填记相应的预付款收款凭证的编号。预付款出现不足时，按照迟交运杂费处理。

经审核同意办理退还单位预付款时，必须由收款单位和领款人加盖公章或财务专用章（其他专用章无效）或由收款单位另开正式财务收款收据粘贴在甲联上报。

经审核同意办理退还个人预付款时，要有申请退款人的书面材料，领款时可凭户口簿或领款人身份证。加盖领款人名章，并注明领款时持用的证件种别和领款人的详细住址。要求退款的书面材料应附在甲联上一并上报。

本凭证是登记预付款明细账的依据。

预付款抵用（退款）凭证（财收—33—1）格式见表18。

表18　预付款抵用（退款）凭证

中华人民共和国铚道部　　　　　　　　　　　　　　　　财收—33—1

______铁路局　　**预付款抵用（退款）凭证**

年　月　日　　　　　　　　　　　　　　编号______

<table>
<tr><td>预付款单位
或　个　人</td><td colspan="2"></td><td>收款单位和
存入凭证编号</td><td colspan="10"></td></tr>
<tr><td>票据名称</td><td>起　号</td><td>止　号</td><td>张　数</td><td>款　额</td><td colspan="9">备　注</td></tr>
<tr><td></td><td></td><td></td><td></td><td></td><td colspan="9"></td></tr>
<tr><td></td><td></td><td></td><td></td><td></td><td colspan="9"></td></tr>
<tr><td></td><td></td><td></td><td></td><td></td><td colspan="9"></td></tr>
<tr><td></td><td></td><td></td><td></td><td></td><td colspan="9"></td></tr>
<tr><td rowspan="2">抵用（退还）
金　　额</td><td colspan="3" rowspan="2">人民币
（大写）</td><td>仟</td><td>佰</td><td>拾</td><td>万</td><td>千</td><td>百</td><td>十</td><td>元</td><td>角</td><td>分</td></tr>
<tr><td></td><td></td><td></td><td></td><td></td><td></td><td></td><td></td><td></td><td></td></tr>
<tr><td>抵用或退还预付
款时填记</td><td colspan="13">上项预付款于　　月　　日如数抵用。　　领取凭证人______
上项退款于　　月　　日以现金/支票如数退讫。
领款单位开户　　领取退款　　领　款　人______
银行及账号______　　单　　位___㊞___　　身份证号码______</td></tr>
</table>

甲联：随运输进款收支报告上报

办理单位___㊞___　　　　　　　　　　　　　　经办人______

3.（　　）款明细账（财收—34）

该明细账是车站登记旅客、托运人和收货人迟交运杂费（包括银行退回的空头支票）、旅客（货主）预付款、多少收款、多少缴款、未送存款，以及路外伤亡垫款等应收、应付款和自动售票机欠补款等的明细账簿。本账簿应分户名和款项别分别设立、序时登记。

车站根据银行收付款单据、补退款通知书及有关凭证、单据逐笔登账，每月按户结出余额。

车站每月应将各户余额分别货主迟交、预付、多少收、多少缴等列单随“运输进款收支报告（财收—8）”上报。其各项余额应定期与有关单位核对，以保证账账相符。

（　　）款明细账格式见表19。

表19　（　　）款明细账

中华人民共和国铁道部　　　　财收—34

________铁路局　　（　　）款明细账　　第____页

户　名________

年 月　日	摘　要	发生额	处理（抵用）额	结余额

四、运输收入进款管理

（一）进款存汇

1. 现金进款单

车站核收现金应于每日结账后将当日所收现金填制现金缴款单送存银行并按业务发生的顺序，序时逐笔登记“现金日记账”。每日终了“现金日记账”的余额必须与金库实际库存额核对，做到账款相符。

车站向银行送存运输收入进款时，从存款地点到送款车辆、送款途中及从送款车辆到银行，必须由公安人员全程护送，没有公安人员的车站，由站长派人护送，日均现金收入超过1万元时应使用机动车辆送存银行。

现金交款单填制格式如图 6 所示。

现 金 交 款 单

币别：　　　　2008年5月7日　　　　流水号：

<table>
<tr><td rowspan="3">单位填写</td><td>收款单位</td><td>成都铁路局结算中心二戈寨结算所</td><td>交 款 人</td><td colspan="11">成都铁路局贵阳东站</td><td rowspan="5">第二联 客户回单</td></tr>
<tr><td>账　　号</td><td>5500677188121</td><td>款项来源</td><td colspan="11">营收</td></tr>
<tr><td colspan="3" rowspan="2">（大写） 壹拾陆万伍仟贰佰壹拾叁元整</td><td>亿</td><td>千</td><td>百</td><td>十</td><td>万</td><td>千</td><td>百</td><td>十</td><td>元</td><td>角</td><td>分</td></tr>
<tr><td></td><td></td><td></td><td>¥</td><td>1</td><td>6</td><td>5</td><td>2</td><td>1</td><td>3</td><td>0</td><td>0</td></tr>
<tr><td>银行确认栏</td><td colspan="14">现金回单（无银行打印记录及银行签章此单无效）</td></tr>
</table>

复核　　　　录入　　　　出纳

图 6　现金交款单

2. 汇款凭证

客货营业单位必须建立严格的运输收入进款管理制度，指定专人负责运输收入进款的保管、存汇及账表编报工作，并实行账款分管制度。运输收入进款必须坚持专户管理的原则，专户内不办理运输收入范围以外的其他收付款业务。

站、段的运输收入进款必须在收款次日 12 点前送存银行，并按规定日期上缴上级收入管理部门。各级运输收入会计核算单位应按上级规定办法办理运输收入资金的缴拨。各级缴款单位必须努力压缩资金在途时间，加速资金周转。

铁道结算中心内部转账付款委托书为站段将运输收入进款上缴上级收入管理部门时填写单据。填记格式如图 7 所示。

① 铁道结算中心 内部转账**付款**委托书

2008年8月23日 No27500

<table>
<tr><td rowspan="3">付款单位</td><td>户　　名</td><td>成都铁路局贵阳东站</td><td rowspan="3">收款单位</td><td>户　　名</td><td colspan="12">成都铁路局收入稽查处</td></tr>
<tr><td>账　　号</td><td>11001030014</td><td>账　　号</td><td colspan="12">1260001250</td></tr>
<tr><td>开户中心</td><td>成结二戈寨结算室</td><td>开户中心</td><td colspan="12">成都铁路资金结算所</td></tr>
<tr><td rowspan="2">金额</td><td rowspan="2">人民币（大写）</td><td colspan="3" rowspan="2">壹佰贰拾陆万柒仟肆佰元整</td><td>十</td><td>亿</td><td>千</td><td>百</td><td>十</td><td>万</td><td>千</td><td>百</td><td>十</td><td>元</td><td>角</td><td>分</td></tr>
<tr><td></td><td></td><td>￥</td><td>1</td><td>2</td><td>6</td><td>7</td><td>4</td><td>0</td><td>0</td><td>0</td><td>0</td></tr>
<tr><td colspan="5">款项内容：　运输收入</td><td colspan="12">附件内容及张数：</td></tr>
<tr><td colspan="17">上列款项已办理。
备注：
结算中心盖业务用章</td></tr>
</table>

付款通知

图7　汇款凭证

（二）进款结账与报账

1. 票据整理报告（财收—4）

票据整理报告，是车站整理有关票据和向铁路局收入管理部门报告票据使用与运输进款等相关情况的原始凭证汇总报告。本报告逐日按所使用票据的种类分别整理填报，将票据名称填入“（　　）”内。报告中的票据号码应顺序填记，并须与上次报告的号码相衔接。同时使用两组票据或因其他原因票号不衔接时，应分格填记。票据作废时，除存根联留存外，其余各联均须上报。报告中的款额按该组票据合计数加总填记，应与“运输进款收支报告（财收—8）”对应项目金额相符。本报告填报一式三份。一份车站留存，两份加盖戳记章后报铁路局收入管理部门。进款项目根据需要设定。

票据整理报告（财收—4）的填制格式见表20。

2. 货运运费杂费收据整理报告（财收—4—8）

货运运费杂费收据整理报告，是车站整理货运运费杂费收据（包括计算机制票）和向铁路局收入管理部门报告进款情况的原始凭证汇总报告。报告中的票据号码应顺序填记，并须与上次报告的号码相衔接。同时使用两组票据或因其他原因票号不衔接时，应分格填记。票据作废时，除存根联留存外，其余各联均须上报。报告中的款额按该组票据合计数加总填记，应与“运输进款收支报告（财收—8）”相对应项目金额相符。本报告填报一式三份。一份车站留存。两份加盖戳记章后报铁路局收入管理部门。

对国内变更到站的货票等，应随运杂费收据一并上报。进款项目根据需要设定。

货运运费杂费收据整理报告（财收—4—8）的填记格式见表21。

3. 运输进款收支报告（财收—8）

运输进款收支报告（财收—8）见表15。

4. 票据进款交接单（财收—22）

票据进款交接单，是车站客货营业窗口（包括被代管站的营业窗口）与车站收入部门、代缴站与被代缴站双方办理当天营业使用票据、进款互相交接时的凭证。

表 20　票据整理报告

中华人民共和国铁道部　　　　财收—4

______铁路局　　　　(　　) 票据整理报告

______车站　　　　年　月　日

票据名称	票号			张数	其中作废	货物实重	金额	附注
	符号	起号	止号					
整车	8	32001	32501	50	4	2 750 t	239 205.70	
合计				50	4	2 750 t	239 205.70	

进款项目

顺号	项目	金额	顺号	项目	金额
1	局管内运费	10 505.60	20		
2	直通运费	100 870.20	21		
3	电气化附加费	45 100.20	22		
4	铁路建设基金	69 086.10	23		
5	发站装卸费	13 530.00	24		
6	印花税	113.50	25		
7			26		
8			27		
9			28		
10			29		
11			30		
12			31		
13			32		
14			33		
15			34		
16			35		
17			36		
18			37		
19			38	合计	239 205.70

站长______　　　　经办人______

表 21　货运运费杂费收据整理报告

中华人民共和国铁道部　　　　　　　　　　　　　　　　　　　　　　财收—4—8

______铁路局

货运运费杂费收据整理报告

______车站　　　　　　　　　　年　　月　　日

票号			张数	其中作废	金　额	附　　记
符号	起号	止号				
N	25001	25007	7		3 252.60	品名重量不符 批 公斤
N	34321	34356	36	1	43 927.50	
合　　计			43	1	47 180.10	

进　款　项　目					
顺号	项　目	金　额	顺号	项　目	金　额
1	迟交金	159.30	20		
2	到补货物品名重量不符	6 337.80	21		
3	装卸费	40 105.00	22		
4	暂存费	578.00	23		
5			24		
6			25		
7			26		
8			27		
9			28		
10			29		
11			30		
12			31		
13			32		
14			33		
15			34		
16			35		
17			36		
18			37		
19			38	合　计	47 180.10

站长______　　　　　　　　　　　　　　　　　　　　　　　　经办人______

客货营业窗口根据当日实际核收的现金、支票、银行卡凭证和其他各种单据，以及实际使用的各种票据的符号、起止号码、张数填制。做到项目正确、账款相符、收支平衡。

本交接单一式两份，连同现金、支票和各种单据一并交车站收入部门，经签认后交接双方各留一份。客货营业窗口当日使用的册页式票据和各种票据整理报告经“三检复核”后直接报铁路局收入管理部门。

本交接单经签认后，作为车站收入部门编制“运输进款收支报告（财收—8)”及有关账簿的凭证。

本表项目根据票据、凭证和单据的种类设定。

票据进款交接单（财收—22）格式见表22。

表22　票据进款交接单

中华人民共和国铁道部

________铁路局

票据进款交接单

财收—22

____车站____窗口　　　　年　月　日　　　　单位：元

票据名称及进款项目	符号	起号	止号	张数	款额	进款及支付项目	款额
电子客票进款						应汇缴上级单位进款	
电子月票进款						其中：现金	
代用、区段（市郊）票进款						支票	
其他票据车票进款						支票退款	
行李票进款						银行退回支票	
包裹票进款						本站POS机收款	
快运运单进款						本站POS机退款	
发送现付货票进款							
客运运价杂费收据进款							
货运运费杂费收据进款						退票报告退款	
客运定额收据进款						改签原票款	
货运定额收据进款						车站退款证明书退款	
护路联防费票据进款							
保险费票据进款						发生迟交运杂费	
其他票据进款						预付款抵用、退款	
收客货运预付款						铁路大客户结算款	
银行利息						邮运运费结算款	
发生溢收款						军运后付结算款	
退票报告退票费						电子支付已缴款	
收回其他后付结算款						其他后付结算款	
收回垫款通知书垫款						支付垫款通知书垫款	
收回迟交运杂费						支付动支凭证垫款	
收回动支凭证款						其他支付款	
收回其他款							
发生多缴款							
处理少缴款							
收回自动售票机欠款						处理多缴款	
代收客运段车补进款						发生少缴款	
国际联运行李票进款						发生自动售票机欠款	
国际联运包裹票进款						客运段已缴车站代收车补进款	
快通卡款						快通卡退款	
车票代售点手续费						退车票代售点手续费	
自然灾害借款						自然灾害还款	
收方合计						支方合计	
交款人（签章）：		收款人（签章）：				交接时间：　　年　月　日	

5. 客货票据进款交接班登记簿（财收—22—1）

客货票据进款交接班登记簿，是车站客货营业窗口（包括列车班组）在交接班时，办理票据、进款等相关事项交接使用的簿册。客货营业窗口根据当日实际使用、未使用的各种票据情况以及备品情况填制。本登记簿项目根据需要设定。客货票据进款交接班登记簿（财收—22—1）格式见表23。

表23 客货票据进款交接班登记簿

中华人民共和国铁道部　　　　财收—22—1

______铁路局

______车站

客货票据进款交接班登记簿

年　月　日

班组间票据进款交接									
票据种别	已使用票据					未使用票据			
	符号	起号	止号	张数	金额	符号	起号	止号	张数
运输进款	现金		支票		银行卡凭证				
	元		张　元		张　元				
其他交接事项	1. 备用金　　元 2. 备品： 3. 其他交接事项：								
到达票据	已交付		行李票　批		包裹票　批		货票　批		
	未交付		行李票　批		包裹票　批		货票　批		
记　事									
交班人：			接班人：						

窗口（处所）交出已使用票据、到达票据					
已使用票据	票据种别	符　号	起　号	止　号	张　数
到达票据	已交付		行李票　批	包裹票　批	货票　批
记　事					
交票人：				接票人：	

高 级 工

一、铁路运输收入票据管理

(一)票据请领、保管与缴销

1. 结合车站实际制定切实可行的票据保管制度

要求可以根据票据管理规定并结合车站实际制定切实可行的票据保管制度。例文如下：

××站票据保管制度

为进一步强化和规范票据管理工作,确保票据安全,特制订本制度。

(1)票据管理人员必须做好票据安全管理工作,票据库钥匙由专人负责,其他闲杂人员禁止进入票据库,以防止票据丢失,杜绝安全隐患。

(2)凡是向上级运输收入管理部门请领的票据,在请领、入库时必须认真清点、核对,并登账入册,发现问题立即上报处理。

(3)领回的货运票据必须按使用类别分别码放保存,并设密加锁。

(4)票据管理员应不定期的对票据库所存票据进行清点;每年对所经管的票据,有价表格必须全部清查一次,填制“库存货运票据清查单(财收—26)”,报局收入检查室。

(5)对使用完毕的客货运输票据存根页和票据整理报告,要按种别、日期、顺号装订成册,按规定的保管期限保管。对使用过的计算机票(电子客票)磁带也应按规定期限保管备查。

(6)车站对到达的行李、包裹、货运票据(包括相关附件)、到达变更货票抄件,要按照票种、时间顺序分别装订成册,按规定时间保管。

(7)票据库保持整洁、通风,防止火灾、被盗、潮湿、虫蛀、鼠咬等。

(8)票据库内不准存放与票据无关的其他物品。

(9)票据柜的钥匙只限票据库负责人保管,票据柜开启、关闭仅限本人执行,严禁随意安排他人操作。

(10)严格执行“二检”制度

① 上班开门时,认真检查安全设施及门、窗关闭状态。

② 下班前最后离开办公室的人员,应对使用的电器、电源及门窗关闭状态等相关设施进行检查,确认已关闭电源和门窗关闭良好后,方可离开。

2. 客货票据印刷验收差错记录(财收—19)

本记录是站段对收到请领的客货票据,于规定期限内查点验收发现其中有缺号或其他印刷、装订差错时,记载差错情况的专用记录。本记录由验收单位填制,一式三份,一份留存,两份附有差错的成捆(本)票据,报送铁路局收入管理部门。

铁路局收入管理部门收到本记录经复查确认后，填发“客货票据缺号证明书(财收—23)”或转送有关印刷厂处理。在记录上批注处理意见后，一份留存，一份连同报审票据(转印刷厂的除外)和“客货票据缺号证明书(财收—23)”一并退回验收单位据以处理。

客货票据印刷验收差错记录(财收—19)的格式见表 24。

表 24　客货票据印刷验收差错记录

中华人民共和国铁道部　　　　　　　　　　　　　　　　　　财收—19

______铁路局

客货票据印刷验收差错记录

______站(段)

<table>
<tr><td colspan="12">原　领　票　据</td></tr>
<tr><td colspan="2">请领日期</td><td colspan="2">领单号</td><td colspan="2">票据名称</td><td>符号</td><td>起号</td><td>止号</td><td>张(组)</td><td colspan="2">附注</td></tr>
<tr><td colspan="2"></td><td colspan="2"></td><td colspan="2"></td><td></td><td></td><td></td><td></td><td colspan="2"></td></tr>
<tr><td colspan="2"></td><td colspan="2"></td><td colspan="2"></td><td></td><td></td><td></td><td></td><td colspan="2"></td></tr>
<tr><td colspan="12">验　收　发　现</td></tr>
<tr><td rowspan="2">收到日期</td><td rowspan="2">点验日期</td><td colspan="2">缺　号</td><td colspan="2">重　号</td><td colspan="2"></td><td colspan="4">报　审　票　据</td></tr>
<tr><td>号码</td><td>张(组)</td><td>号码</td><td>张(组)</td><td></td><td></td><td>符号</td><td>起号</td><td>止号</td><td>张(组)</td></tr>
<tr><td></td><td></td><td></td><td></td><td></td><td></td><td></td><td></td><td></td><td></td><td></td><td></td></tr>
<tr><td colspan="12">说明：

站(段)长　　　　验收人　　　　年　月　日</td></tr>
<tr><td colspan="12">铁路局批复：

负责人　　　　审查人　　　　年　月　日</td></tr>
</table>

3．客货票据缺号证明书(财收—23)

客货票据缺号证明书，是铁路局收入管理部门发给站段证明其请领票据中发生缺号、少页或因其他印刷差错使票据无法使用时的凭证。

铁路局收入管理部门根据站段报来的“客货票据印刷验收差错记录(财收—19)”经审查确认票据缺号或无法使用时，填发本证明书一式两份，一份留存，一份随票据印刷差错记录寄回站段。站段收到本证明书后，待使用至该票号时，将本证明书随有关报表上报。格式见表 25。

表 25　客货票据缺号证明书

中华人民共和国铁道部　　　　　　　　　　　　　　　　财收—23

______铁路局

客货票据缺号证明书

______站(段)

年　月　日　　　　　　　　　　　　　　　　　　　　第____页

票据名称	符号	起号	止号	张数	事　由

说明:① 此证明书由铁路局收入管理部门填发,一式 2 份,1 份留存,1 份寄站段。

② 车站收到后应妥为保存,当售至“该号”时将此证明书附于售出有关报告上报。

收入管理部门____㊞____　　　　　　　　　　　　　　经办人________

(二)票据使用、交接与票据账

1. 结合车站实际制定切实可行的票据交接制度

能够根据票据管理交接制度并结合车站实际制定切实可行的票据交接制度。例文如下:

××站货运票据交接制度

为了加强货运票据管理,杜绝票据丢失事件发生,依据《铁路运输收入票据管理工作规则》,结合本站实际,特制定以下货运票据交接办法。

(1)货运票据请领、发放员严格按《铁路运输收入票据管理工作规则》进行货运票据的请领、发放。

(2)请领时认真填报“票据请领单”,10 天内逐本清点、验收、登记入账,及时向局收入检查室签回“票据请领单”的丙联。

(3)票据出库必须进行交接签收。各点领收人在领取票据时,认真核对票据号码,确认无误后,在票据交接本上签收。

(4)各作业点票据使用人在启用新本票据前,必须对整本票据进行联号清点、核对,确认无误后,启封使用。如有错误,及时通知票据管理员。

(5)票据管理员在接到票据有差错时,及时填制“客货票据印刷验收差错记录(财收—19)”报局收入检查室。

(6)各点对领回的票据必须妥善保管,认真填号交接,防止丢失。

(7)如因票据管理员工作变动,交接双方必须对现存的票据进行彻底清查,填制“客货票据清查单(财收—26)”,清查无误后,在清查单上签字备查。

客货票据清查单,是铁路局收入管理部门和站段清查票据库或营业窗口结存客货票据时的明细记录。票据库自查时,填制本单一式三份,一份留存,两份报铁路局收入管理部门。铁路局收入管理部门经与票据账核对无误后,留存一份,签回站段一份,作为对账依据。对票据库或营业窗口进行实地检查时,填制本单一式二份,一份留存,一份交被查单位。清查中发现账实不符,应由责任单位及时查明处理,必要时应写出书面报告,报铁路局收入管理部门审批。格式见表 26。

表 26 客货票据清查单

中华人民共和国铁道部　　　　　　　　　　财收—26

______铁路局

客货票据清查单

______站(段)______(处所)

年 月 日　　　　　　　　第____页

顺号	票据名称	票据账				未使用票据				记 事
		符号	起号	止号	数量	符号	起号	止号	数量	

清查人______　　　　　　　　经管人______

2. 按规定更正票据账的差错

票据账是登记、掌握各种客货运输票据收支情况的专用账簿。铁路运输企业及其站段都必须建立完整的客货票据账。

客货票据账登记时必须使用蓝、黑墨水笔填写，并应注意账簿的完整和账面的整洁。账簿记录发生差错时，不准涂改、挖补、刮擦或用药水消除字迹，不得重新抄写，应将错误的文字或数字划双红线注销，但必须使用原有字迹仍可辨认。然后在画线上方填写正确的文字或数字，并由记账人员在更正处盖章。对于错误的数字，应全部画线更正，不得只更正其中的错误数字。对于错误的文字，只可更正错误部分。由于记账凭证错误而使账簿记录发生错误，应按更正的记账凭证登记账簿。

二、计算运输费用

(一)运杂费计算

【例 16】 贵阳西发笋岗一车铝锭，使用 60 t 的棚车装运，押运 1 人，保价金额 25 万元。计算发站应核收的运杂费。

解:运价里程 1 059 km，基金里程 1 208 km，杂费里程 1 577 km。

特价里程:三茂里程 369 km，广坪里程 6 km，电气化里程 611 km，国铁押运里程 1 434 km。

铝锭 5 号价，基价 1 为 11.70 元/t，基价 2 为 0.063 0 元/(t·km)。

运费算至广州。

运费:(11.70+0.063 0×1 059)×60=4 705.00(元)

电气化费:0.012×611×60=439.90(元)

三茂运费:0.12×369×60=2 656.80(元)

广坪运费：0.087×6×60＝31.30(元)

印花税：(4 705.00＋439.90＋2 656.80＋31.30)×0.5‰＝3.90(元)

建设基金：0.033×1 208×60＝2 391.80(元)

押运费：3.00×(1 434/100)×1＝45.00(元)

保价费：250 000.00×4‰＝1 000.00(元)

合计：11 273.70(元)

【例 17】 从贵阳东站发往盘溪站一车轮胎，件数 340 件，重量 42 t，使用 P_{63K} 型棚车装运(一装，一卸，一搬运)，该车标重 60 t，试计算发站应收的装卸费和到站收的换装费。

解：(1)发站装卸费

卸汽车：4.30×60＝258.00(元)

装火车：4.30×60＝258.00(元)

搬运费：2.60×60＝156.00(元)

合计：672.00(元)

(2)到站核收的换装费

根据《铁路货物装卸作业计费办法》第 27 条。准、米轨间整车货物直通运输的换装费，按货物所适用费率的一卸一装之和计算：

换装费：258.00＋258.00＝516.00(元)

【例 18】 贵阳西一专用线发资中一挖掘机，使用标重 60 t 平车，货物重量 35 t，一级超限，试计算发站的运杂费(保价费、取送车费除外)。

解：挖掘机 6 号价，基价 1 为 17.10 元/t，基价 2 为 0.086 9 元/(t・km)。一级超限运价率加成 50%。

运价里程 746 km，基金里程 746 km，电气化里程 746 km。

计费重量：60 t

运费：(17.10＋0.086 9×746)×(1＋50%)×60＝7 373.50(元)

电气化费：0.012×746×60＝537.10(元)

印花税：(7 373.50＋537.10)×0.5‰＝4.00(元)

建设基金：0.033×746×60＝1 477.10(元)

合计：9 391.70(元)

【例 19】 贵阳西一专用线发资中一挖掘机，使用标重 60 t 平车，货物重量 35 t，因该货超长，使用 60 t 平车做游车，游车上未装货，试计算发站的运杂费(保价费、取送车费除外)。

解：因游车未装货，游车运费按主车货物的运价率和游车标重计费，那么计费重量为 120 t。

挖掘机 6 号价，基价 1 为 17.10 元/t，基价 2 为 0.0869 元/(t・km)。

运价里程 746 km，基金里程 746 km，电气化里程 746 km。

运费：(17.10＋0.086 9×746)×120＝9 831.30(元)

电气化费：0.012×746×120＝1 074.20(元)

印花税：(9 831.30＋1 074.20)×0.5‰＝5.50(元)

建设基金：0.033×746×120＝2 954.20(元)

合计:13 865.20(元)

【例 20】 某站准备装运一车易腐货物,使用单节机械冷藏车。当车(已经预冷)送到该站时,托运人取消托运。试计算发站应核收的运输费用。

解:空车回送费:150.00×1=150.00(元)

制冷费:200.00×1×1=200.00(元)

变更手续费:100.00×1=100.00(元)

【例 21】 某站专用线 4 月 3 日到达一重车,使用路布两块,专用线在 4 月 6 日将篷布送到车站指定地点,在进行篷布交接检查时发现,有一块篷布破损面积达到 200 cm^2。4 月 8 日专用线支付赔款。试计算车站对该块篷布应核收的费用。

解:(1)赔偿费用

$$10.00\times(200\div100)=20.00(元)$$

(2)篷布延期使用费

延期日数从指定送回车站之日起,即从 6 日起算,到赔偿当日止,即至 8 日止,为 3 日,则篷布延期使用费为:

$$20.00\times3\times1=60.00(元)$$

(3)车站应核收的费用

$$20.00+60.00=80.00(元)$$

【例 22】 贵阳西发昆明东变压器 1 台,货重 65 t,使用 D_{10A} 型车(6 轴)1 辆装运,货车标重 90 t。计算发站应收的运杂费(保价费、装卸费除外)。

解:运价里程 621 km,基金里程 621 km,电气化里程 621km,6 号运价。

运费:(17.10+0.086 9×621)×90=6 395.80(元)

电气化费:0.012×621×90=670.70(元)

印花税:(6 395.80+670.70)×0.5‰=3.50(元)

建设基金:0.033×621×90=1 844.40(元)

D 型车使用费:0.25×621×90=13 972.50(元)

D 型车回送费:400.00×6=2 400.00(元)

合计:25 286.90(元)

【例 23】 某地方铁路到达铁路棚车 10 辆,每车使用 12 小时 45 分。计算应核收的费用。

解:地方铁路货车占用费:

$$4.40\times13\times10=572.00(元)$$

【例 24】 某站冷库专用线(距车站中心线 3 km)到达一组 9 辆型机械冷藏车组,不能及时卸车,收货人要求租用 3 天,并制冷。计算到站应核收的费用。

解:取送车费:9.00×9×(3×2)=486.00(元)

租用费:1 320.00×1×3=3 960.00(元)

制冷费:1 080.00×1×3=3 240.00(元)

合计:7 686.00(元)

【例 25】 8 月 17 日某站的收货人贵阳乌蒙山公司到自备重棚车一辆,当日在该站货场卸车。由于收货人原因,未办理回送手续,直到 22 日才办好回送手续并调离存放地点。计算应核收的费用。

解:停放费:40.00×5=200.00(元)

【例 26】 某站一专用线,铁路产权。自接轨道岔尖端起,该专用线的总长度为 3 km。现租给某物资单位使用一年。试计算路产专用线租用费。

解:3 km=3 000 m

200.00×3 000×1=600 000.00(元)

【例 27】 某地方铁路(未与国铁办理直通运输)到达1敞车,使用了一张国铁的D型货车篷布,在该地方铁路停留了5天,试计算货车篷布占用费。

解:地方铁路篷布占用费为

60.00×5=300.00(元)

(二)运费杂费退补计算

1. 三检复核制度的内容和发生问题时的处理

(1)"三检"的内容:自检是指在下班前,对本班作业进行检查;互检是指接班人员,对上个班的作业进行检查;总检是指由专职人员对作业进行全面检查。

(2)发生问题时的处理:①对发生的多、少收款要按批登记在"票据、进款差错登记簿(财收—13—1)"(表 29)上;②对发生的多、少收款要及时退、补,并按月填报车站自行发现处理报告,上报主管收入部门;③经复检的运输票据应加盖复检人的人名章。

2. 计算运输变更应补退的运输费用

【例 28】 贵阳东发昆明东黄牛一车,用 60 t 棚车装运,并派有两名押运人。当车行至贵阳南站时,托运人要求变更至柳州东卸车,贵阳南站按规定受理并按变更处理。新到站应向收货人核收多少运输费用?

解:(1)发站至处理站(贵阳东至贵阳南站)的运杂费

运价里程 4 km,基金里程 4 km,押运里程 4 km。

黄牛的运价号为 4 号,基价 1 为 10.80 元/t,基价 2 为 0.055 3 元/(t·km)。

运费:(10.80+0.055 3×4)×60=661.30(元)

印花税:661.30×0.5‰=0.30(元)

建设基金:0.033×4×60=7.90(元)

押运人乘车费:4 km 不足 100 km 进为 100 km

3×100/100×2=6.00(元)

合计:675.50(元)

(2)处理站至新到站(贵阳南至柳州东)的运杂费

运价里程 607 km,基金里程 607 km,电气化里程 603 km,押运里程 607 km。

运费:(10.80+0.055 3×607)×60=2 662.00(元)

电气化费:0.012×603×60=434.20(元)

印花税:(2 662.00+434.20)×0.5‰=1.50(元)

建设基金:0.033×607×60=1 201.90(元)

押运人乘车费:3×607/100×2=42.00(元)

合计:4 341.60(元)

(3)两段加总

675.50+4 341.60=5 017.10(元)

(4)发站至原到站(贵阳东至昆明东站)的运杂费

运价里程 633 km,基金里程 633 km,电气化里程 629 km,押运里程 633 km。

运费:(10.80+0.055 3×633)×60=2 748.30(元)

电气化费:0.012×629×60=452.90(元)

印花税:(2 748.30+452.90)×0.5‰=1.60(元)

建设基金:0.033×633×60=1 253.30(元)

押运人乘车费:3×633/100×2=42.00(元)

合计:4 498.10(元)

(5)新到站(柳州东站)应补收的运输费用

5 017.10−4 498.10=519.00(元)

【例 29】 如图 8 所示,从甲站发往丁站一车钢材,使用 60 t 的敞车。当车行至丙站时遇自然灾害,中断行车,托运人提出变更新到站戊站。试计算戊站应如何核收运杂费。(假设运价里程与电气化里程同,如图 8 所示)

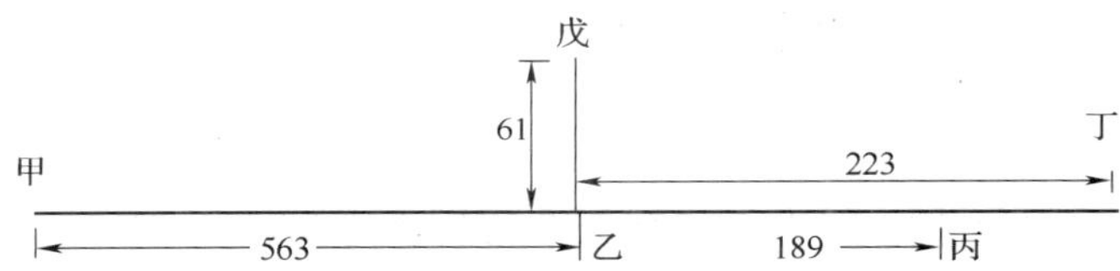

图 8 例图(单位:m)

解:(1)发站甲核收的运杂费

运价里程 786 km,基金里程 786 km,电化里程 786 km。

钢材 5 号价,基价 1 为 11.70 元/t,基价 2 为 0.063 0 元/(t·km)

运费:(11.70+0.063 0×786)×60=3 673.10(元)

电气化费:0.012×786×60=565.90(元)

建设基金:0.033×786×60=1 556.30(元)

印花税:(3 673.10+565.90)×0.5‰=2.10(元)

合计:5 797.40(元)

(2)变更后应核收运费

变更新到站后的运价里程:发站至处理站+处理站至新到站−原径路回程里程,即为甲站至丙站+丙站至戊站−丙站至乙站,那么,

运价里程:563+189+189+61−189=813(km)

基金里程和电气化里程同上。

运费:(11.70+0.063 0×813)×60=3 775.10(元)

电气化费:0.012×813×60=585.40(元)

印花税:(3 775.10+585.40)×0.5‰=2.20(元)

建设基金:0.033×813×60=1 609.70(元)

合计:5 972.40(元)

(3)戊站应补收的运输费用

$$5\,866.50-5\,694.50=172.00(元)$$

$$5\,972.40-5\,797.40=175(元)$$

因自然灾害戊站免收变更手续费。

3. 计算匿报货物品名和重量不符的违约金

【例 30】 由甲站发往乙站一车原煤,运价里程 632 km,电气化里程同运价里程。使用 C_{64K} 型敞车装运,甲站按 64 t 核收运费。车到乙站,经轨道衡过磅,该车实际装了 69 t。试计算到站应核收的费用。

解:查原煤为 4 号价,基价 1 为 10.80 元/t,基价 2 为 0.055 3 元/(t·km)。

(1)补收超载部分的运杂费

超载量:69－64＝5(t)

运费:(10.80＋0.055 3×632)×5＝228.70(元)

电气化费:0.012×632×5＝37.90(元)

印花税:(228.70＋37.90)×0.5‰＝0.10(元)

建设基金:0.033×632×5＝104.30(元)

合计:371.00(元)

(2)违约金

① 对超过容许载重量部分,核收其运费额 5 倍的违约金:228.70×5＝1 143.50(元)

② 对补收的铁路建设基金,还应核收与补收基金数额等额的违约金:104.30(元)

(3)过秤费

过秤费:30.00×1＝30.00(元)

总计:371.00＋1 143.50＋104.30＋30.00＝1 648.80(元)

【例 31】 从甲站发往乙站一车工业硅,计费重量 60 t。运费为 4 626.20 元,票据记载含硅量 93%。经到站检测,该货物的含硅量为 78%。试计算到站应如何处理。

解:(1)30%≤含硅量＜90%为危险品,说明托运人匿报品名,危险货物按普通货物运输,应按批核收全程正当运费两倍的违约金,即

$$4\,626.20\times2=9\,252.40(元)$$

(2)向发站拍发电报,抄送两站所属局的收入稽核处。

4. 对违反运价下浮规定的货物,到站应按以下处理

(1)核收违约金

① 发现装运货物超出规定下浮品名,按批核收全程正常运费(含建设基金、电气化附加费等进行运价下浮的所有项目)2 倍的违约金。

② 未超出规定下浮品名,但与填记的品名不符或不附物品清单,按批核收全程正常运费(含建设基金、电气化附加费等进行运价下浮的所有项目)1 倍的违约金。均不另补收运费差额。

(2)对于发站实行先收后退的方式,到站发现不符时,在核收违约金的同时,拍发电报通知发站退还下浮部分运费。

三、核收、结算运输费用

1. 车站退款证明书(财收—16)

车站退款证明书，是车站向旅客、托运人、收货人办理退还多收运杂费时使用的付款证明。车站按照旅客、托运人、收货人申请办理退款和车站“三检复核”自行发现计算错误造成多收款，经铁路局收入管理部门审核确认后，以及车站收到铁路局收入管理部门填发的“退款通知书(财收—10—1)”需要办理退还运杂费时使用此证明。办理时应将原票内容和退款原因详细填记，同时将退款证明书号码和退出款额填记在原收款票据存根联上，以备核查。本证明书每份五联。甲联车站存查，乙联交领款单位列账，丙联随“运输进款收支报告(财收—8)”报铁路局收入管理部门，丁联附随票据报告联上报(如报告联已报铁路局，本联即随丙联一起上报)，戊联车站收入部门存查。铁路局收入管理部门应分别情况列账，属于申请正常退款的依据本证明书冲减原收入项目，属于计算错误的退多收款，依据本凭证列报“处理多收款”项目。

办理退款时，按原收款结算方式办理。以现金或支票支付退款时，必须由收款单位和领款人在丙联上加盖公章或财务专用章(其他专用章无效)或由收款单位另开正式财务收款收据粘贴在丙联上。

支付给个人的退款，要有申请退款人的书面材料，领款时可凭户口簿或领款人身份证。在丙联、戊联上加盖领款人名章，并注明领款时持用的证件种别和领款人的详细住址。要求退款的书面材料应附在丙联上一并上报。

车站退款证明书(财收—16)的格式见表27。

表27 车站退款证明书

中华人民共和国铁道部　　　　财收—16

车站退款证明书

________铁路局

________车站　　填发日期　　年　　月　　日　　编号________

票据种类	票据号码	填发日期	发站	到站	车种车号	单位	名称及地址	
							开户银行及账号	

	品名	实重	计重	运价号	运价率	货物运费			
原记载									
订正									
应退									
原记载									合计
订正									
应退									

记事：	退款金额(大写)	
	上项退款已于　月　日以现金/支票如数退讫。 丙联已随　月　日(旬)财收—8报铁路局。	

甲联：车站存查

填发人________　　付款人________　　审批人________

2. 退款通知书(财收—10—1)

退款通知书，是铁路局收入管理部门审核客货票据发现多收运杂费时，用于冲减相应运输收入和通知责任站段进行退款的凭证。

铁路局收入管理部门对差错确认后填发本通知书一式三份，一份留存并据以冲减原收入项目，同时登记“票据、进款差错登记簿(财收—13—1)”，两份寄交责任站段。

站段收到本通知书后，及时交责任班组进行处理，并登记“票据、进款差错登记簿(财收—13—1)”。

责任班组收到本通知书后，及时查对原票据，复查确实，在30日内处理完毕，并按收到和处理等情况登记“票据、进款差错登记簿(财收—13—1)”。退款时，根据通知书内容和退款款额，填开“车站退款证明书(财收—16)”，在记事栏内互注号码，并注明“退多收款”字样。乙联随退款证明书报铁路局收入管理部门，丙联车站存查。铁路局收入管理部门对退款证明书审核后，按照所退款额列“处理多收款”项目。

站段“三检复核”发现时，填制本通知书并及时办理退款，并将通知书报铁路局收入管理部门。铁路局收入管理部门与审核结果核对确认后据以列账，不再下发通知。

责任班组如对通知书事项有异议，应提出书面说明进行复议。

退款通知书的格式见表28。

表28 退款通知书

中华人民共和国铁道部

__________铁路局

退 款 通 知 书

财收—10—1

处理站、段 | | 编号______

票据种类		票据号码		填发日期		发站		到站	
				月 日					
原记载	品名	实重	计重	类	项	号	运价率	运价	合计
订正									
记事：				应退还					
				上项退款已于 月 日以 号站退款证明书退款。					
站段收到本通知书日期： 年 月 日									

甲联：填发单位存查

填发单位____㊞____ 负责人________ 经办人________ 年 月 日

3. 票据、进款差错登记簿(财收—13—1)

票据、进款差错登记簿，是站段收入部门及铁路局收入管理部门记载审核客货票据、收入报表发现的差错和差错处理情况的账簿。

站段“三检复核”票据、报表发现的差错以及收到上级审核部门发来的订正，均应按项分页登入本簿，掌握处理情况，并据以定期分析票据、报表差错原因和质量。

票据、进款差错登记簿的格式见表29。

表29 票据、进款差错登记簿

中华人民共和国铁道部　　　　财收—13—1

________铁路局　　**票据、进款差错登记簿**　　年　　月

处理单位	日期	票据种类或订正类别	票据或订正号码	多收或多缴款	少收或少缴款	差错内容	责任者	检查者	处理结果			
									日期	杂费收据或退凭号码	退还款额	补收款额

4．垫款通知书(财收—6)

垫款通知书，是中途站垫付属于托运人责任造成的货物换装、整理、包装补修等人工及材料费，用以通知到站向收货人收回垫款的通知书。本通知书分甲、乙、丙、丁四联。甲联及所垫费用的报销单据(如购买材料的发票等)随货票丁联至到站；乙、丙联随“运输进款收支报告(财收—8)”报送铁路局收入管理部门，乙联为本局收入管理部门列账凭证，丙联由垫款铁路局收入管理部门寄到达铁路局收入管理部门，以便核对收回垫款；丁联由垫款站留存。支出的垫款，登记在“运输进款收支报告(财收—8)”的支方。

到站收到垫款通知书甲联，应在办理该批货物交付手续时，凭所附的报销单据，向收货人收回全部垫款，不再另开收据，收回的垫款登记在“运输进款收支报告(财收—8)”的收方“收回垫款”栏内。垫款通知书甲联随“运输进款收支报告(财收—8)”上报。对超过限额的垫款，收回垫款铁路局要向垫款铁路局清算。

垫款通知书(财收—6)的格式见表30。

5．路产出租、使用账簿(财收—18)

路产出租、使用账簿(财收—18)是车站和铁路局收入管理部门登记掌握各项路产出租、使用的租用非核收情况的账簿。车站和铁路局收入管理部门，对各种出租项目，均应设置本账簿，分别记录租金核收情况，按月将实际核收的金额和杂费收据号码记入本账簿，并检查各项租金有无漏收。

路产出租、使用账簿(财收—18)的填记格式见表31。

表 30　垫款通知书

中华人民共和国铁道部　　　　　　　　　　　　　　　　财收—6

________铁路局

垫 款 通 知 书

编号________

致________站长

站长 ㊞

下记的垫款请向收货人收取。　　年　月　日垫付　　（支出站）

原票据	种　别		办 理 别		发　站		货　名	
	发　送	月　日	运价付别		到　站		件　数	
	号　码		托 运 人		收货人		重　量	
包装方法及破坏程度								
垫款事由					垫付款额			
附凭证　　件					上记垫款已于　　月　　日如数收讫 站长　　㊞ （收回站）			

（甲联——随原运送票据寄交到达站，到站收回垫款后将本联报铁路局收入管理部门）

表 31　路产出租、使用账簿

中华人民共和国铁道部　　　　　　　　　　　　　　　　财收—18

成都　铁路局

路产出租、使用账簿

收租站	贵阳东站				
承租人	贵阳东站康联公司				
租　期	2008年1月1日至2008年12月31日			合同号	08-01-003
项目摘要	1. 租赁财产名称：①九凌线线路 352.5 m，②活口线场坪 775.5 m^2。2. 租金：肆万元整。3. 租金交纳期限：2008 年 12 月 31 日。4. 租金支付方式：银行转账支付。				
应收租金总额	40 000.00	每次应收	40 000.00		
规定收租日期	2008 年 12 月 31 日前				

租　金　核　收　情　况

日期	实收租金	杂费收据号码	日期	实收租金	杂费收据号码
2008.4.29	40 000.00	N036149			

收租站					
承租人					
租　期	年　月　日至　年　月　日			合同号	
项目摘要					
应收租金总额		每次应收			
规定收租日期					

租　金　核　收　情　况

日期	实收租金	杂费收据号码	日期	实收租金	杂费收据号码

四、运输收入进款管理

1. 运输进款银行日记账(财收—8—1)

运输进款银行日记账,是站段按照办理运输进款业务事项发生的时间先后顺序,逐日逐笔地进行登记,并按日结出银行存款余额的账簿。

开设运输收入专户的站段均应设置运输进款银行日记账。代缴站应按被代缴站分别设置银行日记账的明细账。代管站应按照在当地能够办理进款存缴的被代管站分别设置银行日记账。

进款日期为运输进款核收的日期。送存银行日期为实际送存银行的日期。银行入账日期为银行实际入账的日期。

站段应及时根据日记账与银行当月对账单逐笔进行核对,核对相符后在"入账日期"栏记明银行实际入账时间。对银行未入账的款项用账面月末余额减银行未入账的存入款项加银行未入账的支出款项之净数,应与"银行对账单"月末余额相符。发现不符时应及时查明处理。对属于银行责任误记、漏记,应通知银行处理。对银行退回的空头支票,应在账面存入方以红字进行冲减,并通知原付款单位及时补交。对已送交银行存、付款凭证,而银行未入账的款项,应与次月银行对账单接续核对。对银行越期未入账的款项,应及时督促银行查明处理。

手工登记日记账的金额有错误需要改正时,按照国家统一的会计制度规定的方法更正,并由记账人员在更正处盖章,不得修改实行计算机系统登账的电子信息。本条规定适用所有运输收入账簿差错的更正。

站段应按月根据核对后银行日记账和银行对账单,编制"车站银行流转额表(财收—31)"、"银行余额调节表"一式两份,一份留存,一份报铁路局收入管理部门。

运输进款银行日记账的(财收—8—1)格式见表32。

表32 运输进款银行日记账

中华人民共和国铁道部　　　　财收—8—1

________铁路局

运输进款银行日记账

________站(段)　　　　第____页

进款日期	入账日期		凭证		摘要	收方	支方	结余
	送存银行	银行入账	种别	编号				

2. 车站银行流转额表(财收—31)

车站银行流转额表,是站段按月向铁路局收入管理部门报告运输收入专户资金动态和月末账款情况的报表。开设运输收入专户的站段均应按月编制本报表。站段应指定专人编制一式三份，加盖印章后，一份留存，两份报铁路局收入管理部门。铁路局收入管理部门审核后，一份留存，一份加盖印章后随银行对账单、进账单返回原单位。

填制说明如下。

(1)本表1～16行根据对账后"银行日记账(财收—8—1)"登记的银行实际收付款项填记。

(2)第5行指由于银行责任误记入运输收入专户，而车站未记账的款项，还包括旅客、托运人、收货人未办理预付款手续之前已提前将预付款存入收入专户的款项等。

(3)第6行指本月银行收回的本月及以前月份发生的银行误支的款项。

(4)第9行指以前月度应退出的票款和运杂费，车站在以前月度已列报，但银行在以前月度未办理支付，而是在本月办理支付的款项。

(5)第10行指本月应退出的票款和运杂费，车站和银行均在本月办理支付的款项。

(6)第12行指由银行责任造成的误支运输收入专户的款项。

(7)第13行指本月银行退出的本月及以前月份发生的银行误记入运输收入专户的款项。

(8)第15行指1～14行的收方、支方合计款，该项收方减支方应与第16行款项相符。

(9)第1、16行指本月末银行对账单余额。

(10)第20行指本月车站应退款项已列报，而银行尚未退出的累计款额。

(11)第24行指至本月末累计欠缴铁路局款。

(12)第25行指16～24行的收方、支方合计。本项目收方、支方应自然平衡，否则说明本表填制有误或该账户账款不符，应及时查明原因处理。

(13)第26行指"运输进款收支报告(财收—8)"的本月应缴运输进款。

车站银行流转额表的格式见表33。

表33　车站银行流转额表

中华人民共和国铁道部

财收—31

______铁路局

车站银行流转额表

______车站

年　月

顺号	项目	收入	支出	顺号	项目	收入	支出
1	银行存款月初余额			12	银行误支款		
2	存入上月进款			13	退出银行误入款		
3	存入本月进款			14			
4	存入其他款			15	银行存款收支小计		
5	银行误入款			16	本月银行结余		
6	收回银行误支款			17			
7	汇缴上月进款			18	本月进款未送存银行款		
8	汇缴本月进款			19	本月进款银行未入账款		
9	银行支付以前月度未退款项			20	本月未退出款		
10	支付本月应退款项			21	以前月度未退款项		
11	支出其他款			22	未处理银行误入款		

续上表

顺号	项目	收入	支出	顺号	项目	收入	支出
23	未处理银行误支款			37			
24	欠汇运输进款			38			
25	合计			39			
26	本月应缴运输进款			40			
27	本月电子支付划入款			41			
28	本月电子支付划出款			42			
29	本月电子支付结余款			43			
30				44			
31	本月银行日记账月初余额			45			
32	本月银行日记账月末余额			46			
33	本月银行未入账款			47			
34	本月未送存款			48			
35	其中：			49			
36				50			

站长：________　　制表人：________　　审核人：________

技　师

一、运输收入进款管理

(一)账务处理

1. 查实疑难账务差错原因

车站运输进款必须当日结账,当月进款当月列账。货运收入的结账时间为每日 18 点,结账时填写"票据进款交接单(财收—22)"并据此按日登记"运输进款收支报告(财收—8)",做到按日汇总、分项登记、收支正确、账款相符。

账款不符的原因是多方面的,查实账务差错原因归纳起来应从以下几方面进行。

(1)复查各种票据的连号加总是否有错。

(2)复查填写式票据的大、小写金额是否相符。

(3)复查票据的起止号、使用张数、计算款额是否正确。

(4)复查付款单位所开支票款额与所办理的票据应收款是否相符。

(5)复查现金和转账支票加总是否相符。

(6)复查票据是否有越号(跳号)使用的情况。

2. 按规定正确处理账务差错

结账时发生多款和少款的处理方法如下。

(1)结账时发生账款(应缴款和实际款)不符时其处理为少款(实际款小于应缴款)由车站经办人赔出,多出款(实际款大于应缴款)应列溢收上缴。

(2)结账时发生多出款或者少款,属于账款不符性质,应再复查结账和清点现金、转账支票是否有错,经过复查核实后还查不出原因的,多出款列"溢收款",少款应由经办人当日赔出,若款额过大当时无力赔出时列"欠赔款"。列溢收款和欠赔款必须慎重,要通过反复核实后才能列溢收款和欠赔款,以免因结账错误轻易按溢收款和欠赔款列账,从而造成后患在做旬、月报时又进行调整更正。在列溢收款和欠赔款时列"补款"栏,并在记事栏内注明原列"欠赔款"的日期和补款人姓名。

(3)结账后在做旬报或月报时才发现多、少缴款的处理方法如下。

① 原已列"溢收款",若查实当日结账确实有误,应用画线更正法予以更正财收—8 有关栏的金额。

② 旬、月报时发现多出款列"溢收款"栏,若查实该旬或该月某日在记事栏内有赔款记载,而且款额相符时,应对赔款当日结账进行反复核实后,由经办人写出理由,经复查人和站长核实签认后调账,在调账当日的进款中扣出原赔款,并在财收—8 的计事栏注明调账原因。原列账日的有关栏按画线更正法进行更正。若跨月发现时,必须写出书面理由经复查人和站长签

认证实后报铁路局收入检查部门核实后进行调账处理。

③ 少款时由原责任者补赔，在补赔当天的财收—8 记事栏注明"××人补赔××日少缴款"，原错列的有关栏内用画线更正法更正。

④ 核对银行账时发现的多款或少缴款，查实原因后通过银行进行调账，与财收—8 无关不得在财收—8 上调整。

⑤ 路局审核发现多、少缴款，由路局填发"多少缴款订正通知书"（财收—11）（表 34），车站收到订正通知书后必须及时处理，最迟不得超过 30 天。处理时即收回少缴款的当天列财收—8"补款"栏内，不另开杂费收据。

表 34　多、少缴款订正通知书

中华人民共和国铁道部　　　　　　　　　　　　　　　　　　　　　　　　财收—11

________铁路局　　　　**多、少缴款订正通知书**

处理单位________　　　　　　年　月　日　　　　　　　　　编号________

项　目	金　额		处理结果：
	原　列		
	应　为		
	少　缴		
	多　缴		
摘要：			领款人____㊞____章

注：用于退多缴款时，应由领款人签收。

________收入管理部门　㊞　　制单________　　站段长________　　经办人________

年　月　日填发　　　　　　　　　　　　　　　　　　　　　　　年　月　日处理

多、少缴款订正通知书的填发如下。

① 多、少缴款订正通知书，是铁路局收入管理部门审核站段"运输进款日结账表"、"运输进款收支报告（财收—8）"及所附各种票据整理报告、收支单据、凭证实缴款与应缴款不符出现多、少缴款时，用于通知责任站段进行处理的凭证，同时也是收入管理部门列报运输进款的依据。

② 多、少缴款应分别填列，不得以多顶少，本通知书应编号填发一式三份。一份留存据以列账，两份寄责任站段处理。

③ 责任站段接到本通知书后，应在 30 日内处理。补退款时，应在"处理结果"栏简要说明原因。退款时由领款人在"处理结果"栏签收。处理完毕后，一份随"运输进款收支报告（财收—8）"报送铁路局收入管理部门，一份车站留存。补退款额分别在"运输进款收支报告（财收—8）"的收方"收回少缴款"或支方"处理多缴款"栏列报。

④ 站段结账核对发现已填发"多、少缴款凭证（财收—11—1）"（表 35）处理的，铁路局收入管理部门经审核确认后，不再下发通知书。

表 35　多、少缴款凭证

中华人民共和国铁道部　　　　　　　　　　　　　　财收—11—1

______铁路局

多、少缴款凭证

______站(段)　　　　年　月　日　　　　编号______

<table>
<tr><td rowspan="3">______月______日______进款
实交______元
应交______元</td><td>少缴(赔款)</td><td>元</td><td rowspan="5">甲联：车站留存</td></tr>
<tr><td>多缴(溢收)</td><td>元</td></tr>
<tr><td colspan="2">上项款已于______月______日
补缴(退还)完了

领款人______㊞______章</td></tr>
<tr><td rowspan="2">发生多、少缴(溢、赔)款原因：</td><td colspan="2">收入管理部门处理意见：

审批人：　　　　年　月　日</td></tr>
</table>

填发单位：______㊞______　　　负责人：______㊞______　　　经办人：______㊞______

多少缴款凭证(财收—11—1)的填发如下。

多、少缴款凭证，是站段收入部门在核对实交款与结账后的应缴款出现不符时，用于记录情况的凭证。实行手工结账时，对一时未查明原因的溢收款和短款也使用本凭证。

本凭证一式三联，甲联留存，乙联在发生时随“运输进款收支报告(财收—8)”上报，丙联在处理后随“运输进款收支报告(财收—8)”上报。

多缴款应在当日列账上缴，严禁保留账外现金。短款由责任者当时赔补，不准以运输收入进款或找零款顶数滚欠。

(二)报表核对

报表的内容和数据做到各项数据计算正确，反映真实，内容完整，报送及时，各报表有关对应数据必须一致。例如每月上报的运输进款收支报告(财收—8)中，各项收、支项目月末合计应与该收支项目所对应的其他运输收入报表月末总数相符。如：财收—8 中发送现付货票进款月末合计应与当月财收—4(表 19)月末总合计相等；运杂费收据进款月末合计应与财收—4—8(表 21)月末合计相等；货主预交款抵用款额以及月末余额应与货主预付款总账及分户辅助账的收、支、余月末合计相等；实汇款应与银行日记账中上缴栏内月末合计相等；迟交运杂费月末合计栏内应与迟交运杂费辅助账月末合计相等；如本月财收—8 出现月合计栏不平时，则应对相关报表进行检查核对，看看是否有错记、漏记情况，查实报表不符原因后，按相关规定进行更正。

(三)制订车站增收措施

1. 结合车站实际制订增运增收措施

能够结合车站实际从各方面进行分析从而制订增运增收措施。

例文：

××站增运增收措施

为了切实做好增运增收工作，特制定以下措施。

(1)全力以赴，做好增运增收工作

货运、调度、运转、装卸各部门要提高认识，统一思想，形成合力。加强货运、调度、运转、装卸的协调配合，优化运输组织和货装组织，努力提高运输组织效率，坚定增运增收工作的信心和决心。

(2)强化市场营销，努力开拓货源市场

坚持采取“走出去、请进来”的方式，改坐商为行商，大力加强货源营销工作。积极与现有各物资单位加强联系，随时掌握各生产企业的产、运、销情况，重点关注货源货流变化情况。车站指派专人负责此项工作，随时掌握货源货流的变化；同时，货运负责人要对每日的请求车辆情况重点关注，遇请求车下滑时，要及时采取有力措施，有效抑制下滑趋势。

(3)做好增载运输，有效提高车辆的载重

要按照铁道部的规定和要求，大力组织增载运输，在确保运输安全的前提下，对C61、C62B、C63车型落实每车增载3 t或2 t等措施，做到增载不超载、增载保增运。同时要对钢材类货物，优化平车装载的方案，有效缓解主型敞车不足的问题。要通过努力，确保货车静载重保持或超过上半年59.1 t的水平。

(4)抓住季节性货物运输的组织

抓住烤烟运输的黄金期，利用优势资源，大力组织运输。贵州省是烤烟生产的大省，每年的十月至次年的四月均是运输高峰期，且运量较远，运费较高，其运输量月均在100车左右。各站要充分利用好烤烟运输的黄金期，积极走访发运单位，开展形式多样的营销手段，努力吸引其他的运输企业到各办理站发运。

(5)提高服务质量，树立大局意识

各办理站要不断提高服务质量，要以优质高效的服务来赢得市场的认可，使每位货主从受理到装车完毕的每个过程中都能感受到铁路优质高效、快捷便利的服务宗旨。

全站职工要牢固树立大局意识，要有敢打必胜的信心和决心。同时，要将压力传递到每个班组、每个人员，真正做到“千斤重担人人挑，人人肩上有指标”，全力以赴确保全年运输生产任务的完成。

2. 结合车站实际制订堵漏保收措施

能够结合车站实际从各方面进行分析从而制订堵漏保收措施。

例文：

××站堵漏保收措施

为了切实搞好我站的运输收入管理工作，严格执行运输收入纪律，保证运输收入工作的完整性和严肃性，坚决遏制侵犯运输收入的各种行为，在货场内及各专用线，对到达、发送货物全面开展堵漏保收工作。

(1)货场各作业区(点)设置专门的抽检衡器，由各班组指定专人负责管理，建立发送、到达货物重量抽查登记台账。

(2)南站设有轨道衡,对于到达过衡发现超重的车辆,相关人员按照轨道衡的超载信息变化子超重记录。

(3)监卸货运员(包括专用线)卸车时,严格按货票记载核对现货品名、重量、与运单记载相符,散堆装货物严格检查装载高度,轻浮货物检查择大尺寸。

(4)发现高运价按低运价运输货物,散堆装货物发生超载,轻浮货物未按规定择大计费等,必须按规定补交运费。

(5)货场内各作业点及各专用线对堵漏收的抽查情况,必须按批按月汇总报货运业务室。

(6)对发现漏收并按规定被收的有关人员,车间按路局堵漏金额提成奖励的一定比例奖励个人。

(7)对超重、未按规定择大计费运输,高运价按低运价运输货物,因货运员责任造成漏收者,除追交漏收金额外,给予一定的经济处罚。

(四)编写收入完成情况分析

要求能够对影响运输收入的各种因素进行分析,并针对运输生产中存在的主要问题提出措施建议,从而编写收入完成情况分析。

例文:

××站8月运输收入分析

我站2008年8月完成运输收入5002.7650万元,与路局营销预算计划进度目标5732.8万元相比减少了730.035万元,减幅为14.59%,与上年同期4416.4443万元比增加了586.3207万元,增幅为13.28%。

1. 货物发送量分析

当月货物发送吨454203t,与路局营销预算计划月进度目标508800t相比减少54597t,减幅为10.73%;与上年同期434154t相比增加20049t,增幅为4.6%。增加的主要原因是成原煤、钢铁类货物发送吨增加,其中原煤完成280062t,较去年同期增加18831t,增幅为7.2%;钢铁8月完成40473t,较去年同期增加7239t,增幅为17.9%。

2. 货物发送量影响因素分析

(1)货车平均静载重为59.35t/车,较去年同期58.27t/车,增加1.08t/车,增幅为1.85%。静载重增加的主要原因是主要发送品类中,静载重较高的原煤增加,使全站的静载重略微提高。

(2)本月日均请求370车,较去年同期461车,减少91车,减幅为19.7%;本月日均班计划批准225车,较去年同期216车,增加9车,增幅为4.2%;本月日均实际装车247车,较去年同期240车,增加7车,增幅为2.9%。从以上数据可看出承认车、实际装车的增加是造成运输收入、发送吨同比增加的主要原因。

(3)本月请求车承认率60.72%,较去年同期46.85%,提高了13.87个百分点。

(4)我站主要品类运量完成情况:煤炭运输完成4373车/280062t,较去年同期4119车/261231t,增加了7.2%;石油运输完成393车/19298t,较去年同期527车/25606t,减少了24.63%;钢铁运输完成696车/40473t,较去年同期583车/33234t,增加了21.78%;集装箱运输完成了711车/32642t,较去年同期770车/38460t,减少了15.13%。从以上主要品类完成情况分析如下。

① 随着煤炭紧急征用令的逐步解除，煤炭市场逐步恢复正常，各发货单位积极踊跃组织进货，本站主要装车点煤存量逐步趋于正常，是造成原煤装车增加的主要原因。

② 成品油运输保持了较好的增量势头，但本月受限于专用线内施工的影响，运量未能满足需求。

③ 随着电力逐步恢复正常，钢铁等高能耗企业进入正常生产阶段，每日请求车稳定，较上月承认车明显增加，这是钢铁类货物大幅度增加的主要原因。

(5)我站主要装车去向情况。南宁局装车 4 528 车，较去年同期增加 400 车，增幅为 9.7%；上海局装车 608 车，较去年同期增加 199 车，增幅为 48.7%；广州局装车 566 车，较去年同期增加 201 车，增幅为 55.1%；南昌局装车 411 车，较去年同期增加 133 车，增幅为 24.4%。主要到局装车量有所增加是发送吨、运输收入增加的又一主要原因。

3. 货运收入率分析

货运吨收入率为 110.14 元/t，与去年同期 101.73 元/t 相比，增加了 8.41 元/t，增幅为 8.3%；货运吨收入率与路局营销预算年累计划(临时)的进度目标 112.65 元/t 相比减少了 2.51 元/t，减幅为 2.2%。分析主要原因如下。

(1)建设基金纳入运输收入是原因之一。

(2)主要发送货物原煤吨收入较低，由于本月原煤货源明显回升，发送吨提高明显，发送货物中其他高附加值货物比例增加是主要原因。

4. 运输生产组织中存在的主要问题及措施建议

(1)运输生产组织中存在的主要问题

一是从到达车来看 8 月较 7 月相对变化明显，主要原因是到达车流不稳定。同时，跨省移库粮食逐步到位，粮食到达量较上月明显增加，由于到达车流的不稳定，本月内部分时段中\停时指标较高，但综观全月整体完成情况较好，本月货车停时 14.5 h；货车中时为 6.1 h。

二是随着煤炭紧急征用令的逐步解除，煤炭市场逐步恢复正常，各发展单位积极踊跃进货，本站主要装车点煤存煤量逐步趋于正常，但省经委对外运煤炭的控制，是导致本月运量有所下滑的主要原因。

三是本月成品油运输保持了较好的增量势头，但受限于空罐车不的影响，运量未能满足需求。

四是加强货运调度组织工作，积极与运输、货运处及上级调度部门联系，争取排空车，根据车流，按方向的组织货源，尽量多装车。

(2)有关建议

作为本站的支柱货源原煤在 8 月受省经委对外运煤炭的限制，对刚刚恢复的煤炭运输影响较大，截至 8 月底运输收入欠下半年进度 1 445 万元左右，按照全年计算欠账在 4 663 万元左右。

以上情况将对车站的清算收入、多经补主造成较大影响，为此，请路局根据车站的实际情况，对车站的运输收入及多经生产任务、利润指标进行调整。同时，希望路局能够与省协调，解决煤炭运输瓶颈问题，尽快恢复煤炭运输运量。

××站

2008 年 9 月 10 日

(五)运输收入分析报告与工作总结(财收—38)

运输收入分析报告与工作总结是站段收入部门每月总结汇报运输收入工作的专用报表。

本报告填写一式三份,一份留存,一份报本单位领导,一份报送铁路局收入管理部门。

本报告的重点工作说明与分析,分两大部分编写。

1. 运输收入预期目标完成情况,应分项说明收入增减原因,如运输生产的较大变化,货物品类、运量、运距与运输计划或与去年同期比较,有显著增减,影响收入时,应列出具体数据,采取的措施和取得的经济效益,存在的问题,应加以说明。运输收入预期目标完成情况分析,每逢3、6、9月和年末,应按一季度、上半年、9个月和全年完成情况进行分析。

2. 当月完成重点工作,检查工作项目内容,应包括:票据、进款管理情况,运杂费核收情况,售票、检票、验票、收票、检斤验货情况,运输收入基础工作规范化开展情况,三检复核制和岗位责任制落实情况,各种订正发生与处理情况,检查工作发现漏少收款填发漏(欠)收款通知书及处理情况等。

运输收入分析报告与工作总结的格式见表36。

表36　运输收入分析报告与工作总结

中华人民共和国铁道部　　　　财收—38

______铁路局　　**运输收入分析报告与工作总结**

______站(段)　　____年____月

项　目	年度预算	今年本月	今年累计	完成(%)	超欠进度	超欠进度(%)	上年本月	增减额	增减(%)	上年累计	增减额	增减(%)
旅客票价												
货物运费												
客货其他												
建设基金												
运输收入												
旅客发送量												
货物发送量												
旅客人收入率												
货物吨收入率												
旅客人公里												
货物吨公里												
人公里收入率												
吨公里收入率												
旅客平均运程												
货物平均运程												
运输收入完成完成情况分析与工作总结:(另附)												

制表人______　　　　____年____月____日

二、计算运输费用

（一）计算国际联运国内段运输费用

1. 实例

【例 32】 从阿拉山口站进口一批陶粒到贵阳西站，重量 56 t。我国以一辆 60 t 棚车换装接运，计算国境站应核收的运杂费。

解：运价里程 3 536 km，基金里程 3 536 km，杂费里程 4 257 km，国境站至国境线 4 km。

特价区段里程：西康临管 261 km；北疆临管 460 km；电气化里程 2 393 km；押运费计费里程 4 257 km。

计费重量确定：以一辆车接运一批货物，按接运车辆标重计费，货物重量超过标重时，按货物重量计费。因此，计费重量为 60 t。

陶粒 2 号价，基价 1 为 7.00 元/t，基价 2 为 0.044 4 元/(t·km)

运费：(7.00＋0.044 4×3 536)×60＝9 839.90(元)

电气化费：0.012×2 393×60＝1 723.00(元)

西康运费：0.12×261×60＝1 879.20(元)

北疆运费：0.12×460×60＝3 312.00(元)

印花税：(9 588.90＋1 723.00＋1 879.20＋3 312.00)×0.5‰＝8.30(元)

建设基金：0.033×3 536×60＝7 001.30(元)

换装费：16.00×60＝960.00(元)

验关手续费：33.00×1＝33.00(元)

口岸建设费：5.00×60＝300.00(元)

合计：25 056.80(元)

【例 33】 某站物资公司出口到俄罗斯一车矾土，于 9 月 1 日到达满洲里站。因手续不全，不能正常报关，造成货车在国境站滞留。直到 9 月 14 日托运人才办好手续。该货车在满洲里站滞留了 13 天。试计算该车的滞留费。

解：货车滞留费：120.00×5＋240.00×5＋480.00×3＝3 240.00(元)

2. 国际联运货物在国内段运输变更的变更费用的有关规定

进出口货物在国内段变更时，按《铁路货物运价规则》规定计算变更费用。但进口货物在国境站或中途站办理运输变更时，以发送路原使用的车数核收变更手续费。从朝鲜进口整车煤炭，在国境站办理变更到站，按《铁路货物运价规则》规定的费率减半核收。

（二）计算军事运输运杂费

对违反军事运输范围的货物，发站可拒绝承运。如果已经发运，经铁路和军交运输部门确认后，到站按《铁路货物运价规则》规定运价的两倍向收货单位另外收取运费。已按军运后付办理的运输，由计划审批单位向计划提报单位追回已支付的运费。

（三）计算铁路非运用车运输费用

铁路非运用车运输费用的核收条件如下。

1. 铁路机车、客车、货车、轨道机械和大型养路机械，回送转属、定检、厂修、新车（机械）至配属段、事故大破损车（机械）由事故现场向就近站段回送、救援列车跨局执行任务时，凭铁道部文电或调度命令，发站填写“特殊货车及运送用具回送清单”挂运，不核收运输费用。

2. 事故大破损车、死车装运回送入厂检修，均按规定核收运输费用。

3. 铁路局运营部门使用的技术鉴定和技术试验用车辆、铁路设施修复或事故救援用车辆、流动修理机械用车辆、轨道机械装备及其附属车辆、站段日常运输作业使用车辆，在规定的用途和使用范围内使用时，发站填写“特殊货车及运送用具回送清单”（事故救援用车辆和站段日常运输作业使用车辆除外）挂运，不核收运输费用。上述车辆超过规定使用范围（运输区间、有效时间，下同）时，按规定核收运输费用。

4. 铁路局其他用途的路用车，包括防洪备料车、焊轨厂的长钢轨运输车、采石场的砂石车装运货物挂运时，按所装货物适用的运价率核收运输费用，发站未核收的由到站补收。空车在铁路局管内回送时，发站填写“特殊货车及运送用具回送清单”，挂运，不核收运输费用。

5. 铁路施工单位经部批准用于线路施工用途的路用车，按“合资、地方铁路及在建线货车占用费”的规定费率由施工所在局向使用单位核收货车占用费；车辆在规定使用范围内挂运的，比照自备车核收运输费用，自备机车牵引或空车挂运时按自轮运转货物计费。改变施工用途或超出规定使用范围装用货物时，按“在专用线、专用铁路上”的货车租用费率，自车辆移交之日起核收车辆租用费。

三、运输收入事故处理

某站核算员李玫于 2008 年 4 月 21 日 4 时 20 分结账时发现其使用的货运杂费收据发票 P50011～P50078 中 P50055、P50056 丢失，寻找无果。以此题为例。

（一）判定事故

1. 事故金额的计算

损失金额：2 组票据每组 1 000 元

$$2\times1\,000=2\,000(\text{元})$$

2. 事故分类与等级

此事故属于票据事故，由于其票据损失金额达 2 000 元，故属运输收入事故中票据事故一般事故。

（二）事故的处理

该事故发生后应于 5 日内向本企业收入管理部门提出“运输收入事故报告表”（财收—30）并附责任人书面材料。事故造成的经济损失须由责任人和责任单位赔偿，并应视情节轻重对责任人给予行政处分。

运输收入事故报表（财收—30）的填制见表 37。

表 37　运输收入事故报表

中华人民共和国铁道部　　　　　　　　　　财收—30

××铁路局

运输收入事故报表

××站(段)　　　　　　　　　　编号　03

发生时间	08 年 4 月 21 日 4 时 20 分	发生地点	××站核算组		
实物损失	货运杂费收据 2 组	折算金额	2 000.00		
		事故等级	一般事故		
责任单位	××站	责任者姓名	××	职务	核算员
事故概况	2008 年 4 月 21 日 4 时 20 分,核算员李某结账时发现其使用的货运杂费收据 P50011～P50078 中,P50055、P50056 发票丢失,寻找无果。				
初步分析	核算员李某工作责任心不强,作业中对票据管理不当,致使货运杂费收据发票 P50055、P50056 丢失,从而造成此次收入事故的发生。				
参加分析人员	姓名　单位　职务 张　××站货运车间　核算员 李　××站货运车间　核算员 林　××站货运车间　核算员				

单位公章________　　主管人　××　　提报日期　08 年 4 月 23 日

该表是发生运输收入事故后,事故单位向铁路局报告之用。本表于运输收入事故发生 5 日内填制一式两份,一份事故单位留存,一份随事故发生经过情况报告报铁路局收入管理部门。

四、培训与指导

(一)编制培训计划

培训计划制定步骤如下。

1. 分析确定培训需求

培训需求要根据培训计划实施时间的长短,结合培训目的来确定。

2. 明确培训目的、目标

培训目标要切合实际,不能太高也不能太低。培训目的或目标要作为将来进行培训考核的依据。

3. 确定培训对象

准确地选择培训对象,明确哪些是主要培训对象,哪些是次要培训对象,有利于提高培训效率,增强培训效果。

4. 确定培训内容

培训内容和培训对象一定要相辅相成。针对不同的培训,培训内容也有差别。

5. 确定培训方式

为了保证员工对培训内容的接受程度,选择采用讲授法、研讨法、案例分析法、现场示范操作培训等培训方式。

6. 选择培训时间、地点

培训时间、地点要选择得及时合理,以便及时通知培训对象提前做好准备。

在编制合理的培训计划的基础上,才能有效地进行课程设计并实施培训,从而保证培训得以顺利实施。

如:铁运〔2008〕87号《关于公布翻卸车维检费、机车出租费、货场场地出租费三项货运杂费的通知》,要求2008年7月1日起执行。在执行该文前,某站聘用了一名技师,在教学大楼采用讲授法,对所有涉及人员进行了人均7个学时的培训,以期了解、吃透文件精神,从而更好地执行。

(二)编写培训讲义

编写培训讲义时需要考虑以下几个方面:

1. 在培训内容上需要考虑其有效性

培训的主要目的是为了提高职工的标准化作业,非正常情况下应急处理,设备故障判断处理和铁路"四新"技术运用的能力。而针对中、高级货运核算员,应了解其不足和真正的需求是什么。

2. 在培训需求上要考虑其针对性

由于职工的文化基础各有不同,所学的知识和掌握的技能结构差异较大。培训教材的内容深了,对于低学历、低技能的职工听不懂,一知半解,云里雾里的,不仅没有起到应有的作用,反而还会出现不良的效果。如果培训的内容浅了吧,对于高学历、高技能的职工又起不了很大的作用,浪费人力、物力和财力。此外,对于不同层面的职工由于其从事的工作内容不同,在培训教材上也不能一概而论。因此,在培训内容的编写和选择上要有针对性,在明确培训需求的情况下,采取分层施教的原则。对不同的岗位、不同的人员和不同的对象规定不同的内容,编写不同的培训教材。

3. 在培训深度上要考虑其可行性

培训内容不讲究深奥,而注重的是适用,不追求虚无缥缈,而讲究实实在在。对于货运核算员来讲,他们更容易接受通俗易懂的内容,最好能让其结合工作当中的实际情况予以理解。培训内容既要讲其所需的理论知识,又要讲其实践操作经验,要使理论与实践相结合,让参加的每一位职工都能听清楚、听明白,并确保其正确的理解培训内容所表达的意思。培训无非就是教人学以自用,让不懂的人懂,让懂的人更懂、更精,让相同的人在不同的岗位发挥不同的作用,让不同的人在相同的岗位发挥相同的作用。

4. 在培训步骤上要考虑其全面性

既然要培训,首先必须明确具体的培训需求或目的,是解决职工的服务意识问题还是扩大职工的理论知识面,是提高职工的操作技能还是让其掌握相关的标准化作业。接下来才是确定培训的内容,是进行理论知识培训还是进行实作技能培训。进而根据前面确定的内容编写相应的培训教材,并明确培训所要达到的效果以及培训效果的评估方式及需要形成的培训记录等。

总之,在货运核算员培训讲义的编写过程中,培训内容是票据管理、计算运费还是核收、结算运输费用或运输收入进款管理等方面都要体现适用和可操作性,不要空泛,要实际。培训内容要有重点,有主有次,可注重核心知识和技能的培训,也可以系统为导向从上到下,由浅入深的,理论结合实际等全方位的培训。

(三)教学法的有关知识

教育要提高教学质量就必须有好的教学方法,还要考虑教育目的、内容、教育实施的途径、方法、形式以及它们的相互关系问题，教育过程问题，教育主体问题，教育制度、教育管理问题，以及各种教育理论和教育实践问题等。

教学方法的大忌是单一化、模式化、公式化。要想使职工对知识产生兴趣，喜欢学，学得快，记得牢，用得活，收到理想的教学效果，就必须有创新性的教学方法，不能墨守成规。专、兼职教师在教学过程中使用教学方法要以职工为本，灵活多样，因人施教，分层教学，也只有当学法与教法相吻合时才能达到最佳的教学效果。

1. 在教学中要精讲多练，讲练结合。精讲理论概念知识，要“精”在重点和难点上，加大实践教学比例，强化技能训练。用句人们常说的话叫做“光说不练嘴把式，光练不说傻把式”。对教者而言，讲授法要与示范法结合，还要考虑激发兴趣，利用兴趣，发展兴趣，巩固兴趣，扩大兴趣。对学者而言，理论学习要与实践操作相结合。

2. 采用的教学手段也应由“口授、黑板”→“多媒体、网络化、现代教育技术转变”。

3. 采取“模块”式教学，是职工培训教学方法的一种新尝试，完全以每个岗位的职业能力为培训学习的内容，强调学员的自我学习和自我评价，学习形式灵活，针对性强，是被国内外职教界实践证明了的、行之有效的培训模式。

（四）撰写技术总结

怎么样写好技术总结？技术工作总结，应该属于总结类的文章，有独特的特点，是评委评价自己的重要依据，也是自己水平、能力、成果的展示，同时也是任职以来重要经验总结。所以写好技术总结很重要。如何标准地撰写？主要内容为如下五点：

1. 先简要介绍自己的基本情况，如现任岗位、任职时间、毕业学校、政治面貌、现从事的工作，担任哪些社会职务。

2. 自己政治思想，工作态度，履行岗位职责情况。

3. 具体地叙述自己任职以来从事的岗位工作。即工作进展，有哪些创新，取得哪些突破，通过哪类鉴定，获得什么奖励，专家评价。

4. 发表哪些论文。

5. 获得的奖励。

（通用部分）

一、法律法规和安全规章

1.《中华人民共和国劳动法》相关知识
2.《中华人民共和国铁路法》相关知识
3.《中华人民共和国合同法》相关知识
4.《中华人民共和国保险法》相关知识
5.《铁路货物运输规程》有关规定
6.《铁路货物运输管理规则》有关规定
7.《铁路货物运价规则》有关规定
8.《铁路运输收入管理规程》有关规定
9.《铁路运输收入票据管理工作规则》有关规定
10.《铁路危险货物运输管理规则》有关规定
11.《铁路鲜活货物运输规则》有关规定
12.《铁路超限超重货物运输规则》有关规定
13.《货车篷布管理规则》有关规定
14.《铁路和水路货物联运规则》有关规定
15.《铁路集装箱运输规则》有关规定
16.《铁路集装箱运输管理规则》有关规定
17.《国家铁路和地方铁路间运输规则》有关规定
18.《国际铁路货物联运协定》有关规定
19.《国际铁路货物联运协定办事细则》有关规定
20.《国际铁路货物联运办法》有关规定
21.《铁路货物(含包裹)运价下浮管理办法》有关规定
22.《铁路货物班列包租办法》有关规定
23.《铁路货物装卸作业计费办法》有关规定
24.《铁路货物保价运输办法》有关规定
25.《铁路货物保价运输管理办法》有关规定
26.《铁路军事运输管理办法》有关规定
27.《铁路军事运输计费付费办法》有关规定
28.《铁路货车延期占用费核收暂行办法》有关规定
29.《铁路货物运输杂费管理办法》有关规定

二、典型案例分析

(一)票据(丢失)事故案例

1. 事故经过

××站货运室8月15日早上交接班时,接班货运核算员核对交接班记录的“运费杂费收据"B00836～B00850,经清点,实际票据是B00836～B00848,缺B00849和B00850两组。

2. 事故分析

该册"运费杂费收据"是8月12日领出拆封使用,当天使用2组,13日使用18组,8月14日使用15组,已经过两次交接班过程。经查实:交班、接班人均签字认可,交接手续完备。经交、接班人员回忆:平时习惯核对票据起号,对止号有时核对,有时没有核对,均未进行连号清点。

3. 结论和教训

(1)交接手续虽然完备,但交接过程中对实际票据起、止号,份数交接不认真所造成。

(2)按票据保管交接制度,由交班核算员负事故责任。

4. 处　　理

(1)按《铁路运输收入管理规程》第四十一条规定,列为运输收入一般事故。

(2)按《铁路运输收入管理规程》第四十二条规定,由该事故责任者赔偿人民币2 000.00元。

(二)货物超重案例

甲站托运到乙站铁矿石一车,机械装载,车号C_{64H} 4816625计费重量为64 t。到站轨道衡检斤货物重量为67 t。乙站按章补收了3 t的货物运费336.30铁建基金174.40,问乙站补收费用是否正确?(甲站到乙站的运价里程为1 057 km,通过石长线里程264 km)

分析:乙站补收费用不正确,根据《铁路货物运价规则》48条规定:承运后发现整车货物超过货车规定的容许载重量时,除补收全程正当运费的差额外,另对其超过货车规定容许载重量的部分,核收其运费额五倍的违约金。合资、地方铁路发生上述情况时比照上述规定,分段计费。附录三第8条承运后发现托运人匿报、错报货物品名或货物重量不符,致使铁路建设基金少收时,到站除按正当铁路建设基金补收差额外,另核收该差额等额的违约金。发站为机械装载铁矿石,适用《铁路货物运价规程》26条2%的规定,故该车的最大容许载重量为65 t,补收3 t运费,2 t运费的违约金,3 t基金及等额的违约金。

应补收的费用:过称费 30.00(元)

补运费:(10.80+0.055 3×1 057)×3=207.80(元)

补石长线运费:0.12×264×3=95.00(元)

补铁建基金:0.033×1 057×3=104.60(元)

运费违约金:(10.80+0.055 3×1 057)×2×5=692.50(元)

石长运费违约金:0.12×264×2×5=316.80(元)

基金违约金:0.033×1 057×3=104.60(元)

合计:1 551.30(元)

(三)费用核收案例

甲站发乙站锅炉1台,货重45 t,二级超限,限速运行,使用N_{17AK}型车装运。两站间里程1 507 km,电气化里程1 004 km。运输费用计算如下(装卸费除外):

锅炉是6号运价,计费重量60 t。

运费:(17.10×60+0.086 9×60×1 507)×(1+100%+150%)=31 092.20(元)

电气化费:0.012×60×1 004=722.90(元)

铁建基金:0.033×60×1 507=2 983.90(元)

请指出计算错误之处并改正之。

分析:电气化费与铁路建设基金计算正确,但运费计算错误。错误在于对运费的加成理解有误。根据《铁路货物运价规则》第 14 条:二级超限运价率加成 100%;又根据《铁路货物运价规则》第 15 条:限速运行运价率加成 150%。限速运行的超限货物不另核收超限货物加成。正确的计算为:

(17.10+0.086 9×1 507)×(1+150%)×60=22 208.70(元)

(四)集装箱超重案例

甲站发乙站 20 英尺集装箱 2 个,到站发现分别超标记总重 249 kg、245 kg,合计超重 494 kg,全程 500 km,电气化 200 km,乙站应补收多少费用(装卸、保价费除外)?

分析:该两箱超重,均应按 3 个 100 kg 计算。

处理:补收费用

运费:(259.00+500×1.208 0)×3×2×5%=258.90(元)

电力附加费:200×0.192×1.5%×32=1.70(元)

基金:500×0.528×1.5%×3×2=23.80(元)

合计:284.40(元)

电报通知发站。

(五)专用线费用核收案例

某盐场专用线(距车站中心 38 km),用敞车装食盐 50 t(货车标重 60 t),运往食品厂专用线卸车(食品厂距车站站中心 31 km)。以上两条专用线均属本站管辖专用线,按专用线核收取送车费,不核收发到运费。问计费是否正确,并说明理由。

分析:原计费错误。

运费:(7.00+0.044 4×69)×60=603.80(元)

印花税:603.80×0.000 5=0.30

合计:604.10(元)

(六)途中整理费用案例

A 站发往 C 站,在途中 B 站因托运人责任造成货物整理,B 站整理产生的加固以及包装补修发生的人工、材料费 900 元,要求托运人当时支付。问 B 站处理方法正确吗?

分析:应填开"垫款通知书",使用运输进款垫支。垫款在 1 000 元以下的,冲减垫款本企业其他收入;垫款站应将"垫款通知书"及有关单据随货物交到站,由到站负责向收货人收回;垫款在 1 000 元以下的由收回垫款的运输企业列其他收入,车站发生和收回上述垫款,均应在"运输进款收支报告"中单独列报,并附支付和收回垫款的通知书。

(七)逾期违约金、超重违约金计算案例

甲站 5 月 6 日承运到乙站 20 英尺集装箱 1 个,里程 1 430 km,电化里程 832 km,京九分流里程 144 km,到站过磅核实该箱超重 400 kg。该箱 5 月 16 日卸车完毕,17 日收货人提货时要求支付逾期违约金。车站将向收货人支付的逾期违约金 693.50 元,向收货人补收超载费用共计 440.20 元,车站将二者相抵后的差额 253.30 元用退款证明书向收货人退款。请指出存在的问题?

分析:存在问题

(1)向收货人支付的逾期违约金用退款证明书向收货人退款,超重按规定用运杂收据向收货人补收运费和违约金,二者不能相抵和,应分别开具票据。

(2)逾期违约金计算错误。

(3)补收运费和超重违约金计算错误。

(八)调度运输案例

某日甲站凭调度命令挂运至丁站的整列防洪备料车共 12 辆,所装货物为石砟,货物重量每车为 60 t(货车标记载重为 60 t)。因防洪需用,凭调度命令在乙站变更至丙站。经核查该批路料是局运营部门用本单位路用车装运,丙站卸车完毕凭调度命令返回甲站。甲、乙、丙、丁站均为铁路局管内。分析指出该批运输中存在的问题?

分析:(1)按《铁路货物运价规则》第 64 条第二款规定防洪备料车装运货物挂运时,按所装货物适用的运价率核收运输费用,因此甲站挂运手续不符合规定。

(2)乙站变更处理程序不符合规定。

(3)按《铁路货物运价规则》第 64 条第二款规定发站填写“特殊货车及运送用具回送清单”挂运,丙站卸车完毕后凭调试命令挂运不符合规定。

(九)变更到站收费案例

某托运人自 A 站发锰矿石一车到 C 站,使用 C_{62AK} 装载。货票计费重量为 60 t。托运人在中途 B 站要求变更到 D 站。经 D 站确认,货物实际品名为锰硅合金。各站间距离:A→B 为 182 km;B→D 为 454 km;A→C 为 438 km。全程无电气化线路。到达 D 站后,到站向收货人计算核收了如下的运输费用。问 D 站有无误收误算之处?

到站计算过程:

(1)D 站计费情况

[(A→B)+(B→D)]-(A→C)

(10.80+0.055 3×182)×60+(10.80+0.055 3×454)×60-(10.80+0.055 3×438)×60=1 305.00(元)

(2)变更到站后运价里程增加,也应补收建设基金

补收建设基金:(454-256)×60×0.033=392.00(元)

(3)核收变更手续费

变更手续费:300 元。

分析:存在问题

(1)还应补收匿报货物品名的违约金。

根据《铁路货物运价规则》第 48 条:匿报货物品名应核收全程正当运费(A→D)二倍违约金,但不另补收运费差额。计算如下:

[11.70+(182+454)×0.063 0]×60×2=6 212.20(元)

(2)变更手续费在受理站核收,不应在到站核收。

(十)补收费用案例

京广线甲站使用 C61(标重 61 t)装运煤一车到乙站,货票计费重量 64 t,到站复衡确认 66 t,乙站应补收哪些费用(装卸、保价费除外)?

分析:该车型装煤可增载 3 t,容许 65 t,确认超计费重量 2 t,超容许重量 1 t。

处理:补收费用

(1)2 t 运费;

(2) 2 t 京九分流运费;

(3) 2 t 电力附加费;

(4) 2 t 建设基金,2 t 建设基金等额违约金;

(5) 1 t 运费与 1 t 京九分流运费之和的 5 倍费用;

(6)过秤费;

(7)电报通知发站。